应用技能型院校"十三五"规划教材

立体化校企合作财经教材

企业财务会计

立体化校企合作财经教材编委会

袁莺　徐智凌/主编

立信会计出版社

LIXIN ACCOUNTING PUBLISHING HOUSE

图书在版编目(CIP)数据

企业财务会计 / 袁莺,徐智凌主编. —上海: 立信会计出版社,2020.8(2021.12 重印)

ISBN 978-7-5429-6579-0

Ⅰ.①企… Ⅱ.①袁… ②徐… Ⅲ.①企业管理—财务会计 Ⅳ.①F275.2

中国版本图书馆 CIP 数据核字(2020)第 159085 号

策划编辑　王斯龙
责任编辑　王斯龙
封面设计　南房间

企业财务会计

Qiye Caiwu Kuaiji

出版发行	立信会计出版社		
地　　址	上海市中山西路 2230 号	邮政编码	200235
电　　话	(021)64411389	传　　真	(021)64411325
网　　址	www.lixinaph.com	电子邮箱	lixinaph2019@126.com
网上书店	http://lixin.jd.com		http://lxkjcbs.tmall.com
经　　销	各地新华书店		

印　　刷	浙江临安曙光印务有限公司		
开　　本	787 毫米×1092 毫米	1/16	
印　　张	19.25		
字　　数	493 千字		
版　　次	2020 年 8 月第 1 版		
印　　次	2021 年 12 月第 2 次		
印　　数	2101—4200		
书　　号	ISBN 978-7-5429-6579-0/F		
定　　价	45.00 元		

前言 preface

“企业财务会计”课程是财务会计类专业核心课程。课程改革已成为各院校人才培养的核心问题。教材体系的重建、教材内容的重组、教学情境的改造、课堂方式的转变，是课程改革确立的基本理念。本教材作为无锡城市职业技术学院校级重点专业教材，在遵循会计专业人才培养目标的前提下，根据最新企业会计准则以及“营改增”新税法相关内容进行编写。本教材在传授学生最新专业知识的前提下，努力提高学生对于基本财务会计实战业务的操作能力，达到理实一体化的教学目标。

本教材的主要特色如下：

(1) 满足“课证融通”需求。本教材知识体系主要根据最新初级会计职称考试大纲进行编写；将职业资格证书所需要的技能充分地融入日常的课程体系中，提高学习的针对性、有效性，为财会类学生通过职业资格考试提供支持。

(2) 及时反映财税政策。本教材根据最新企业会计准则和财税政策进行编写，对重要知识点给予相应的知识点提示，使学生能够迅速、准确地理解和把握专业知识，帮助学生理解和总结有关专业知识点。

(3) 配套实训资源。由于篇幅的限制，本教材通过二维码把相应的课后练习和项目实操融入教学内容中，供任课教师教学使用。不仅丰富了教学内容，而且使学生通过具体的实操练习更深层次地理解和认识各项目的专业知识，突出理实一体化的效果。

本教材汲取了相关理论研究和实务改革的最新成果。经过编者的精心修订，本教材的结构更加合理、内容更加新颖、语言更加精练、表述更加准确，是一本科学、规范、实用的教科书。

本教材由无锡城市职业技术学院袁莺教授以及徐智凌担任主编，项目二至项目八、项目十、项目十一由袁莺编写，项目一、项目九、项目十二由徐智凌编写。袁莺副教授对本教材的编写提出了许多宝贵的、有建设性的指导意见。在教材编写过程中还得到了林云刚副教授的支持和帮助，在此表示衷心的感谢。

由于编者水平有限，书中难免有不足之处，恳请读者提出宝贵意见，以便我们及时更正。

编　者

2020 年 8 月

Contents 目录

项目一

总　论

项目引领

项目目标

理论目标

（一）掌握会计基本假设和会计基础

（二）掌握会计信息质量要求

（三）掌握会计要素及其确认条件

实务目标

（一）能够根据会计要素的定义与特征，确认各种会计要素

（二）能够运用权责发生制和收付实现制分别核算业务发生当月的收入和费用

任务一　企业财务会计概述

任务导入

王丽从一所高职院校的会计专业毕业后，找到了一份财务会计岗位的工作。下个月她就要开展财务会计岗位的工作了。按照财务主管的工作指示，王丽回到财务室后先打开电脑，对企业财务会计的含义以及财务会计岗位的工作内容进行了详细的查阅和学习。

任务要求

1. 了解企业财务会计的概念及历史沿革
2. 了解企业财务会计的作用和服务对象
3. 掌握企业财务会计与管理会计的区别
4. 了解工业企业财务会计岗位的工作内容

知识点介绍

一、企业财务会计的概念及历史沿革

（一）企业财务会计的概念

企业财务会计是指以会计准则为依据，对企业已发生或已完成的交易或事项中的财务数据，通过确认、计量、记录与报告等程序进行加工，旨在向企业内部管理者和外部利益相关者提供会计信息的一种经济管理活动。

（二）企业财务会计发展的历史沿革

企业财务会计发展的历史源远流长。从其产生之日起至今，企业财务会计的发展已经经历了商业经济时代会计、工业经济时代会计及现代会计三个阶段。在每个阶段，会计的发展都体现出不同的特点。

1. 商业经济时代会计

商业经济时代其实并不存在真正意义的会计。这一时代的会计充其量也只能称为簿记。经过中世纪文艺复兴时期和思想启蒙运动的洗礼，地中海沿岸的经济得到迅猛发展。资本主义经济关系的萌芽，尤其是地中海沿岸金融、商业和手工业方面所发生的巨大变革对传统单式簿记发起了挑战。1494 年，意大利数学家卢卡·帕乔利的《算术、几何、比及比例概要》的问世揭开了簿记史上新的一页，从而将古代簿记推进到近代簿记甚至是近代会计。《算术、几何、比及比例概要》的出版被视为是会计发展史上的第一个里程碑，卢卡·帕乔利也被视为“现代会计之父”。而荷兰数学家西蒙斯蒂文的《传统数学》则创造性地发展和完善了簿记方法体系。可以认为，19 世纪以前的会计（簿记）的发展是建立在卢卡·帕乔利和西蒙斯蒂文的著作的基础之上的。

2. 工业经济时代会计

从18世纪60年代开始的产业革命在促进生产力发展的同时，大大提高了生产的社会化程度。随着人类社会步入工业经济时代，簿记的发展也开始进入完善阶段：簿记立法受到重视，并很快在国家经济、法制中占据重要地位；簿记在政府与公司的管理中发挥的作用也越来越大；围绕资产负债表的研究在完善簿记理论的同时，也为法定性审计奠定了基础；大陆式簿记和英式簿记体系也初步形成。这一阶段的簿记实质上已经发展为会计。随后，股份有限公司的兴起及英国公司法的修订则促成了1853年世界上第一个会计师公会——爱丁堡会计师公会的成立，这也被视为会计发展史上的第二个里程碑。到了19世纪末20世纪初，世界的科技、经济、政治及文化的发展对于会计发展的历程产生了深远的影响。这一时期会计的发展主要体现了以下几个特征：以一系列会计概念及其逻辑关系为研究起点的会计基础理论已经建立；从管理方面研究会计问题的趋势已经出现；成本会计理论已经从单纯的成本计算发展为科学的成本控制系统；管理会计的雏形也已初步形成；一些公司已经建立了财务会计和管理会计分工协作的关系。

3. 现代会计

随着历史步入20世纪，工业经济时代的会计也逐步发展成为现代会计。在这一阶段，会计规范体系开始建立；美国发生于20世纪20年代末30年代初的经济危机则促成了证券法和证券交易法的颁布及对会计准则的系统研究和制定。企业财务会计准则体系的形成不仅奠定了现代会计法制体系和现代会计理论体系的基础，而且促进了传统会计向现代会计的转变。20世纪50年代以后，在会计规范进一步深刻发展的同时，适应现代管理科学的发展，以决策会计为主体，为全面提高企业经济效益服务的现代管理会计建立了。1952年，国际会计师联合会正式通过“管理会计”这一专业术语，标志着会计正式划分为财务会计和管理会计两大领域。

二、企业财务会计的作用及服务对象

企业财务会计的主要目标就是反映企业管理层受托责任的履行情况以及为相关财务报告使用者进行经营决策提供有用的信息。企业财务会计的活动时空和各类合同的权利义务决定了其工作重心必须回顾过去、面向未来，一方面要提供执行合同期间(过去)受托方责任的履行情况；另一方面要为财务报告的使用者是否签约、履约(未来)提供决策有用的信息。

(一) 企业财务会计有助于提供决策有用的信息，提高企业透明度，规范企业行为

企业财务会计提供的信息有助于相关会计信息使用者作出经济决策。企业是各类合同的汇点，企业财务会计提供的信息是使用者签约和履约的重要依据，相关会计信息使用者需要企业财务会计提供有用的会计信息来帮助他们进行相关的经营决策。这些相关会计信息的使用者主要有：企业所有者，企业债权人，政府机构，潜在的投资者、债权人等。

1. 企业所有者

这里的企业所有者是指企业的外部所有者(股东)。企业的所有者有权要求企业提供会计信息，据以知晓企业的财务状况、经营成果和现金流量，掌握企业的资本结构、资本变动、盈亏状况、利润分配和现金流转等详情，评估管理层的经营效果，考核受托责任的履行情况，以控制其投资风险，保证其投资回报。企业财务会计提供的财务报告信息备受企业所有者重视，成为外部企业所有者(股东)进行经济决策的重要依据。

2. 企业债权人

债权人与企业签订债务合同，在债务期限内让渡本金的使用权，定期获取利息，到期收回本金。作为信贷资金的提供者，债权人需要了解企业的举债经营绩效、资产抵押、资本结构以及流动性等信息，以判断和评估企业的还本付息的能力，从而为其决策服务。企业财务会计提供的会计信息正好为债权人进行信贷决策提供了可靠的依据。

3. 政府机构

政府机构与企业的合同关系表现为两方面：一方面，政府机构可以通过出资人身份对企业行使所有者的权利，企业财务会计提供的会计信息成为政府了解国有资本价值变动情况的重要依据；另一方面，政府机构通过社会管理者的身份对企业行使管辖权或管理权，企业财务会计提供的会计信息也成为政府进行宏观调控、市场监管和制定经济政策的重要依据。例如，通过企业财务会计提供的财务报告，国家税务机关可以了解企业的财务收支和纳税情况，监督企业依法纳税，确保税收及时入库；通过企业财务会计提供的财务报告，政府的会计准则制定机构可以了解企业的会计准则实施情况，监督企业照章执行，完善会计准则体系；通过企业财务会计提供的财务报告，证券监管部门可以了解资本市场的资源配置情况，监督上市公司合规披露相关会计信息，保护投资者的合法利益。

4. 潜在的投资者、债权人等

潜在的投资者、债权人等虽然和企业之间没有明确的合同关系，但同样需要通过企业的财务信息尤其是企业财务会计提供的财务报告来掌握投资风险和投资回报，以协助他们作出正确的投资、信贷等决策。因此，潜在的投资者和债权人必然会关注企业的财务状况、经营成果和现金流量等这些财务会计提供的相关会计信息。

（二）企业财务会计有助于考核企业管理层受托责任的履行情况

企业财务会计提供的会计信息能够反映企业管理层受托责任的履行情况。现代企业的一个重要特征是所有权和经营权相分离，因而企业的所有者和管理层形成委托代理关系。按照委托代理合同，委托人（所有者）拥有最终决策权，授权代理人（管理层）经营企业，监督企业运营，根据受托财产的变动状况履行合同，给予受托人激励或者惩罚；根据合同授权，代理人接受委托人的监督，负责经营企业，需要定期提供企业的投入产出信息以及受托财产保值、增值或损失状况的信息，反映合同期间受托责任的履行信息。因此，企业财务会计信息必须反映企业管理层是否忠于职守、勤勉其事的情况，这是企业所有者考核监督管理层的决策依据，也是日后是否续约的决策依据。

（三）企业财务会计有助于加强企业经营管理，提高经济效益，促进企业可持续发展

企业经营管理水平的高低直接影响着企业的经济效益、经营成果、竞争能力和发展前景，在一定程度上决定着企业的前途和命运。企业财务会计通过及时进行会计核算、定期编制财务报告的形式连续并及时反映企业各时期的财务状况和经营成果以及现金流量。企业经营者可以根据每期财务会计提供的会计信息及时了解和把握企业经营过程中已经存在的或可能存在的问题，做到及时发现问题、及时进行改正或改进经营策略，从而提高企业经济效益，把控住企业经营全局。

三、企业财务会计与管理会计的区别

管理会计又称“分析报告会计”，是一个管理学名词。管理会计是从传统的会计系统中

分离出来，与财务会计并列，着重为企业进行最优决策，改善经营管理，提高经济效益服务的一个企业会计分支。

企业财务会计与管理会计的区别主要表现在以下四个方面：

第一，企业财务会计与管理会计的经济学起源不同，服务对象不同。企业财务会计是在经营权和所有权分离的背景下，主要基于委托代理理论发展起来的，目的是为确定受托人或代理人的受托责任履约情况提供公认的鉴证标准。而管理会计则是基于管理经济学发展而来，目的是为企业经营者提升经营管理水平提供相关决策支持，它注重效益、效率和效果，希望以最小的经济投入获得最大的经济回报。

第二，企业财务会计与管理会计的涵盖范围和计量对象不同。企业财务会计主要采用货币计量假设，主要反映和报告可以货币形式计量的财务信息。管理会计的计量对象则主要包括与价格(货币)、时间、质量、速度、态度这五种不同计量标准相关的信息，并在对这些不同维度信息计量的基础上，进行整合、分析、报告、评价和控制跟进，在提供决策支持的同时进一步帮助改进相关工作。

第三，企业财务会计与管理会计的主要参与人员不同。一般而言，企业财务会计信息的提供是以财务人员为主体，按照"交易或事项原始信息"→"商业信息"→"财务会计信息"→"财务会计报告"的逻辑脉络，组织单位相关部门提供相关信息、进行汇总加工并对外呈报。管理会计的主体则是单位的各个部门和人员，企业的运营管理是一个精密配合的过程，任何一个部门或人员对于企业目标、部门和个人目标、工作流程和绩效考核要求的认识不到位，都有可能在不同程度上影响到单位的整体表现。

第四，企业财务会计与管理会计的关注重点不同。企业财务会计主要关注企业整体的财务状况、经营成果和现金流量情况，更多的是考虑资产有没有被高估，负债有没有被低估，股东权益、销售收入、净利润真实不真实，纳税及合规义务是不是被履行了，至于资源在企业是不是达到了最佳配置状态，并非其关注重点。而管理会计则更多地关注资源在企业内部是不是被合理配置了，有没有更好的配置资源方式，使企业能够在各种约束条件下，以最小投入取得最大回报。

知识点提示

企业财务会计与管理会计的区别如图表1-1所示。

图表1-1　企业财务会计与管理会计的区别

项目	企业财务会计	管理会计
会计目标	外部利益相关者	内部管理者
会计原则	会计准则和会计制度	部分会计原则，其他无统一规范
会计时期	月份、季度和年度	按任何时期报告
报表种类	资产负债表、损益表以及现金流量表	无固定种类和形式
数据要求的精确程度	准确和平衡	可作相应的估测
所依据的会计数据	已经发生的业务记录	历史数据和未来数据资料
应用的数学方法	简单的计算	高等数学方法

四、工业企业财务会计岗位及工作内容

工业企业财务会计岗位一般包括固定资产核算岗位，材料物资核算岗位，库存商品核算岗位，工资核算岗位，成本核算岗位，收入、利润核算岗位，资金核算岗位，往来结算岗位，总账报表岗位，稽核岗位等。会计岗位种类及其具体工作内容如图表 1-2 所示。

图表 1-2　　会计岗位种类及其主要工作内容

岗位名称	工作内容
固定资产核算岗位	(1) 会同有关部门拟定固定资产的核算与管理办法； (2) 参与编制固定资产更新改造和大修理计划； (3) 负责固定资产的明细核算和有关报表的编制； (4) 计算提取固定资产折旧和大修理资金； (5) 参与固定资产的清查盘点
材料物资核算岗位	(1) 会同有关部门拟定材料物资的核算与管理办法； (2) 审查汇编材料物资的采购资金计划； (3) 负责材料物资的明细核算； (4) 会同有关部门编制材料物资计划成本目录； (5) 配合有关部门制定材料物资消耗定额； (6) 参与材料物资的清查盘点
库存商品核算岗位	(1) 负责库存商品的明细分类核算； (2) 会同有关部门编制库存商品计划成本目录； (3) 配合有关部门制定库存商品的最低、最高限额； (4) 参与库存商品的清查盘点
工资核算岗位	(1) 监督工资基金的使用； (2) 审核发放工资、奖金； (3) 负责工资的明细核算； (4) 负责工资分配的核算； (5) 计提应付福利费和工会经费等费用
成本核算岗位	(1) 拟定成本核算办法； (2) 制定成本费用计划； (3) 负责成本管理基础工作； (4) 核算产品成本和期间费用； (5) 编制成本费用报表并进行分析； (6) 协助管理在产品和自制半成品
收入、利润核算岗位	(1) 负责编制收入、利润计划； (2) 办理销售款项结算业务； (3) 负责收入和利润的明细核算； (4) 负责利润分配的明细核算； (5) 编制收入和利润报表； (6) 协助有关部门对产成品进行清查盘点

（续表）

岗位名称	工作内容
资金核算岗位	(1) 拟定资金管理和核算办法； (2) 编制资金收支计划； (3) 负责资金调度； (4) 负责资金筹集的明细分类核算； (5) 负责企业各项投资的明细分类核算
往来结算岗位	(1) 建立往来款项结算手续制度； (2) 办理往来款项的结算业务； (3) 负责往来款项结算的明细核算
总账报表岗位	(1) 负责登记总账； (2) 负责编制资产负债表、利润表、现金流量表等有关财务报表； (3) 负责管理会计凭证和财务报表
稽核岗位	(1) 审查财务成本计划； (2) 审查各项财务收支； (3) 复核会计凭证和财务报表

任务二 企业财务会计基本理论

任务导入

在认识了企业财务会计的含义以及企业财务会计岗位的具体工作内容后，就可以开始进一步了解和掌握有关企业财务会计岗位的基础知识。

任务要求

1. 了解企业财务会计核算的对象
2. 掌握企业财务会计核算的基本假设
3. 掌握企业财务会计核算的六大会计要素
4. 掌握会计基础的基本内容
5. 了解企业财务会计核算的计量属性
6. 掌握财务报告的构成要素

知识点介绍

一、企业财务会计的核算对象

企业财务会计的对象是企业经济业务活动中发生的交易和事项，是要输入财务会计信息系统的客观事物。作为独立的社会分工职能，会计要反映经济活动的交易和事项，需将会计对象转化为会计信息要素，通过会计信息系统进行反映。

企业财务会计的对象表明了企业财务会计需要反映的内容。企业的利益相关者通过经济活动中的交易和事项来行使权利、履行义务，权利和义务的变动情况表现为企业经济资源的价值运动、财务会计信息通过反映这种价值运动而成为使用者行使权利和履行义务的重要依据。在信息生成过程中，需要按照信息系统的标准通过会计语言输入反映对象，加工成为财务会计信息，最终为使用者的经济决策服务。因此，企业财务会计的核算对象就是企业经济活动中发生的需要财务会计来反映和监督的交易或事项。

二、企业财务会计核算的基本假设

会计基本假设是对会计核算所处时间、空间环境等所作的合理假定，是企业会计确认、计量和报告的前提。会计基本假设包括会计主体、持续经营、会计分期和货币计量。

(一) 会计主体

1. 会计主体的概念

会计主体，是指会计工作服务的特定对象，是企业会计确认、计量和报告的空间范围。为了向财务报告使用者反映企业财务状况、经营成果和现金流量，提供与其决策有用的信息，会计核算和财务报告的编制应当集中于反映特定对象的活动，并将其与其他经济实体区别开来。在会计主体假设下，企业应当对其本身发生的交易或事项进行会计确认、计量和报告，反映企业本身所从事的各项生产经营活动和其他相关活动。

2. 明确界定会计主体是进行会计确认、计量和报告工作的重要前提

(1) 明确会计主体，才能划定会计所要处理的各项交易或事项的范围。在会计工作中，只有那些影响企业本身经济利益的各项交易或事项才能加以确认、计量和报告。

(2) 明确会计主体，才能将会计主体的交易或者事项与会计主体所有者的交易或者事项以及其他会计主体的交易或者事项区分开来。例如，企业所有者的交易或者事项就不应纳入企业会计核算的范围，但是企业所有者投入企业的资本或者企业向所有者分配的利润，则属于企业主体所发生的交易或者事项，应当纳入企业会计核算的范围。

3. 会计主体与法律主体的区别与联系

会计主体不同于法律主体。一般来说，法律主体必然是一个会计主体。例如，一个企业作为一个法律主体，应当建立财务会计系统，独立反映其财务状况、经营成果和现金流量。但是，会计主体不一定是法律主体。例如，在企业集团的情况下，一个母公司拥有若干子公司，母子公司虽然是不同的法律主体，但是母公司对于子公司拥有控制权，为了全面反映企业集团的财务状况、经营成果和现金流量，就有必要将企业集团作为一个会计主体，编制合并财务报表。

知识点提示

(1) 识别会计主体。一般来说，只要是独立核算的经济组织都可成为会计主体。经济上独立核算是成为会计主体的充分必要条件，因为只有经济上独立核算才有必要设置会计来反映其资金运动，其才能相应地成为会计主体。

常见的会计主体包括：企业、企业集团（即由母公司和子公司组成的企业联合体）、事业单

位、公司、甚至独立核算的车间等。

(2) 会计主体假设明确了会计核算的空间范围。财务会计进行会计核算时,与所在会计主体有关的经济业务需要进行会计核算,与所在会计主体没有关联的经济业务就不需要进行会计核算。

(二) 持续经营

持续经营,是指在可以预见的未来,会计主体将会按当前的状态和规模继续经营下去,既不会停业或者破产,也不会大规模削减业务。

如果一个企业在不能持续经营时仍按持续经营假设选择会计确认、计量和报告原则与方法,就不能客观地反映企业的财务状况、经营成果和现金流量,会误导会计信息使用者的经济决策。

知识点提示

(1) 持续经营假设是假设企业按照当前的规模和状态持续经营下去,而不是假设按照过去和未来的规模和状态持续经营下去,因为当前的规模和状态最能够反映企业现在的状况。

(2) 持续经营假设也是一些会计核算方法的前提依据。如:固定资产计提折旧,无形资产计提摊销,长期待摊费用计提摊销等,这些核算方法都需要企业每月、每年连续进行,所以其前提是企业能够持续地经营下去。

(三) 会计分期

会计分期,是指将一个企业持续经营的生产经营活动划分为一个个连续的、长短相同的期间。会计分期的目的在于通过会计期间的划分,将持续经营的生产经营活动划分成连续的、相等的期间,据以结算盈亏,按期编报财务报告,从而及时向财务报告使用者提供有关企业财务状况、经营成果和现金流量的信息。

在会计分期假设下,企业应当划分会计期间,分期结算账目和编制财务报告。会计期间通常分为年度和中期。中期,是指短于一个完整的会计年度的报告期间。由于会计分期,才产生了当期与以前期间、以后期间的差别,才使不同类型的会计主体有了记账的基准,进而孕育出折旧、摊销等会计处理方法。

知识点提示

(1) 会计分期突出会计核算必须连续,间隔期必须相等。比如,会计结账一般必须每个月进行,而且一般都是每个月结一次账,所以叫作“连续的、长短相同的期间”。会计分期在某种程度上规定了企业会计核算的周期,所以它框定了会计核算的时间范围。

(2) 会计期间通常有四种口径,即年度、半年度、季度和月度。其中,年度就是会计年度,即每年的1月1日至12月31日;半年度、季度、月度又称为会计中期。按年度口径所编报表为年报,其他期间所对应的报表为中期报告。

(3) 有些会计核算方法也是在会计分期假设下形成的。如:摊销、预提、应收、预收、应付、预付、权责发生制和收付实现制等会计核算方法。

(四) 货币计量

货币计量,是指会计主体在会计确认、计量和报告时以货币计量,反映会计主体的生产经营活动。

1. 货币计量假设的含义

(1) 会计仅反映那些能以货币表达的信息,如果一个信息本应纳入会计核算体系,但苦于无法用货币来表达,则只能无奈地排除在会计核算范围之外。比如,人力资源就应该作为企业的一个关键资产进行账务反映,但人力资源的货币计量尚无法广泛地达到实践的可操作性,因此,大部分企业是不反映人力资源的。

(2) 币值稳定假设:为了会计信息的稳定性,货币计量假设还包含一个假定币值不变的含义。

2. 货币计量假设的目的

在诸多的计量手段中,只有货币标准是具有最大限度的无差别性和统一性的,货币计量假设为会计活动的开展选定了主要核算手段。

3. 货币计量假设的要求

我国规定,企业会计核算以人民币为记账本位币,外商投资企业可以选用外币作为记账本位币进行核算,但应提供以人民币反映的报表,境外企业向国内报送报表时应折合成人民币反映。

4. 例外情况

当发生严重的通货膨胀时,该假设不成立,应改用物价变动会计或通货膨胀会计。

知识点提示

(1) 货币计量假设强调会计核算必须以货币作为主要的计量单位,这是由货币本身的属性决定的。货币具有五大职能,分别是价值尺度、流通手段、贮藏手段、支付手段和世界货币。其中,价值尺度是最基本的职能,因为货币是衡量事物价值的标准。

(2) 企业的记账本位币只能选择一种,在我国一般选择人民币作为记账本位币,以外币业务为主的企业根据自身经营环境需要也可以改变选择一种外币作为记账本位币,但无论如何,在向国内报送财务报表时必须折合成人民币反映。折算利率一般会选择每一会计核算期间最后一个工作日的人民币中间价汇率进行折算。

三、企业财务会计核算的六大要素

会计要素是根据交易或者事项的经济特征所确定的财务会计对象和基本分类。会计要素按照其性质分为资产、负债、所有者权益、收入、费用和利润,其中,资产、负债和所有者权益要素侧重于反映企业的财务状况,收入、费用和利润要素侧重于反映企业的经营成果。

(一) 资产的定义及其确认条件

1. 资产的定义

资产,是指企业过去的交易或者事项形成的,由企业拥有或者控制的,预期会给企业带来经济利益的资源。根据资产的定义,资产具有以下三方面特征:

(1) 资产应为企业拥有或者控制的资源。资产作为一项资源,应当由企业拥有或者控制,具体是指企业享有某项资源的所有权,或者虽然不享有某项资源的所有权,但该资源能被企业所控制。例如,经营租赁租入的设备就不属于租赁企业的资产,因为所有权不属于租赁方。

(2) 资产预期会给企业带来经济利益。资产预期会给企业带来经济利益，是指资产直接或者间接导致现金和现金等价物流入企业的潜力。这种潜力可以来自企业日常的生产经营活动，也可以来自非日常活动；带来的经济利益可以是现金或者现金等价物，或者是可以转化为现金或者现金等价物的形式，或者是可以减少现金或者现金等价物流出的形式。例如，已经报废的设备就不属于企业的资产，因为其已经没有使用价值并且不能为企业带来经济利益。

(3) 资产是由企业过去的交易或者事项形成的。资产应当由企业过去的交易或者事项形成，过去的交易或者事项包括购买、生产、建造行为等。只有过去的交易或者事项才能产生资产，企业预期在未来发生的交易或者事项不形成资产。例如，企业有购买某项商品的意愿或计划，但是购买行为尚未发生，就不符合资产的定义，不能因此而确认存货资产。

2. 资产的确认条件

将一项资源确认为资产，需要符合资产的定义，还应同时满足以下两个条件：

(1) 与该资源有关的经济利益很可能流入企业。

(2) 该资源的成本或者价值能够可靠地计量。

3. 资产的分类

资产按照能否在一个正常的营业周期内变现或耗用可以分为流动资产和非流动资产两大类。

流动资产包括：库存现金、银行存款、其他货币资金、交易性金融资产、应收票据、应收账款、其他应收款、预付账款、存货、持有待售资产等。

非流动资产(长期资产)包括：债权投资、其他债权投资、其他权益工具投资、固定资产、无形资产、长期股权投资、投资性房地产、在建工程、长期待摊费用、递延所得税资产、长期应收款、生产性生物资产、油气资产、商誉等。

4. 资产类账户的结构

资产类账户的结构一般为：期初余额在借方，本期增加发生额在借方，本期减少发生额在贷方，期末余额在借方。具体账户的结构如图表 1-3 所示。

资产类账户

借方	贷方
期初余额 本期增加发生额	本期减少发生额
期末余额	

图表 1-3　资产类账户的结构

其计算公式如下：

$$期末余额＝期初余额＋本期借方发生额－本期贷方发生额$$

(二) 负债的定义及其确认条件

1. 负债的定义

负债，是指企业过去的交易或者事项形成的，预期会导致经济利益流出企业的现时义务。根据负债的定义，负债具有以下三方面特征：

(1) 负债是企业承担的现时义务。负债必须是企业承担的现时义务，这里的现时义务是指企业在现行条件下已承担的义务。未来发生的交易或者事项形成的义务，不属于现时义务，不应当确认为负债。

（2）负债预期会导致经济利益流出企业。预期会导致经济利益流出企业是负债的一个本质特征，只有在履行义务时会导致经济利益流出企业的，才符合负债的定义。在履行现时义务清偿负债时，导致经济利益流出企业的形式多种多样，例如，用现金偿还或以实物资产形式偿还，以提供劳务形式偿还，部分转移资产、部分提供劳务形式偿还，将负债转为资本等。

（3）负债是由企业过去的交易或者事项形成的。负债应当由企业过去的交易或者事项所形成。换句话说，只有过去的交易或者事项才形成负债，企业将在未来发生的承诺、签订的合同等交易或者事项，不形成负债。

2. 负债的确认条件

将一项现时义务确认为负债，需要符合负债的定义，还需要同时满足以下两个条件：

（1）与该义务有关的经济利益很可能流出企业。

（2）未来流出的经济利益的金额能够可靠地计量。

3. 负债的分类

（1）负债按照能否在一个正常的营业周期内变现或耗用可以分为流动负债和非流动负债两大类。

流动负债包括：短期借款、应付账款、应付票据、其他应付款、预收账款、应付股利、应付利息、应交税费、应付职工薪酬、一年内到期的流动负债等。

非流动负债包括：长期借款、应付债券、长期应付款等。

4. 负债类账户的结构

负债类账户的结构为：期初余额在贷方，本期增加发生额在贷方，本期减少发生额在借方，期末余额在贷方。具体账户的结构如图表 1-4 所示。

借方　　　　负 债 类 账 户	贷方
本期减少发生额	期初余额 本期增加发生额
	期末余额

图表 1-4　负债类账户的结构

其计算公式如下：

期末余额＝期初余额＋本期贷方发生额－本期借方发生额

（三）所有者权益的定义及其确认条件

1. 所有者权益的定义

所有者权益，是指企业资产扣除负债后，由所有者享有的剩余权益。公司的所有者权益又称为股东权益。所有者权益是所有者对企业资产的剩余索取权，它是企业的资产扣除债权人权益后应由所有者享有的部分，既可反映所有者投入资本的保值增值情况，又体现了保护债权人权益的理念。

所有者权益的来源包括所有者投入的资本、其他综合收益、留存收益等，通常由股本（或实收资本）、资本公积（含股本溢价或资本溢价、其他资本公积）、其他综合收益、盈余公积和未分配利润等构成。

所有者投入的资本，是指所有者投入企业的资本部分，它既包括构成企业注册资本或者股本的金额，也包括投入资本超过注册资本或股本部分的金额，即资本溢价或股本溢价，这部分投入资本作为资本公积（资本溢价）反映。

其他综合收益，是指企业根据会计准则规定未在当期损益中确认的各项利得和损失。

留存收益，是指企业从历年实现的利润中提取或形成的留存在企业的内部积累，包括盈余公积和未分配利润。

2. 所有者权益的确认条件

所有者权益体现的是所有者在企业中的剩余权益，因此，所有者权益的确认和计量主要依赖于资产和负债的确认和计量，例如：企业接受投资者投入的资产，在该资产符合资产确认条件时，就相应地符合所有者权益的确认条件；当该资产的价值能够可靠计量时，所有者权益的金额也就可以确定。

3. 所有者权益类账户的结构

所有者权益类账户的结构为：期初余额在贷方，本期增加发生额在贷方，本期减少发生额在借方，期末余额在贷方。具体账户的结构如图表 1-5 所示。

借方　　所有者权益类账户	贷方
本期减少发生额	期初余额 本期增加发生额
	期末余额

图表 1-5　所有者权益类账户的结构

其计算公式如下：

期末余额＝期初余额＋本期贷方发生额－本期借方发生额

（四）收入的定义及其确认条件

1. 收入的定义

收入，是指企业在日常活动中形成的、会导致所有者权益增加的、与所有者投入资本无关的经济利益的总流入。根据收入的定义，收入具有三方面特征：

（1）收入是企业在日常活动中形成的。日常活动，是指企业为完成其经营目标所从事的经常性活动以及与之相关的活动。例如，工业企业制造并销售产品，就属于企业的日常活动。

（2）收入是与所有者投入资本无关的经济利益的总流入。收入应当会导致经济利益的流入，从而导致资产的增加。例如，企业销售商品，在收到现金或者有权在未来收到现金时才表明该交易符合收入的定义。但是在实务中，经济利益的流入有时是由所有者投入资本的增加导致的，所有者投入资本的增加不应当确认为收入，应当将其直接确认为所有者权益。

（3）收入会导致所有者权益的增加。与收入相关的经济利益的流入应当会导致所有者权益的增加，不会导致所有者权益增加的经济利益的流入不符合收入的定义，不应确认为收入。例如，企业向银行借入款项，虽然也导致经济利益流入企业，但该流入并不导致所有者权益的增加，反而使企业承担了一项现时义务。因此，企业对于因借入款项所导致的经济利益的增加，不应将其确认为收入，应当确认为一项负债。

2. 收入的确认条件

企业收入的来源渠道多种多样，不同收入来源的特征虽然有所不同，但其收入确认条件却是相同的。当企业与客户之间的合同同时满足下列条件时，企业应当在客户取得相关商品控制权时确认收入：

(1) 合同各方已批准该合同并承诺将履行各自义务。

(2) 该合同明确了合同各方与所转让商品或提供劳务相关的权利和义务。

(3) 该合同有明确的与所转让商品或提供劳务相关的支付条款。

(4) 该合同具有商业实质，即履行该合同将改变企业未来现金流量的风险、时间分布或金额。

(5) 企业因向客户转让商品或提供服务而有权取得的对价很可能收回。

3. 收入类账户的结构

收入类账户的结构为：本期增加发生额在贷方（使利润增加），本期减少发生额在借方（使利润减少），期末由于余额会结转至“本年利润”账户，所以该类账户无期初余额和期末余额。具体账户的结构如图表 1-6 所示。

借方　　　　收入类账户	贷方
本期减少发生额	本期增加发生额

图表 1-6　收入类账户的结构

知识点提示

(1) 收入是与企业日常活动有关的经济利益的流入，与企业非日常活动有关的经济利益的流入归为直接计入利润（当期损益）的利得。

两者的区别如图表 1-7 所示。

图表 1-7　收入与直接计入利润的利得的区别

项目	业务内容	要素	涉及会计科目
日常活动	销售商品	收入	主营业务收入 其他业务收入 投资收益等
	提供劳务		
	让渡资产使用权		
非日常活动	非流动资产（固定资产、无形资产）处置利得	直接计入当期利润的利得（利润）	营业外收入 资产处置损益
	与企业日常活动无关的政府补助		
	盘盈（现金）利得		
	捐赠利得		
	债务重组利得		
	确实无法支付的应付账款等		

收入要素中的收入是狭义的收入，主要包括营业收入等项目，后期构成营业利润的经济利益流入部分。

(2) 收入的增加会导致资产的增加(比如销售产品取得现金)、负债的减少(比如用销售产品款项冲销所欠货款)或两者兼而有之(比如销售冲销预收款同时不足部分收到现金)。

(五) 费用的定义及其确认条件

1. 费用的定义

费用，是指企业在日常活动中发生的、会导致所有者权益减少的、与向所有者分配利润无关的经济利益的总流出。根据费用的定义，费用具有以下几方面的特征：

(1) 费用是企业在日常活动中形成的。费用必须是企业在其日常活动中所形成的，这里对日常活动的界定与收入定义中涉及的日常活动的界定相一致。日常活动所产生的费用通常包括销售成本(营业成本)、职工薪酬、固定资产折旧、无形资产摊销等。将费用界定为日常活动所形成的，目的是将其与损失相区分，企业非日常活动所形成的经济利益的流出不能确认为费用，而应当计入损失。

(2) 费用是与向所有者分配利润无关的经济利益的总流出。费用的发生会导致经济利益的流出，从而导致资产的减少或者负债的增加，其表现形式包括现金或者现金等价物的流出，存货、固定资产和无形资产等的流出或者消耗等。企业向所有者分配利润也会导致经济利益的流出，而该经济利益的流出属于所有者权益的抵减项目，不应确认为费用，应当将其排除在费用的定义之外。

(3) 费用会导致所有者权益的减少。与费用相关的经济利益的流出应当会导致所有者权益的减少，不会导致所有者权益减少的经济利益的流出不符合费用的定义，不应确认为费用。

2. 费用的确认条件

费用的确认除了应当符合定义外，还至少应当符合以下条件：

(1) 与费用相关的经济利益应当很可能流出企业。

(2) 经济利益流出企业的结果会导致资产的减少或者负债的增加。

(3) 经济利益的流出额能够可靠计量。

3. 费用类账户的结构

费用类账户的结构为：本期增加发生额在借方(使利润减少)，本期减少发生额在贷方(使利润增加)，期末由于余额会结转至“本年利润”账户，所以该类账户无期初余额和期末余额。具体账户的结构如图表 1-8 所示。

借方 费用类账户	贷方
本期增加发生额	本期减少发生额

图表 1-8 费用类账户的结构

知识点提示

(1) 费用是与企业日常活动有关的经济利益的流出，与企业非日常活动有关的经济利益的流出则归为直接计入利润(当期损益)的损失，两者的区别如图表 1-9 所示。

图表 1-9　　费用与直接计入利润的损失的区别

项目	业务内容	要素	涉及会计科目
日常活动	营业成本	费用	主营业务成本 其他业务成本 管理费用 财务费用 销售费用等
	期间费用		
非日常活动	非流动资产(固定资产、无形资产)处置损失	直接计入当期利润的损失(利润)	营业外支出 资产处置损益
	罚款支出		
	盘亏(固定资产)损失		
	捐赠支出		
	债务重组损失		
	非常损失等		

费用要素中的费用是狭义的费用，主要包括营业成本、期间费用等项目，后期构成营业利润的经济利益流出部分。

(2) 费用的增加会导致资产的减少(比如用现金支付办公费)、负债的增加(比如计提利息费用)或两者兼而有之(比如发生办公费用用现金支付一部分赊欠一部分)。

广义的费用包括成本，成本即对象化的费用。由于产品生产结束后成本最终都计入相应资产(库存商品)的价值中，所以，成本类账户的结构与资产类账户的结构是一致的：期初余额在借方，本期增加发生额在借方，本期减少发生额在贷方，期末余额在借方(表示在产品成本)，具体账户的结构如图表 1-10 所示。

借方　　成本类账户	贷方
期初余额 本期增加发生额	本期减少发生额
期末余额	

图表 1-10　成本类账户的结构

(六) 利润的定义、来源构成及其确认条件

1. 利润的定义

利润，是指企业在一定会计期间的经营成果。通常情况下，如果企业实现了利润，表明企业的所有者权益将增加；如果企业发生亏损(即利润为负数)，表明企业的所有者权益将减少。

2. 利润的来源构成

利润包括收入减去费用后的净额、直接计入当期利润的利得和损失等。其中，收入减去

费用后的净额反映的是企业日常活动的业绩。直接计入当期利润的利得和损失，是指应当计入当期损益、会导致所有者权益发生增减变动的、与所有者投入资本或者向所有者分配利润无关的利得或损失。其中，利得，是指由企业非日常活动所形成的、会导致所有者权益增加的、与所有者投入资本无关的经济利益的流入；损失，是指由企业非日常活动所形成的、会导致所有者权益减少的、与向所有者分配利润无关的经济利益的流出。

3. 利润的确认条件

利润反映的是收入减去费用、利得减去损失后净额的概念。因此，利润的确认主要依赖于收入和费用，以及利得和损失的确认。

(1) 利得包括直接计入利润(当期损益)的利得与直接计入所有者权益的利得，两者的区别如图表 1-11 所示。

图表 1-11　　直接计入利润的利得与直接计入所有者权益的利得的区别

<table>
<tr><th>界定</th><th colspan="2">举例</th></tr>
<tr><td>直接计入利润的利得</td><td>贷记“资产处置损益”账户</td><td>① 处置固定资产形成收益；
② 处置无形资产所有权形成的收益(转让、出售)</td></tr>
<tr><td>直接计入利润的利得</td><td>贷记“营业外收入”账户</td><td>① 罚款收入；
② 债务重组利得；
③ 现金盘盈；
④ 权益法下初始投资成本小于投资当日所占的被投资方公允可辨认净资产份额的差额</td></tr>
<tr><td rowspan="4">直接计入所有者权益的利得</td><td>① 其他权益工具投资的增值；</td><td>处置时转入留存收益账户</td></tr>
<tr><td>② 其他债权投资的增值；
③ 权益法下被投资方其他综合收益(不包括重新计量设定受益计划净资产、净负债形成的)造成的投资增值；
④ 债权投资重分类为其他债权投资形成的增值；</td><td>处置时转入“投资收益”账户</td></tr>
<tr><td>⑤ 自用房产、存货转为公允模式的投资性房地产形成的增值；</td><td>房产处置时转入“其他业务成本”账户</td></tr>
<tr><td>⑥ 重新计量设定受益计划净资产、净负债形成的价值差额贷记“其他综合收益”账户；
⑦ 权益法下被投资方重新计量设定受益计划净资产、净负债形成的其他综合收益造成的投资价值增值</td><td>将来不得转入损益</td></tr>
</table>

(2) 损失包括直接计入利润的损失与直接计入所有者权益的损失，两者的区别如图表 1-12 所示。

图表 1-12　直接计入利润的损失与直接计入所有者权益的损失的区别

<table>
<tr><th>界定</th><th colspan="2">举例</th></tr>
<tr><td rowspan="2">直接计入利润的损失</td><td>借记“资产处置损益”账户</td><td>① 处置固定资产形成损失；
② 处置无形资产所有权形成的损失(转让、出售)</td></tr>
<tr><td>借记“营业外支出”账户</td><td>① 罚没支出；
② 盘亏、报废固定资产的净损失；
③ 盘亏存货时的非常损失；
④ 债务重组损失</td></tr>
<tr><td rowspan="2">直接计入所有者权益的损失</td><td>① 其他权益工具投资暂时减值；</td><td>处置时转入留存收益</td></tr>
<tr><td>② 其他债权投资暂时减值；
③ 权益法下被投资方其他综合收益造成的投资价值贬值；
④ 债权投资重分类为其他债权投资形成的贬值；</td><td>处置时转入“投资收益”账户</td></tr>
<tr><td>直接计入所有者权益的损失</td><td>⑤ 重新计量设定受益计划净资产、净负债形成的价值差额借记“其他综合收益”账户；
⑥ 权益法下被投资方重新计量设定受益计划净资产、净负债形成的其他综合收益造成的投资减值</td><td>将来不得转入损益</td></tr>
</table>

注意：此处仅作了解。

四、会计基础

会计基础，是指会计确认、计量和报告的基础，具体包括权责发生制和收付实现制。

（一）权责发生制

权责发生制，是指收入、费用的确认应当以收入和费用的实际发生而非实际收支作为确认的标准。

在实务中，企业交易或者事项的发生时间与相关货币收支时间有时并不完全一致。例如，款项已经收到，但销售并未实现而不能确认为本期的收入；或者款项已经支付，但与本期的生产经营活动无关而不能确认为本期的费用。为了真实、公允地反映特定时点的财务状况和特定期间的经营成果，企业应当以权责发生制为基础进行会计确认、计量和报告。

根据权责发生制，凡是当期已经实现的收入和已经发生或者应当负担的费用，无论款项是否收付，都应当作为当期的收入和费用，计入利润表；凡是不属于当期的收入和费用，即使款项已在当期收付，也不应当作为当期的收入和费用。

（二）收付实现制

收付实现制，是指以实际收到或支付现金作为确认收入和费用的标准。

在我国，政府会计由预算会计和财务会计构成。其中，预算会计采用收付实现制，国务院另有规定的,依照其规定;财务会计则统一采用权责发生制。

权责发生制下,统计各月收入和费用完全是按照业务发生所属月份为依据对应统计相应的收入和费用,而与款项的收付时间没有实际联系,收付实现制则是按照当月实际收到多少款项算多少费用,当月实际付出多少款项算多少费用。

引例:2020 年 5 月,A 公司销售一批产品价款 50 万元,该货款于 7 月收到存入银行。

分析:权责发生制下,由于该笔业务是 5 月发生的,所以,不管款项是否收到都作为 5 月的收入;而收付实现制下,因为款项实际是在 7 月收到的,则算 7 月的收入而不算 5 月的收入。

引例:2020 年 5 月,B 公司用银行存款支付当年度第二季度的物业费总共 600 元(标准:每月 200 元)。

分析:权责发生制下,由于跟 5 月实际相关联的只有 5 月当月的物业费 200 元,则 5 月的费用只算 200 元;而收付实现制下,由于 5 月实际支付了 600 元物业费,则 5 月的费用就算 600 元。

五、财务会计的计量属性

会计计量是为了将符合确认条件的会计要素登记入账并列报于财务报表而确定其金额的过程。会计计量属性主要包括历史成本、重置成本、可变现净值、现值和公允价值等。

(一) 历史成本

历史成本又称实际成本,是指取得或制造某项财产物资时所实际支付的现金或者现金等价物。采用历史成本计量时,资产按照其购置时支付的现金或现金等价物的金额或者按照购置时所付出对价的公允价值计量。负债按照其因承担现时义务而实际收到的款项或者资产的金额,或者承担现时义务的合同金额,或者按照日常活动中为偿还负债预期需要支付的现金或者现金等价物的金额计量。

(二) 重置成本

重置成本又称现行成本,是指按照当前市场条件,重新取得同样一项资产所需支付的现金或现金等价物金额。采用重置成本计量时,资产按照现在购买相同或者相似资产所需支付的现金或者现金等价物的金额计量。负债按照现在偿付该项债务所需支付的现金或者现金等价物的金额计量。

(三) 可变现净值

可变现净值,是指在生产经营过程中,以预计售价减去进一步加工成本和销售所必需的预计税金、费用后的净值。采用可变现净值计量时,资产按照其正常对外销售所能收到现金或者现金等价物的金额,扣减该资产至完工时估计将要发生的成本、估计的销售费用以及相关税费后的金额计量。

引例:某保温杯生产企业生产了一个保温杯的瓶身,盖子还没有生产,问这个瓶身值多少钱?

分析:该保温杯瓶身的可变现净值=预计保温瓶售价-瓶身加工成保温瓶后续的加工成本-保温瓶预计销售费用和相关税费。

(四) 现值

现值,是指对未来现金流量以恰当的折现率进行折现后的价值,是考虑货币时间价值因素等的一种计量属性。采用现值计量时,资产按照预计从其持续使用和最终处置中所产生的未来净现金流入量的折现金额计量。负债按照预计期限内需要偿还的未来净现金流出量的折现金额计量。

引例: 王某现在存入银行一笔钱,他想在一年后从银行取出 101.75 元,假设银行的一年期利率为 1.75%。

分析: 则现值=101.75÷(1+1.75%)=100(元)。

(五) 公允价值

公允价值,是指市场参与者在计量日发生的有序交易中,出售一项资产所能收到或者转移一项负债所需支付的价格。公允价值的特点在于会随着市场供求环境等因素的变化发生价格的波动。例如,在证券交易所交易的股票的价格会随时按照市场行情的变化而发生变化,这种在公平市场上会随时发生变动的公平交易价格就是公允价值。

知识点提示

1. 各种计量属性之间的关系

历史成本通常反映的是资产或者负债过去的价值,而重置成本、可变现净值、现值以及公允价值通常反映的是资产或者负债的现时成本或者现时价值,是与历史成本相对应的计量属性。

2. 计量属性的适用范围

各种计量属性的适用范围如图表 1-13 所示。

图表 1-13　会计计量属性及其适用范围

计量属性	适用范围
历史成本	一般在会计要素计量时均采用历史成本
重置成本	盘盈存货、盘盈固定资产的入账成本均采用重置成本
可变现净值	① 存货的期末计价采用成本与可变现净值孰低法,可变现净值为存货期末计价口径的一种选择; ② 资产减值准则所规范的资产在认定其可收回价值时,公允价值减去处置费用后的净额是备选口径之一
现值	① 当固定资产以分期付款方式取得时,其入账成本选择未来付款总额的折现口径; ② 当无形资产以分期付款方式取得时,其入账成本选择未来付款总额的折现口径; ③ 以分期收款方式实现的销售收入,以未来收款额的折现作为收入的计量口径; ④ 弃置费用在计入固定资产成本时采取现值口径; ⑤ 资产减值准则所规范的资产在认定其可收回价值时,未来现金流量折现是备选口径之一
公允价值	① 交易性金融资产的期末计量口径选择; ② 投资性房地产的后续计量口径选择之一; ③ 其他权益工具投资、其他债权投资的期末计量口径选择; ④ 交易性金融负债的期末计量口径选择

六、财务报告的构成

(一) 财务报告及其目标

财务报告，是指企业对外提供的反映企业某一特定日期的财务状况和某一会计期间的经营成果、现金流量等会计信息的文件。财务报告包括财务报表和其他应当在财务报告中披露的相关信息和资料。

财务报告的目标，是向财务报告使用者提供与企业财务状况、经营成果和现金流量等有关的会计信息，反映企业管理层受托责任履行情况，有助于财务报告使用者作出经济决策。

(二) 财务报表的组成

财务报表，是对企业财务状况、经营成果和现金流量的结构性表述。一套完整的财务报表至少应当包括资产负债表、利润表、现金流量表、所有者权益(或股东权益)变动表以及附注。

资产负债表、利润表和现金流量表分别从不同角度反映企业的财务状况、经营成果和现金流量。资产负债表，是反映企业在某一特定日期的财务状况的会计报表；利润表，是反映企业在一定会计期间的经营成果的会计报表；现金流量表，是反映企业在一定会计期间的现金和现金等价物流入和流出的会计报表。所有者权益变动表，是反映构成所有者权益各组成部分当期增减变动情况的会计报表。

附注是财务报表不可或缺的组成部分，是对在资产负债表、利润表、现金流量表和所有者权益变动表等报表中列示项目的文字描述或明细资料，以及对未能在这些报表中列示项目的说明等。

任务三 会计信息质量要求

任务导入

会计信息质量体现了会计核算的效率和效果，同时也是会计核算的基本要求。掌握会计信息质量要求，有助于清楚地认识和了解会计信息必须达到的质量要求有哪些，为日后的财务工作打下良好的基础。

任务要求

1. 了解会计信息质量要求的具体内容
2. 掌握可比性要求的具体内容
3. 掌握实质重于形式要求的具体内容
4. 掌握谨慎性要求的具体内容

知识点介绍

会计信息质量要求是对企业财务报告所提供会计信息质量的基本要求，是使财务报告所提供会计信息对投资者等信息使用者决策有用应具备的基本特征，它主要包括可靠性、相关性、可理解性、可比性、实质重于形式、重要性、谨慎性、及时性等。

（一）可靠性

可靠性要求企业应当以实际发生的交易或者事项为依据进行确认、计量和报告，如实反映符合确认和计量要求的会计要素及其他相关信息，保证会计信息真实可靠、内容完整。

可靠性是高质量会计信息的重要基础和关键所在。如果企业以虚假的交易或者事项进行确认、计量和报告，属于违法行为，不仅会严重损害会计信息质量，而且会误导投资者，干扰资本市场，导致会计秩序、财经秩序混乱。

会计信息要有用，必须以可靠为基础，如果财务报告所提供的会计信息是不可靠的，就会对投资者等使用者的决策产生误导甚至带来损失。为了贯彻可靠性要求，企业应当做到：

（1）以实际发生的交易或者事项为依据进行确认、计量，将符合会计要素定义及其确认条件的资产、负债、所有者权益、收入、费用和利润等如实反映在财务报表中。

（2）在符合重要性和成本效益原则的前提下，保证会计信息的完整性，其中包括应当编报的报表及其附注内容等应当保持完整，不能随意遗漏或者减少应予披露的信息。

（3）包括在财务报告中的会计信息应当是中立的、无偏的。如果企业在财务报告中为了达到事先设定的结果或效果，通过选择或列示有关会计信息以影响决策和判断的，这样的财务报告信息就不是中立的。

知识点提示

可靠性要求十二真言：内容真实，数据完整，计算正确。

（二）相关性

相关性要求企业提供的会计信息应当与投资者等财务报告使用者的经济决策需要相关，有助于投资者等财务报告使用者对企业过去、现在或未来的情况作出评价或者预测。

会计信息是否有用，是否具有价值，关键看其与使用者的决策需要是否相关，是否有助于决策或者提高决策水平。相关的会计信息应当能够有助于使用者评价企业过去的决策，证实或者修正过去的有关预测，因而具有反馈价值。相关的会计信息还应当具有预测价值，有助于使用者根据财务报告所提供的会计信息预测企业未来的财务状况、经营成果和现金流量。例如，区分收入和利得、费用和损失，区分流动资产和非流动资产、流动负债和非流动负债以及适度引入公允价值等，这些都可以提高会计信息的预测价值，进而提升会计信息的相关性。

会计信息质量的相关性要求，需要企业在确认、计量和报告会计信息的过程中，充分考虑使用者的决策模式和信息需要。但是，相关性是以可靠性为基础的，两者之间并不矛盾，不应将两者对立起来。也就是说，会计信息在可靠性前提下，应尽可能地做到相关，以满足投资者等财务报告使用者的决策需要。

知识点提示

（1）会计提供的会计信息与财务报告使用者相关。

（2）相关性以可靠性为基础。

（三）可理解性

可理解性要求企业提供的会计信息应当清晰明了，便于投资者等财务报告使用者理解和使用。

企业编制财务报告、提供会计信息的目的在于使用，而要想让使用者有效使用会计信息，就应当让其了解会计信息的内涵，弄懂会计信息的内容，这就要求财务报告所提供的会计信息应当清晰明了，易于理解。只有这样，才能提高会计信息的有用性，实现财务报告的目标，满足向投资者等财务报告使用者提供决策有用信息的要求。

会计信息是一种专业性较强的信息，在强调会计信息的可理解性要求的同时，还应假定使用者具有一定的有关企业经营活动和会计方面的知识。

知识点提示

（1）可理解性是便于财务报表使用者理解相关会计信息。

（2）对于某些复杂的信息，如交易本身较为复杂或者会计处理较为复杂，但如果其与使用者的经济决策相关，企业就应当在财务报告中充分披露。

（四）可比性

可比性要求企业提供的会计信息应当相互可比，主要包括两层含义。

1. 同一企业不同时期可比

即同一企业不同时期发生的相同或者相似的交易或者事项，应当采用一致的会计政策，不得随意变更。但是如果按照规定或者在会计政策变更后能够提供更可靠、更相关的会计信息，企业可以变更以往的会计政策。有关会计政策变更的情况，应当在附注中予以说明。

2. 不同企业相同会计期间可比

即不同企业同一会计期间发生的相同或者相似的交易或者事项，应当采用规定的会计政策，确保会计信息口径一致、相互可比，以使不同企业按照一致的确认、计量和报告要求提供有关会计信息。

知识点提示

（1）会计政策不得随意变更不等于不能变更。在以下两种情形下，会计政策可以变更：①国家相关政策本身变动的影响，如个人所得税税率的变动而导致会计工资核算相关内容的变化；②自我创新，如在保证能够提供更加准确、更加完整的会计信息的基础上，财务会计用新的会计核算方法代替旧的会计核算方法，但必须在报表上予以披露。

（2）对于新的业务，企业采用新的会计核算方法不违反可比性原则。

（五）实质重于形式

实质重于形式要求企业应当按照交易或者事项的经济实质进行会计确认、计量和报告，不仅仅以交易或者事项的法律形式为依据。

在实际工作中，交易或者事项的外在法律形式并不总能完全反映其实质内容，企业发生的交易或者事项在多数情况下，其经济实质和法律形式是一致的。但在有些情况下，会出现不一致。例如，以融资租赁方式租入的资产，虽然从法律形式来讲企业并不拥有其所有权，但是由于租赁合同规定的租赁期相当长，往往接近于该资产的使用寿命；租赁期结束时，承租企业有优先购买该资产的选择权；在租赁期内，承租企业有权支配资产并从中受益等。从其经济实质来看，企业能够控制融资租入资产所创造的未来经济利益，在会计确认、计量和报告时就应当将以融资租赁方式租入的资产视为企业的资产，在企业的资产负债表中进行反映。

知识点提示

（1）实质重于形式原则要求判断业务要看清楚业务的“经济实质”同时兼顾业务的“外在形式”。

（2）经济实质决定业务的类型，外在形式决定业务核算流程。

（六）重要性

重要性要求企业提供的会计信息应当反映与企业财务状况、经营成果和现金流量有关的所有重要交易或者事项。

在实务中，如果某会计信息的省略或者错报会影响投资者等财务报告使用者据此作出决策，该信息就具有重要性。重要性的应用需要依赖职业判断，企业应当根据其所处环境和实际情况，从项目的性质和金额大小两方面加以判断。例如，企业发生的某些支出，金额较小，从支出的受益期来看，可能需要在若干会计期间进行分摊，但根据重要性要求，可以一次性计入当期损益。

知识点提示

（1）业务的重要性取决于：①金额和数量；②业务的性质。

（2）企业对于重要的会计经济业务要详细地核算与披露，对于次要的经济业务可简化反应，但不能不反应。

（七）谨慎性

谨慎性要求企业对交易或者事项进行会计确认、计量和报告的应当保持应有的谨慎，不应高估资产或者收益、低估负债或者费用。

在市场经济环境下，企业的生产经营活动面临许多风险和不确定性，如应收款项的可收回性、固定资产的使用寿命、无形资产的使用寿命、售出存货可能发生的退货或者返修等。会计信息质量的谨慎性要求，需要企业在面临不确定性因素的情况下作出职业判断时，应当保持应有的谨慎，充分估计到各种风险和损失、既不高估资产或者收益，也不低估负债或者费用。例如，要求企业对可能发生的资产减值损失计提资产减值准备、对售出商品可能发生的保修义务等确认预计负债等，就体现了会计信息质量的谨慎性要求。

知识点提示

（1）谨慎性要求不能高估资产和收益，低估负债和费用；反之也是不能的。

（2）谨慎性要求计提减值准备需要有客观依据，不能计提秘密准备。

(八) 及时性

及时性要求企业对于已经发生的交易或者事项,应当及时进行确认、计量和报告,不得提前或延后。

在会计确认、计量和报告过程中贯彻及时性要求,一是要求及时收集会计信息,即在交易或者事项发生后,及时收集整理各种原始单据或者凭证;二是要求及时处理会计信息,即按照会计准则的规定,及时对交易或者事项进行确认或者计量,并编制财务报告;三是要求及时传递会计信息,即按照国家规定的有关时限,及时地将编制的财务报告传递给财务报告使用者,便于其及时使用和决策。

知识点提示

及时性要求按时提供会计信息,延后以及提前提供都是违反及时性要求的。

任务四 企业财务会计规范的基本内容

任务导入

在了解了财务会计工作岗位前期相关知识点后,今天财务主管让王丽学习下有关企业财务会计规范的相关知识,王丽遵照财务主管的嘱咐开始认真地进行学习。

任务要求

1. 了解企业财务会计规范的具体内容
2. 掌握新企业会计准则体系的结构

知识点介绍

一、企业财务会计规范的定义

企业财务会计规范,是指企业的财务会计工作所遵循的规范、准绳和要求。国家进行社会经济管理所颁布的涉及企业财务计规工作方面有公司法、企业破产法、税收征管法等法律法规。

我国的企业会计核算规范已形成了以《中华人民共和国会计法》(以下简称《会计法》)为核心的一个比较完整的体系。《会计法》在我国的会计规范体系中处于最高层次,是其他会计规范制定的基本依据。

二、会计法律制度的构成

会计法律制度体系包括会计法律、会计行政法规和会计规章。其基本构成如下。

(一) 会计法律

它是指调整经济生活中会计关系的法律总称。《会计法》的立法宗旨是规范会计行为,保证会计资料真实、完整，加强经济管理和财务管理，提高经济效益，维护社会主义市场的经济秩序。现行的《会计法》共有 7 章 52 条，主要对会计工作总的原则、会计核算、公司和企业核算的特别规定、会计监督、会计机构和会计人员以及法律责任等方面作了具体的规定。

目前，我国有两部会计法律，分别是《会计法》和《中华人民共和国注册会计师法》。

（二）会计规章

它是指由财政部就会计工作中某些方面的内容所制定的规范性文件。国务院有关部门根据其职责制定的会计方面的文件，如实施国家统一的会计制度的具体办法等，也属于会计规章，但必须报财政部审核批准。会计规章的制定依据是会计法律和会计行政法规。主要的会计规章有财政部发布的《股份有限公司会计制度》《会计基础工作规范》，财政部与国家档案局联合发布的《会计档案管理办法》等。

（三）会计行政法规

它是指调整经济生活中某些方面会计关系的法律规范。会计行政法规是由国务院制定发布，或者由国务院有关部门拟定经国务院批准发布，制定依据是《会计法》。如，1990 年 12 月 31 日国务院发布的《总会计师条例》，2000 年 6 月 21 日国务院颁布的《企业财务会计报告条例》等。

（四）地方性会计法规

地方性会计法规，是指省、自治区、直辖市人民代表大会及其常委会在与会计法律、会计行政法规不相抵触的前提下，制定的仅限本行政辖区内有法律效力的规范性文件，例如《天津市会计从业资格管理办法》。

由上述可知，《会计法》是会计法律制度中层次最高的法律规范，是制定其他会计行政法规、会计规章的依据，也是指导会计工作的最高准则。

三、企业会计准则体系的构成

新企业会计准则体系由基本准则、具体准则、应用指南和解释等组成。新企业会计准则体系的框架如图表 1-14 所示。

图表 1-14　　新企业会计准则体系框架

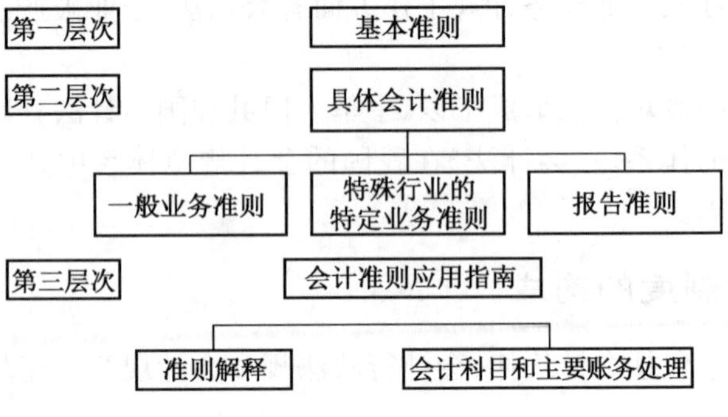

新企业会计准则体系各组成部分的具体内容如图表 1-15 所示。

图表 1-15　　新企业会计准则体系各组成部分及其具体内容

项目	相关内容
基本准则	在整个准则体系中起统御作用，主要规范财务报告目标、会计基本假定、会计基本原则、会计要素的确认和计量等。 【提示】 基本准则是具体准则、应用指南和解释等的制定依据，是准则中的“准则”
具体准则	是根据基本准则制定的，用来指导企业各类经济业务的确认、计量和报告规范。分为： (1) 一般业务准则； (2) 特殊行业的特定业务准则； (3) 报告准则
应用指南	是根据基本准则和具体准则制定的指导会计实务的操作性指南，包括各类企业的各种交易或事项涉及的会计科目和主要账务处理。 【提示 1】 在不违反准则及其解释的前提下，企业可根据实际需要自行增设、分拆、合并会计科目。 【提示 2】 不存在的交易或事项，企业可以不设置相关的会计科目
准则解释	用以指导、规范会计实务在执行会计准则中出现的新问题和疑难问题

课后练习

项目二

货币资金与交易性金融资产的核算

项目引领

项目目标

理论目标

（一）熟悉现金管理制度的规定

（二）熟悉银行结算制度的规定

（三）熟悉其他货币资金的核算

（四）熟悉交易性金融资产的核算

实务目标

（一）掌握现金收付款业务的办理

（二）了解现金盘点表的编制、正确处理现金长短款

（三）掌握银行存款余额调节表的编制

任务一　库存现金的核算

任务导入

今天是王丽从事财务会计工作岗位的第一天，一大早师傅就带她到会计室先了解了企业现有的货币资金概况，并询问了王丽现金管理的一些情况。

公司情况：	
公司名称：无锡市弘毅股份有限公司	账号：1103020120431534452
纳税人识别号：320201563074533××8	地址：人民路38号
电话：0510-85433576	法人代表：洪凯生
开户银行：工商银行无锡城南支行	

任务要求

1. 掌握库存现金管理制度的规定
2. 掌握库存现金收付款的账务处理
3. 掌握库存现金长短款的账务处理

知识点介绍

一、库存现金管理制度

（一）库存现金的定义

库存现金是指存放于企业财会部门、由出纳人员经管的货币。库存现金是企业流动性最强的资产。企业应当严格遵守国家有关现金管理制度，正确进行现金收支的核算，监督现金使用的合法性与合理性。

（二）现金管理制度

根据国务院发布的《现金管理暂行条例》的规定，现金管理制度主要包括以下内容。

1. 库存现金的使用范围

企业可用现金支付的款项有：

（1）职工工资、津贴。

（2）个人劳务报酬。

（3）根据国家规定颁发给个人的科学技术、文化艺术、体育等各种奖金。

（4）各种劳保、福利费用以及国家规定的对个人的其他支出。

（5）向个人收购农副产品和其他物资的款项。

（6）出差人员必须随身携带的差旅费。

(7) 结算起点(1 000 元)以下的零星支出。

(8) 中国人民银行确定需要支付现金的其他支出。

除上述情况可以用现金支付外,其他款项的支付应通过银行转账结算。

知识点提示

上述情况(1)～(6)属于企业与个人之间款项的结算,无论金额多少都可以考虑使用现金;而除上述情况以外,企业与企业之间款项结算在1 000元以下可以考虑使用库存现金支付,1 000元以上必须使用银行转账支付货款。

2. 现金的限额

现金的限额是指为了保证企业日常零星开支的需要,允许单位留存现金的最高数额。这一限额由开户银行根据单位的实际需要核定,一般按照单位3～5天日常零星开支的需要确定,边远地区和交通不便地区开户单位的现金限额可按多于5天但不超过15天的日常零星开支的需要确定。核定后的现金限额,开户单位必须严格遵守,超过部分应于当日终了前存入银行。需要增加或减少现金限额的单位,应向开户银行提出申请,由开户银行核定。

3. 现金收支的规定

开户单位现金收支应当依照下列规定办理:

(1) 开户单位现金收入应于当日送存开户银行,当日送存确有困难的,由开户银行确定送存时间。

(2) 开户单位支付现金,可以从本单位现金限额中支付或从开户银行提取,不得从本单位的现金收入中直接支付,即不得"坐支"现金。因特殊情况需要"坐支"现金的单位,应事先报经开户银行审查批准,由开户银行核定"坐支"范围和限额。"坐支"单位应当定期向开户银行报送"坐支"金额和使用情况。

(3) 开户单位从开户银行提取现金时,应如实写明提取现金的用途,由本单位财会部门负责人签字盖章,并经开户银行审查批准后予以支付。

(4) 因采购地点不确定、交通不便、生产或市场急需、抢险救灾及其他特殊情况必须使用现金的,应向开户银行提出申请,由本单位财会部门负责人签字盖章,并经开户银行审查批准后予以支付。

此外,不准用不符合国家统一的会计制度的凭证顶替现金,即不得"白条顶库";不准谎报用途套取现金;不准用银行账户代其他单位和个人存入或支取现金;不准用单位收入的现金以个人名义存入储蓄;不准保留账外公款,即不得"公款私存",不得设置"小金库"等。银行对于违反上述规定的单位,将按照违规金额的一定比例予以处罚。

二、库存现金收付款的账务处理

为了总括地反映企业现金的收入、支出和结存情况,企业应当设置"库存现金"科目,该科目属于资产类科目,其借方登记现金的增加,贷方登记现金的减少,期末余额在借方,反映企业实际持有的现金的金额。企业内部各部门周转使用的备用金,可以单独设置"备用金"科目进行核算。"库存现金"科目的账户结构如图表2-1所示。

为了全面、连续地反映和监督现金的收支和结存情况,企业应当设置库存现金总账和库存现金日记账,分别进行企业库存现金的总分类核算和明细分类核算。

借	库存现金	贷
期初余额 本期增加数	本期减少数	
期末余额		

图表 2-1 "库存现金"科目的账户结构

库存现金日记账由出纳人员根据收付款凭证,按照业务发生顺序逐笔登记。每日终了,应当在库存现金日记账上计算出当日的现金收入合计额、现金支出合计额和结余额,并将库存现金日记账的账面结余额与实际现金金额相核对,保证账款相符;月度终了,库存现金日记账的余额应当与库存现金总账的余额核对,做到账账相符。

【例 2-1】 无锡市弘毅股份有限公司 2020 年 4 月 1 日向个人售出甲商品,收到现金1 800 元,不考虑增值税等相关税费,根据销货发票填制"现金收款凭证",应编制如下会计分录:

借:库存现金 1 800
　　贷:主营业务收入 1 800

【例 2-2】 无锡市弘毅股份有限公司 2020 年 4 月 1 日以现金支付水电费 120 元,不考虑增值税等相关税费,根据发票填制"现金付款凭证",应编制如下会计分录:

借:管理费用 120
　　贷:库存现金 120

【例 2-3】 无锡市弘毅股份有限公司销售经理王凯 2020 年 4 月 1 日去上海开展销会,暂借差旅费 800 元。根据审批核准后的借款单填制"现金付款凭证",应编制如下会计分录:

借:其他应收款——王凯 800
　　贷:库存现金 800

【例 2-4】 承[例 2-3],销售经理王凯 4 月 8 日出差归来,报销差旅费 600 元,退回现金 200 元,不考虑增值税等相关税费,应编制如下会计分录:

借:管理费用 600
　　库存现金 200
　　贷:其他应收款——王凯 800

为了及时反映现金的收入、支出和结存状况,企业应设置"现金日记账"进行序时登记,现金日记账一般采用订本式的三栏式账页。无锡市弘毅股份有限公司 2020 年 4 月 1 日登记现金日记账情况如图表 2-2 所示。

图表 2-2 库存现金日记账

2020 年		凭证号数	对方科目	摘要	√	收入(借方)金额	付出(贷方)金额	结存金额
月	日							
4	1			月初余额				2 000.00
4	1	现收 1	主营业务收入	销售甲产品 10 件		1 800.00		3 800.00
4	1	现付 1	管理费用	水电费			120.00	3 680.00
4	1	现付 2	其他应收款	预借差旅费			800.00	2 880.00
				本日合计		1 800.00	920.00	2 880.00

库存现金日记账应当根据库存现金收款凭证(或银行存款付款凭证)和库存现金付款凭证,按照业务发生的顺序在“收入”栏和“支出”栏逐笔登记。每日终了,应加计收付总数,结算出库存现金结存额,以便和实际现金库存数额进行核对。通过登记库存现金日记账,可以反映现金增减和结存状况,便于现金管理和合理使用。

知识点提示

(1) 定额备用金。定额备用金是指用款部门按照定额持有的备用金。在这种方式下,企业的财会部门协同使用备用金的部门,根据日常零星开支的需要,事先核定备用金额,由使用备用金部门填制借款单,一次领出现金,报销时由财会部门根据审核后的报销凭证,用现金补足备用金定额。这种备用金制度便于企业对备用金的使用进行有效地控制,并减少财会部门的日常核算工作。一般适用于有经常性费用开支的内部用款部门。

① 备用金使用部门第一次领款时:

借:其他应收款——备用金

　　贷:库存现金

② 办理报销,补足备用金定额时:

借:管理费用等

　　贷:库存现金

③ 结清备用金时:

借:管理费用等

借或贷:库存现金

　　贷:其他应收款——备用金

(2) 非定额备用金。非定额备用金是指用款部门或职工个人所持有的备用金没有定额的规定,当用款部门或个人由于零星采购、出差或其他日常开支需要使用备用金时,根据需要逐次向财会部门申请报批,经财会部门会同有关负责人审核同意后,逐次借用与报销。

① 预借款项时:

借:其他应收款——××个人

　　贷:库存现金

② 办理报销,一次性结清预借款项:

借:管理费用等

借或贷:库存现金

　　贷:其他应收款——××个人

三、库存现金长短款的账务处理

为确保库存现金的安全完整,企业应当按规定对库存现金进行定期和不定期的清查,一般情况下采用实地盘点法,检查库存现金账实是否相符及盈亏状况,并根据清查的结果应当编制库存现金盘点报告单。库存现金盘点报告单如图表 2-3 所示。

盘点后,如果账实相符,对于超过限额留存的库存现金,应及时送存银行。如果经盘点账实不符,有待查明原因的现金短缺(现金短款)或现金溢余(现金长款),应先通过“待处理财产损溢”科目核算，做批准前的账务处理，该科目的账户结构如图表 2-4 所示。

图表 2-3　　**库存现金盘点报告表**

年　月　日　　　　单位：元

实存金额	账存金额	对比结果		备注
		盘盈	盘亏	

负责人签章：　　　　盘点人签章：　　　　出纳人员签章：

借　　　待处理财产损溢	贷
批准前财产的盘亏或毁损数 批准后转销的财产盘盈数	批准前财产的盘盈数 批准后转销的财产盘亏或毁损数
期末余额：无余额	

图表 2-4　“待处理财产损溢”科目的账户结构

对于库存现金短缺或溢余的情况，按管理权限经批准后，应当作出相应的账务处理。

(1) 如为现金短缺，属于应由责任人赔偿或保险公司赔偿的部分，计入其他应收款；属于无法查明原因的，计入管理费用。

(2) 如为现金溢余，属于应支付给有关人员或单位的，应计入其他应付款；属于无法查明原因的，计入营业外收入。

【例 2-5】 2020 年 4 月 2 日，无锡市弘毅股份公司出纳王强盘点现金发现现金短款 200 元，原因待查。

借：待处理财产损溢——待处理流动资产损溢　　200

　　贷：库存现金　　200

【例 2-6】 承[例 2-5]，经查，该短款中有 100 元是因为出纳王强管理不善造成，还有 100 元查无原因，经批准予以处理。

借：其他应收款——王强　　100

　　管理费用　　100

　　贷：待处理财产损溢——待处理流动资产损溢　　200

【例 2-7】 2020 年 4 月 20 日，无锡弘毅股份公司出纳王强盘点现金发现现金长款 500 元，原因待查。

借：库存现金　　500

　　贷：待处理财产损溢——待处理流动资产损溢　　500

【例 2-8】 承[例 2-7]，经查，该长款中有 450 元是业务员王东未领取的现金奖金，其余 50 元查无原因。

借：待处理财产损溢——待处理流动资产损溢 500
　　贷：其他应付款——王东 450
　　　　营业外收入 50

任务二 银行存款的核算

任务导入

在了解了库存现金的有关核算内容后，师傅接着让王丽开始了解关于银行存款的相关核算内容。银行存款的核算是企业日常重要的货币资金核算内容之一，于是王丽开始认真地学习。

任务要求

1. 掌握银行账户管理的基本原则
2. 掌握银行存款收付款的账务处理
3. 掌握银行存款余额调节表的编制

知识点介绍

一、银行存款的内容及其账户管理的基本原则

（一）银行存款的内容

银行存款是指企业存放在银行或其他金融机构的货币资金。企业应当根据业务需要，按照规定在其所在地银行开设账户，运用所开设的账户，进行存款、取款以及各种收支转账业务的结算。银行存款的收付应严格执行银行结算制度的规定。

（二）银行账户管理的基本原则

根据《银行账户管理办法》，银行账户按照资金的不同性质、用途和管理要求，可以分为基本存款账户、一般存款账户、专用存款账户、预算单位零余额账户和临时存款账户。

（1）基本存款账户是存款人的主办账户，一个单位只能开立“一个”基本存款账户。存款人日常经营活动的资金收付，以及存款人的工资、奖金和现金的支取应通过该账户办理。

（2）一般存款账户用于办理存款人借款转存、借款归还和其他结算的资金收付。该账户可以办理现金缴存，但不得办理现金支取。一般存款账户的开立没有数量上的限制。

（3）专用存款账户用于办理各项专用资金的收付。针对不同的专用资金，使用范围也不同，具体如下：

① 单位银行卡账户的资金必须由其基本存款账户转账存入，该账户不得办理现金收付业务。

② 证券交易结算资金、期货交易保证金和信托基金专用存款账户，不得支取现金。

③ 基本建设资金、更新改造资金、政策性房地产开发资金账户需要支取现金的，应在开户时报中国人民银行批准。

④ 粮、棉、油收购资金，社保基金，住房基金和党、团、工会经费等专用存款。账户应按照国家现金管理的规定办理现金支取。

⑤ 收入汇缴账户，只收不付，不得支取现金。业务支出账户，只付不收，可支出现金。

(4) 预算单位零余额账户用于财政授权支付，可以办理转账、提取现金等结算业务，可以向本单位按账户管理规定保留的相应账户划拨工会经费、住房公积金及提租补贴，以及财政部门批准的特殊款项，不得违反规定向本单位其他账户和上级主管单位及所属下级单位账户划拨资金。一个基层预算单位只能开设"一个"零余额账户。预算单位零余额账户按"基本存款账户"或"专用存款账户"进行日常核算管理。

(5) 临时存款账户使用范围如下：

① 设立临时机构：如设立工程指挥部、摄制组、筹备领导小组等。

② 异地临时经营活动：如建筑施工及安装单位等在异地的临时经营活动。

③ 注册验资、增资。

④ 军队、武警单位承担基本建设或者异地执行作战、演习、抢险救灾、应对突发事件等临时任务。

临时存款账户的有效期最长不得超过 2 年；临时存款账户支取现金，应按照国家现金管理的规定办理；注册验资的临时存款账户在验资期间只收不付。

知识点提示

各类银行结算账户的现金收付规定如图表 2-5 所示。

图表 2-5　各类银行结算账户的现金收付规定

<table>
<tr><th colspan="2">账户名称</th><th>存现</th><th>取现</th></tr>
<tr><td colspan="2">基本存款账户</td><td>√</td><td>×</td></tr>
<tr><td colspan="2">一般存款账户</td><td>√</td><td>×</td></tr>
<tr><td rowspan="7">专用存款账户</td><td>单位银行卡账户</td><td>×</td><td>×</td></tr>
<tr><td>证券交易结算资金</td><td>√</td><td>×</td></tr>
<tr><td>期货交易保证金</td><td>√</td><td>×</td></tr>
<tr><td>信托基金</td><td>√</td><td>×</td></tr>
<tr><td>收入汇缴</td><td>√</td><td>×</td></tr>
<tr><td>业务支出</td><td>×</td><td>√</td></tr>
<tr><td rowspan="2">临时存款账户</td><td>验资</td><td>√</td><td>×</td></tr>
<tr><td>其他</td><td>√</td><td>√</td></tr>
<tr><td colspan="2">预算单位零余额账户</td><td>×</td><td>√</td></tr>
</table>

银行账户管理遵守以下基本原则：

(1) 一个基本账户原则。存款人只能在银行开立一个基本存款账户，不能多头开立基本存款账户。

(2) 自愿选择原则。存款人可以自主选择银行开立账户。任何单位和个人不得强制干预存款人在银行开立或使用账户。

(3) 存款保密原则。银行必须依法为存款人保密,维护存款人资金的自主支配权。除国家法律规定和国务院授权中国人民银行总行监督的项目外,银行不得代任何单位和个人咨询、冻结、扣划存款人账户内的存款。

二、银行存款收付款的账务处理

为了反映和监督企业银行存款的收入、支出和结存情况,企业应当设置"银行存款"科目,借方登记企业银行存款的增加,贷方登记企业银行存款的减少,期末借方余额反映期末企业实际持有的银行存款的金额。有关账户结构如图表 2-6 所示。

借	银行存款　　　　贷
期初余额 增加	减少
期末余额	

图表 2-6 "银行存款"科目的账户结构

【例 2-9】 2020 年 3 月 5 日,甲公司支付前欠货款 200 000 元,款项存入银行。根据电汇单填写"银行收款凭证",并编制如下会计分录:

借:银行存款	200 000	
贷:应收账款——甲公司		200 000

【例 2-10】 2020 年 3 月 31 日,无锡市弘毅股份公司银行转账支付 3 月份电费 2 000 元,根据审核后的付款凭单填写"银行付款凭证",并编制如下会计分录:

借:管理费用——水电费	2 000	
贷:银行存款		2 000

知识点提示

如果涉及银行存款与库存现金之间的提现和存现业务,则记账凭证一律填写付款凭证,也就是说,如果是提现业务,则填写"银行付款凭证";如果是存现业务,则填写"现金付款凭证"。

三、银行存款的清查

企业应当设置银行存款总账和银行存款日记账,分别进行银行存款的总分类核算和明细分类核算。企业可按开户银行和其他金融机构、存款种类等设置银行存款日记账,根据收付款凭证,按照业务的发生顺序逐笔登记,每日终了,应结出余额。

银行存款日记账应定期与银行对账单核对,至少每月核对一次。企业银行存款账面余额与银行对账单余额之间如有差额,应编制银行存款余额调节表调节相符,如没有记账错误,调节后的双方余额应相等。银行存款余额调节表只是为了核对账目,不能作为调整银行存款账面余额的记账依据。

【例 2-11】 无锡市弘毅股份有限公司 2020 年 12 月 31 日银行存款日记账的余额为

5 400 000 元，银行转来对账单的余额为 8 300 000 元，经逐笔核对，发现以下未达账项：

企业送存转账支票 6 000 000 元，并已登记银行存款增加，但银行尚未记账。

企业开出转账支票 4 500 000 元，并已登记银行存款减少，但持票单位尚未到银行办理转账，银行尚未记账。

企业委托银行代收某公司购货款 4 800 000 元，银行已收妥并登记入账，但企业未收到收款通知，尚未记账。

银行代企业支付电话费 400 000 元，银行已登记减少企业银行存款，但企业未收到银行付款通知，尚未记账。

计算结果如图表 2-7 所示。

图表 2-7　　银行存款余额调节表　　单位：元

项目	金额	项目	金额
企业银行存款日记账余额	5 400 000	银行对账单余额	8 300 000
加：银行已收、企业未收款	4 800 000	加：企业已收、银行未收款	6 000 000
减：银行已付、企业未付款	400 000	减：企业已付、银行未付款	4 500 000
调节后的存款余额	9 800 000	调节后的存款余额	9 800 000

[例 2-11]中，反映了企业银行存款账面余额与银行对账单余额之间不一致的原因，即存在未达账项。所谓未达账项，是由于结算凭证在企业与银行之间或收付款银行之间传递需要时间，造成企业与银行之间入账的时间差，一方收到凭证并已入账，另一方未收到凭证因而未能入账，由此形成的账款。发生未达账项的具体情况有四种：

(1) 企业已收款入账，银行尚未收款入账。例如，单位存入银行的转账支票，银行尚未记入单位账户。

(2) 企业已付款入账，银行尚未付款入账。例如，单位签发的支票，单位已经入账，而尚未到银行办理转账手续，因而银行未减少企业存款。

(3) 银行已收款入账，企业尚未收款入账。例如，银行代收的票据及利息，银行已入单位的存款户，而单位未能及时收到通知因而并未入账。

(4) 银行已付款入账，企业尚未付款入账。例如，银行代扣的水电费、代扣的银行借款利息等，银行已经入单位账户，而单位尚未收到银行通知因而尚未入账。

知识点提示

(1) 出现第(1)种和第(4)种情况时，单位银行存款账面余额会大于银行对账单的余额；反过来，出现第(2)种和第(3)种情况时，企业银行存款账面余额会小于银行对账单余额。

(2) 对于企业或银行的会计核算产生的差错不属于未达账项的企业在编制银行存款余额调节表前，应当先排除由于错账导致的企业与银行之间账面上的差异，对于企业账面上的错账应当按照规定的会计差错更正方法加以更正。

(3) 银行存款余额调节表只是为了核对账目，不能作为记账或调整银行存款账面余额的原始凭证。要进行银行存款账面上的调整，只能等到相关银行手续办妥或收到相应银行回单后在下个月月初进行集中性的调整。

任务三　其他货币资金的核算

任务导入

在了解了银行存款的有关核算内容后，师傅接着让王丽开始了解关于货币资金的最后一个项目，即其他货币资金的核算。企业在日常收付款过程中也会频繁遇到有关其他货币资金的核算方式，于是王丽开始了认真的学习。

任务要求

1. 掌握其他货币资金的具体内容
2. 掌握其他货币资金收付款的账务处理
3. 了解关于银行本票以及银行汇票的具体内容

知识点介绍

一、其他货币资金的内容

其他货币资金是指企业除现金、银行存款以外的其他各种货币资金，主要包括银行汇票存款、银行本票存款、信用卡存款、信用证保证金存款、外埠存款和存出投资款等。

(一) 银行汇票存款

银行汇票存款是指企业为取得银行汇票按规定存入银行的款项。银行汇票是指由出票银行签发的，由其在见票时按照实际结算金额无条件支付给收款人或者持票人的票据。银行汇票的出票银行为银行汇票的付款人。单位和个人各种款项的结算，均可使用银行汇票。银行汇票可以用于转账，填明“现金”字样的银行汇票也可以用于支取现金。

(二) 银行本票存款

银行本票存款是指企业为取得银行本票按规定存入银行的款项。银行本票是指银行签发的，承诺自己在见票时无条件支付确定的金额给收款人或持票人的票据。单位和个人在同一票据交换区域需要支付的各种款项，均可使用银行本票。银行本票可以用于转账，注明“现金”字样的银行本票可以用于支取现金。

(三) 信用卡存款

信用卡存款是指企业为取得信用卡而存入银行信用卡专户的款项。信用卡是银行卡的一种。信用卡按使用对象分为单位卡和个人卡；按信用等级分为金卡和普通卡；按是否向发卡银行交存备用金分为贷记卡和准贷记卡。

(四) 信用证保证金存款

信用证保证金存款是指采用信用证结算方式的企业为开具信用证而存入银行信用证保证金专户的款项。企业向银行申请开立信用证，应按规定向银行提交开证申请书、信用证申请人承诺书和购销合同。

(五) 外埠存款

外埠存款是指企业为了到外地进行临时或零星采购，而汇往采购地银行开立采购专户的款项。该账户的存款不计利息、只付不收、付完清户，除了采购人员可从中提取少量现金外，一律采用转账结算。

(六) 存出投资款

存出投资款是指企业已存入证券公司但尚未进行投资的资金。

知识点提示

支票通过“银行存款”科目核算，不属于“其他货币资金”科目的核算内容；企业持有的3个月内到期的债券投资不属于其他货币资金，属于现金等价物。

二、其他货币资金的账务处理

为了反映和监督其他货币资金的收支和结存情况，企业应当设置“其他货币资金”科目，借方登记其他货币资金的增加，贷方登记其他货币资金的减少，期末余额在借方，反映企业实际持有的其他货币资金的金额。“其他货币资金”科目应当按照其他货币资金的种类设置明细科目进行核算。有关账户结构如图表 2-8 所示。

借　　其他货币资金	贷
期初余额 增加	减少
期末余额	

图表 2-8　“其他货币资金”科目的账户结构

(一) 银行汇票存款的账务处理

汇款单位(即申请人)使用银行汇票，首先应向出票银行填写“银行汇票申请书”，填明收款人名称、汇票金额、申请人名称、申请日期等事项并签章，签章是其预留银行的签章。出票银行受理银行汇票申请书，收妥款项后签发银行汇票，并用压数机压印出票金额，将银行汇票和解讫通知一并交给申请人。申请人应将银行汇票和解讫通知一并交付给汇票上记明的收款人。收款人受理申请人交付的银行汇票时，应在出票金额以内，根据实际需要的款项办理结算，并将实际结算的金额和多余金额准确、清晰地填入银行汇票和解讫通知的有关栏内，到银行办理款项入账手续。收款人可以将银行汇票背书转让给被背书人。银行汇票的背书转让以不超过出票金额的实际结算金额为准。未填写实际结算金额或实际结算金额超过出票金额的银行汇票，不得背书转让。银行汇票的提示付款期限为自出票日起一个月，持票人超过付款期限提示付款的，银行将不予受理。持票人向银行提示付款时，必须同时提交银行汇票和解讫通知，缺少任何一联，银行不予受理。

银行汇票丧失，失票人可以凭人民法院出具的其享有票据权利的证明，向出票银行请求付款或退款。

具体业务流程为：企业填写“银行汇票申请书”，将款项交存银行时，借记“其他货币资金——银行汇票”科目，贷记“银行存款”科目；企业持银行汇票购货，收到有关发票账单时，借记“材料采购”“原材料”“库存商品”和“应交税费——应交增值税(进项税额)”等科目,贷记“其他货币资金——银行汇票”科目;采购完毕收回剩余款项时,借记“银行存款”科目,贷记“其他货币资金——银行汇票”科目。

销货单位收到银行汇票、填制进账单,到开户银行办理款项入账手续时,根据进账单收款通知联及销货发票等,借记“银行存款”科目,贷记“主营业务收入”“应交税费——应交增值税(销项税额)”等科目。

【例 2-12】 无锡市弘毅股份有限公司为增值税一般纳税人,向银行申请办理银行汇票用以购买原材料,将款项 250 000 元交存银行转作银行汇票存款。根据银行盖章退回的申请书存根联,本公司应编制如下会计分录:

借:其他货币资金——银行汇票	250 000	
贷:银行存款		250 000

【例 2-13】 无锡市弘毅股份有限公司购入原材料一批已验收入库,取得的增值税专用发票上注明的价款为 200 000 元,增值税额为 26 000 元,已用银行汇票办理结算,多余款项 16 000 元退回开户银行,公司已收到开户银行转来的银行汇票第四联(多余款收账通知)。本公司应编制如下会计分录:

(1) 用银行汇票结算材料价款和增值税款时:

借:原材料	200 000	
应交税费——应交增值税(进项税额)	26 000	
贷:其他货币资金——银行汇票		226 000

(2) 收到退回的银行汇票多余款项时:

借:银行存款	16 000	
贷:其他货币资金——银行汇票		16 000

(二) 银行本票存款的账务处理

银行本票分为不定额本票和定额本票两种。定额本票面额为 1 000 元、5 000 元、10 000 元和 50 000 元。银行本票的提示付款期限自出票日起最长不得超过两个月。在有效付款期内,银行见票付款。持票人超过付款期限提示付款的,银行不予受理。

申请人使用银行本票,应向银行填写“银行本票申请书”。如果申请人或收款人为单位的,则不得申请签发现金银行本票。出票银行受理银行本票申请书,收妥款项后签发银行本票,在本票上签章后交给申请人。申请人应将银行本票交付给本票上记明的收款人。收款人可以将银行本票背书转让给被背书人。

申请人因银行本票超过提示付款期限或其他原因要求退款时,应将银行本票提交到出票银行并出具单位证明。根据银行盖章退回的进账单第一联,借记“银行存款”科目,贷记“其他货币资金——银行本票”科目。出票银行对于在本行开立存款账户的申请人,只能将款项转入原申请人账户;对于现金银行本票和未到本行开立存款账户的申请人,才能退付现金。

银行本票丧失,失票人可以凭人民法院出具的其享有票据权利的证明,向出票银行请求付款或退款。

具体业务流程为:企业填写“银行本票申请书”并将款项交存银行时,借记“其他货币资金——银行本票”科目，贷记“银行存款”科目；企业持银行本票购货，收到有关发票账单时，借记“材料采购”“原材料”“库存商品”和“应交税费——应交增值税（进项税额）”等科目，贷记“其他货币资金——银行本票”科目。

销货企业收到银行本票、填制进账单到开户银行办理款项入账手续时，根据进账单及销货发票等，借记“银行存款”科目，贷记“主营业务收入”“应交税费——应交增值税（销项税额）”等科目。

【例 2-14】 无锡市弘毅股份有限公司向银行填交“银行本票申请书”，并将 10 000 元银行存款转作银行本票存款。公司取得银行本票后，根据银行盖章退回的银行本票申请书存根联填制银行付款凭证，应编制如下会计分录：

借：其他货币资金——银行本票	10 000	
贷：银行存款		10 000

无锡市弘毅股份有限公司用银行本票购买办公用品 10 000 元，增值税专用发票上注明的增值税额为 1 300 元，应编制如下会计分录：

借：管理费用	10 000	
应交税费——应交增值税（进项税额）	1 300	
贷：其他货币资金——银行本票		11 300

（三）信用卡存款的账务处理

信用卡存款是指企业为取得信用卡而存入银行信用卡专户的款项。凡在中国境内金融机构开立基本存款账户的单位可申领单位卡。单位卡可申领若干张，持卡人资格由申领单位法定代表人或其委托的代理人书面指定和注销。单位卡账户的资金一律从其基本存款账户转账存入，不得交存现金，不得将销货收入的款项存入其账户。持卡人可持信用卡在特约单位购物、消费，但单位卡不得用于 10 万元以上的商品交易、劳务供应款项的结算，不得支取现金。特约单位在每日营业终了，应将当日受理的信用卡签购单汇总，计算手续费和净额，并填写汇总单和进账单，连同签购单一并送交收单银行办理进账。

信用卡按是否向发卡银行交存备用金分为贷记卡、准贷记卡两类。贷记卡是指发卡银行给予持卡人一定的信用额度，持卡人可在信用额度内先消费、后还款的信用卡。准贷记卡是指持卡人须先按发卡银行要求交存一定金额的备用金，当备用金账户余额不足支付时，可在发卡银行规定的信用额度内透支的信用卡。

准贷记卡的透支期限最长为 60 天，贷记卡的首月最低还款额不得低于其当月透支余额的 10%。

具体业务流程为：企业应填制“信用卡申请表”，连同支票和有关资料一并送存发卡银行，根据银行盖章退回的进账单第一联，借记“其他货币资金——信用卡”科目，贷记“银行存款”科目；企业用信用卡购物或支付有关费用，收到开户银行转来的信用卡存款的付款凭证及所附发票账单，借记“管理费用”等科目，贷记“其他货币资金——信用卡”科目；企业信用卡在使用过程中，需要向其账户续存资金的，应借记“其他货币资金——信用卡”科目，贷记“银行存款”科目；企业的持卡人如不需要继续使用信用卡时，应持信用卡主动到发卡银行办理销户，销卡时，信用卡余额转入企业基本存款户，不得提取现金，借记“银行存款”科目，贷记“其他货币资金——信用卡”科目。

【例 2-15】 无锡市弘毅股份有限公司于2020年8月24日向银行申领信用卡，向银行交存50 000元。2020年9月10日，该公司用信用卡支付购书款3 000元，增值税专用发票上注明税额为390元。应编制如下会计分录：

借：其他货币资金——信用卡　50 000
　贷：银行存款　50 000

借：管理费用　3 000
　应交税费——应交增值税(进项税额)　390
　贷：其他货币资金——信用卡　3 390

(四) 信用证保证金存款的账务处理

具体业务流程为：企业填写"信用证申请书"，将信用证保证金交存银行时，应根据银行盖章退回的"信用证申请书"回单，借记"其他货币资金——信用证保证金"科目，贷记"银行存款"科目；企业接到开证行通知，根据供货单位信用证结算凭证及所附发票账单，借记"材料采购""原材料""库存商品"和"应交税费——应交增值税(进项税额)"等科目，贷记"其他货币资金——信用证保证金"科目；将未用完的信用证保证金存款余额转回开户银行时，借记"银行存款"科目，贷记"其他货币资金——信用证保证金"科目。

【例 2-16】 无锡市弘毅股份有限公司向银行申请开具信用证2 000 000元，用于支付境外采购材料价款，公司已向银行缴纳保证金，并收到银行盖章退回的进账单第一联。该公司为增值税一般纳税人，采用计划成本核算材料。应编制如下会计分录：

借：其他货币资金——信用证保证金　2 000 000
　贷：银行存款　2 000 000

该公司收到银行转来的境外销货单位信用证结算凭证以及所附发票账单、海关进口增值税专用缴款书等有关凭证，材料价款1 500 000元，增值税额为195 000元。应编制如下会计分录：

借：材料采购　1 500 000
　应交税费——应交增值税(进项税额)　195 000
　贷：其他货币资金——信用证保证金　1 695 000

该公司收到银行收款通知，对该境外销货单位开出的信用证余款245 000元已经转回银行账户。应编制如下会计分录：

借：银行存款　245 000
　贷：其他货币资金——信用证保证金　245 000

(五) 存出投资款的账务处理

具体业务流程为：企业向证券公司划出资金时，应按实际划出的金额，借记"其他货币资金——存出投资款"科目，贷记"银行存款"科目。

(六) 外埠存款的账务处理

企业将款项汇往外地时，应填写汇款委托书，委托开户银行办理汇款。汇入地银行以汇款单位名义开立临时采购账户，该账户的存款不计利息、只付不收、付完清户，除了采购人员可从中提取少量现金外，一律采用转账结算。

具体业务流程为：企业将款项汇往外地开立采购专用账户，根据汇出款项凭证编制付款凭证时，借记“其他货币资金——外埠存款”科目，贷记“银行存款”科目；收到采购人员转来供应单位发票账单等报销凭证时，借记“材料采购”“原材料”“库存商品”和“应交税费——应交增值税(进项税额)”等科目，贷记“其他货币资金——外埠存款”科目；采购完毕收回剩余款项时，根据银行的收账通知，借记“银行存款”科目，贷记“其他货币资金——外埠存款”科目。

【例 2-17】　无锡市弘毅股份有限公司为增值税一般纳税人，派采购员到异地采购原材料，2020 年 8 月 24 日委托开户银行汇款 100 000 元到采购地设立采购专户。根据收到的银行汇款凭证回单联，应编制如下会计分录：

借：其他货币资金——外埠存款	100 000	
贷：银行存款		100 000

2020 年 8 月 28 日，采购员交来从采购专户付款购入材料的有关凭证，增值税专用发票上注明的原材料价款为 80 000 元，增值税额为 10 400 元，应编制如下会计分录：

借：原材料	80 000	
应交税费——应交增值税(进项税额)	10 400	
贷：其他货币资金——外埠存款		90 400

2020 年 8 月 30 日，收到开户银行的收款通知，该采购专户中的结余款项已经转回，根据收账通知，应编制如下会计分录：

借：银行存款	9 600	
贷：其他货币资金——外埠存款		9 600

任务四　交易性金融资产的核算

任务导入

在了解了货币资金的核算后，师傅开始带王丽学习有关交易性金融资产的核算。如今进行短期股票和债券投资越来越受企业追捧，怀着对于新知识的好奇，王丽开始了新的学习。

任务要求

1. 了解交易性金融资产的概念及确认条件
2. 了解交易性金融资产的计量方法
3. 了解交易性金融资产的核算原理

知识点介绍

一、交易性金融资产的内容及确认条件

(一) 交易性金融资产的概念

交易性金融资产主要是指企业为了近期内出售而持有的金融资产，如企业以赚取差价

为目的从二级市场购入的股票、债券、基金等。

(二) 划分为交易性金融资产的条件

企业取得的金融资产满足下列三个条件之一的，就应当将其划分为交易性金融资产：

(1) 取得该金融资产的目的，主要是为了近期内出售。

(2) 属于进行集中管理的可辨认金融工具组合的一部分，且有客观证据表明企业近期采用短期获利方式对该组合进行管理。

(3) 属于衍生工具。比如，国债期货、远期合同、股指期货等，其公允价值大于零时，应将其相关变动金额确认为交易性金融资产，同时计入当期损益。

二、交易性金融资产的账务处理

(一) 交易性金融资产核算应设置的会计科目

为了反映和监督交易性金融资产的取得、收取现金股利或利息、出售等情况，企业应当设置“交易性金融资产”“公允价值变动损益”“投资收益”等科目进行核算。

“交易性金融资产”科目核算企业为交易目的所持有的债券投资、股票投资、基金投资等交易性金融资产的公允价值。“交易性金融资产”科目的借方登记交易性金融资产的取得成本、资产负债表日其公允价值高于账面余额的差额，以及出售交易性金融资产时结转公允价值低于账面余额的变动金额；贷方登记资产负债表日其公允价值低于账面余额的差额，以及企业出售交易性金融资产时结转的成本和公允价值高于账面余额的变动金额。企业应当按照交易性金融资产的类别和品种，分别设置“成本”“公允价值变动”等明细科目进行核算。其账户结构如图表 2-9 所示。

借　　　　交易性金融资产	贷
期初余额 增加	减少
期末余额	

图表 2-9　“交易性金融资产”科目的账户结构

“公允价值变动损益”科目核算企业交易性金融资产等的公允价值变动而形成的应计入当期损益的利得或损失。“公允价值变动损益”科目的借方登记资产负债表日企业持有的交易性金融资产等的公允价值低于账面余额的差额；贷方登记资产负债表日企业持有的交易性金融资产等的公允价值高于账面余额的差额。

“投资收益”科目核算企业持有交易性金融资产等的期间内取得的投资收益以及出售交易性金融资产等实现的投资收益或投资损失，借方登记企业取得交易性金融资产时支付的交易费用、出售交易性金融资产等发生的投资损失，贷方登记企业持有交易性金融资产等的期间内取得的投资收益以及出售交易性金融资产等实现的投资收益。

(二) 取得交易性金融资产的账务处理

企业取得交易性金融资产时，应当按照该金融资产取得时的公允价值作为其初始入账金额。公允价值，是指市场参与者在计量日发生的有序交易中，出售一项资产所能收到或者转移一项负债所需支付的价格。在公平交易中，熟悉情况的交易双方自愿进行资产交换或者债务清偿的金额。金融资产的公允价值，应以市场交易价格为基础加以确定。

企业取得交易性金融资产所支付价款中包含了已宣告但尚未发放的现金股利或已到付息期但尚未领取的债券利息的，应单独确认为应收项目，记入"应收股利"或者是"应收利息"科目。

企业取得交易性金融资产所发生的相关交易费用应当在发生时计入当期损益，作为投资收益进行会计处理，发生交易费用取得增值税专用发票的，进项税额经认证后可从当月销项税额中扣除。交易费用是指可直接归属于购买、发行或处置金融工具的增量费用。增量费用是指企业没有发生购买、发行或处置相关金融工具的情形就不会发生的费用，包括支付给代理机构、咨询公司、券商、证券交易所、政府有关部门等的手续费、佣金、相关税费以及其他必要支出，不包括债券溢价、折价、融资费用、内部管理成本和持有成本等与交易不直接相关的费用。

企业取得交易性金融资产，应当按照该金融资产取得时的公允价值，借记"交易性金融资产——成本"科目，按照发生的交易费用，借记"投资收益"科目；发生交易费用取得增值税专用发票的，按其注明的增值税进项税额，借记"应交税费——应交增值税（进项税额）"科目；按照实际支付的金额，贷记"其他货币资金"等科目。

【例 2-18】 2020 年 4 月 1 日，无锡市弘毅股份有限公司从上海证券交易所购入 A 上市公司股票 1 000 000 股，该笔股票投资在购买日的公允价值为 10 000 000 元，另支付相关交易费用 25 000 元，取得的增值税专用发票上注明的增值税额为 1 500 元，该公司将其划分为交易性金融资产进行管理和核算。应编制如下会计分录：

（1）2020 年 4 月 1 日，购买 A 上市公司股票时：

借：交易性金融资产——A 上市公司股票——成本	10 000 000	
贷：其他货币资金——存出投资款		10 000 000

（2）2020 年 4 月 1 日，支付相关交易费用时：

借：投资收益——A 上市公司股票	25 000	
应交税费——应交增值税（进项税额）	1 500	
贷：其他货币资金——存出投资款		26 500

在本例中，取得交易性金融资产所发生的相关交易费用 25 000 元，应当在发生时记入"投资收益"科目，而不记入"交易性金融资产——成本"科目。

【例 2-19】 承[例 2-18]，假定 2020 年 4 月 1 日，无锡市弘毅股份有限公司从上海证券交易所购入 A 上市公司股票 1 000 000 股，支付价款 10 000 000 元（其中包含已宣告但尚未发放的现金股利 600 000 元），另支付相关交易费用 25 000 元，取得的增值税专用发票上注明的增值税额为 1 500 元，该公司将其划分为交易性金融资产进行管理和核算。应编制如下会计分录：

（1）2020 年 4 月 1 日，购买 A 上市公司股票时：

借：交易性金融资产——A 上市公司股票——成本	9 400 000	
应收股利——A 上市公司	600 000	
贷：其他货币资金——存出投资款		10 000 000

（2）2020 年 4 月 1 日，支付相关交易费用时：

借：投资收益——A上市公司股票　　25 000

应交税费——应交增值税(进项税额)　　1 500

贷：其他货币资金——存出投资款　　26 500

在本例中，取得交易性金融资产所发生的相关交易费用25 000元，应当在发生时记入“投资收益”科目，而不记入“交易性金融资产——成本”科目。取得交易性金融资产所支付价款10 000 000元中包含的已宣告但尚未发放的现金股利600 000元，应当记入“应收股利”科目，而不记入交易性金融资产的取得成本中。

(三) 持有交易性金融资产的账务处理

(1) 企业持有交易性金融资产期间对于被投资单位宣告发放的现金股利，或企业在资产负债表日按分期付息、一次还本债券投资的票面利率计算的利息收入，应当确认为应收项目，并计入投资收益。

企业在持有交易性金融资产的期间，取得被投资单位宣告发放的现金股利，或在资产负债表日按分期付息、一次还本债券投资的票面利率计算的利息收入，借记“应收股利”或“应收利息”科目，贷记“投资收益”科目。

需要强调的是，企业只有在同时满足三个条件时，才能确认交易性金融资产所取得的股利收入并计入当期损益：一是企业收取股利的权利已经确立；二是与股利相关的经济利益很可能流入企业；三是股利的金额能够可靠计量。

【例2-20】 承[例2-19]，假定2020年5月20日，无锡市弘毅股份有限公司收到A上市公司向其发放的上述现金股利600 000元，并存入银行，假定不考虑相关税费。应编制如下会计分录：

借：其他货币资金——存出投资款　　600 000

贷：应收股利——A上市公司　　600 000

在本例中，该公司取得A上市公司发放的购买日以前年度发生的已宣告发放但尚未发放的现金股利，因为已经记入“应收股利”科目，则在收到时冲减“应收股利”科目。

【例2-21】 承[例2-19]，假定2021年3月20日，A上市公司宣告发放2020年现金股利，该公司按其持有该上市公司股份计算确定的应分得的现金股利为800 000元。假定不考虑相关税费，应编制如下会计分录：

借：应收股利——A上市公司　　800 000

贷：投资收益——A上市公司股票　　800 000

在本例中，无锡市弘毅股份有限公司取得A上市公司宣告发放的现金股利同样同时满足了确认股利收入并计入当期损益的三个条件。因此，借记“应收股利”科目，贷记“投资收益”科目，而不是冲减“交易性金融资产——成本”科目。

【例2-22】 2020年1月1日，无锡市弘毅股份有限公司购入B公司发行的公司债券，支付价款26 000 000元(其中包含已到付息期但尚未领取的债券利息500 000元)，另支付交易费用300 000元，取得的增值税专用发票上注明的增值税额为18 000元。该笔B公司债券于2019年7月1日发行，面值为25 000 000元，票面利率为4%，上年债券利息于下年年初支付。该公司将其划分为交易性金融资产进行管理和核算。2020年1月31日，无锡市弘毅股份有限公司收到该笔债券利息 500 000 元。2021 年年初，该公司收到债券利息 1 000 000 元。假定债券利息不考虑相关税费，应编制如下会计分录：

(1) 2020 年 1 月 1 日，购入 B 公司的公司债券时：

借：交易性金融资产——B公司债券——成本	25 500 000	
应收利息——B公司	500 000	
投资收益——B公司债券	300 000	
应交税费——应交增值税(进项税额)	18 000	
贷：其他货币资金——存出投资款		26 318 000

(2) 2020 年 1 月 31 日，收到购买价款中包含的已到付息期但尚未领取的债券利息时：

借：其他货币资金——存出投资款	500 000	
贷：应收利息——B公司		500 000

(3) 2020 年 12 月 31 日，确认 B 公司的公司债券利息收入 1 000 000 元(25 000 000×4%)时：

借：应收利息——B公司	1 000 000	
贷：投资收益——B公司债券		1 000 000

(4) 2021 年初，收到持有 B 公司的公司债券利息时：

借：其他货币资金——存出投资款	1 000 000	
贷：应收利息——B公司		1 000 000

在本例中，取得交易性金融资产所支付的交易费用 300 000 元，应当记入“投资收益”科目，而不记入“交易性金融资产——成本”科目。取得交易性金融资产所支付价款 26 000 000 元中包含的已到付息期但尚未领取的债券利息 500 000 元，应当记入“应收利息”科目，而不记入“交易性金融资产——成本”科目，收到该部分债券利息 500 000 元时，冲减“应收利息”科目。

(2) 资产负债表日，交易性金融资产应当按照公允价值计量，公允价值与账面余额之间的差额计入当期损益。企业应当在资产负债表日按照交易性金融资产公允价值高于其账面余额的差额，借记“交易性金融资产——公允价值变动”科目，贷记“公允价值变动损益”科目；公允价值低于其账面余额的差额作相反的会计分录，借记“公允价值变动损益”科目，贷记“交易性金融资产——公允价值变动”科目。

【例 2-23】 承[例 2-19]和[例 2-20]，假定 2020 年 6 月 30 日，无锡市弘毅股份有限公司持有 A 上市公司股票的公允价值为 9 200 000 元；2020 年 12 月 31 日，无锡市弘毅股份有限公司持有 A 上市公司股票的公允价值为 13 000 000 元。应编制如下会计分录：

2020 年 6 月 30 日，确认 A 上市公司股票的公允价值变动损益时：

借：公允价值变动损益——A上市公司股票	200 000	
贷：交易性金融资产——A上市公司股票——公允价值变动		200 000

2020 年 12 月 31 日，确认 A 上市公司股票的公允价值变动损益时：

借：交易性金融资产——A上市公司股票——公允价值变动	3 800 000	
贷：公允价值变动损益——A上市公司股票		3 800 000

在本例中，2020 年 6 月 30 日作为资产负债表日，无锡市弘毅股份有限公司持有 A 上市公司股票在该日公允价值 9 200 000 元，账面余额为 2020 年 4 月 1 日的公允价值 9 400 000 元，公允价值小于账面余额 200 000 元(9 200 000－9 400 000)，应记入“公允价值变动损益”科目的借方；2020 年 12 月 31 日作为资产负债表日，该公司持有 A 上市公司股票在该日公允价值 13 000 000 元，账面余额即为 2020 年 6 月 30 日的公允价值 9 200 000 元，公允价值大于账面余额 3 800 000 元(13 000 000－9 200 000)，应记入“公允价值变动损益”科目的贷方。

【例 2-24】 承[例 2-22]，假定 2020 年 6 月 30 日，无锡市弘毅股份有限公司购买的 B 公司债券的公允价值为 24 800 000 元；2020 年 12 月 31 日，该公司购买的 B 公司债券的公允价值为 25 700 000 元。应编制如下会计分录：

2020 年 6 月 30 日，确认 B 公司债券的公允价值变动损益时：

借：公允价值变动损益——B公司债券	700 000	
贷：交易性金融资产——B公司债券——公允价值变动		700 000

2020 年 12 月 31 日，确认 B 公司债券的公允价值变动损益时：

借：交易性金融资产——B公司债券——公允价值变动	900 000	
贷：公允价值变动损益——B公司债券		900 000

在本例中，2020 年 6 月 30 日，B 公司债券的公允价值为 24 800 000 元，账面余额为 25 500 000 元，公允价值小于账面余额 700 000 元，应记入“公允价值变动损益”科目的借方；2020 年 12 月 31 日，B 公司债券的公允价值为 25 700 000 元，账面余额为 24 800 000 元，公允价值大于账面余额 900 000 元，应记入“公允价值变动损益”科目的贷方。

(四) 出售交易性金融资产的账务处理

企业出售交易性金融资产时，应当将该金融资产出售时的公允价值与其账面余额之间的差额作为投资损益进行会计处理。原计入公允价值变动损益的该金融资产的公允价值变动不需要处理。

企业出售交易性金融资产，应当按照实际收到的金额，借记“其他货币资金”等科目，按照该金融资产的账面余额的成本部分，贷记“交易性金融资产——成本”科目，按照该金融资产的账面余额的公允价值变动部分，贷记或借记“交易性金融资产——公允价值变动”科目，按照其差额，贷记或借记“投资收益”科目。

【例 2-25】 承[例 2-19][例 2-20][例 2-21][例 2-23]，假定 2021 年 5 月 30 日，无锡市弘毅股份有限公司出售了所持有的全部 A 上市公司股票，价款为 12 100 000 元。应编制如下会计分录：

借：其他货币资金——存出投资款	12 100 000	
投资收益——A上市公司股票	900 000	
贷：交易性金融资产——A上市公司股票——成本		9 400 000
——公允价值变动		3 600 000

在本例中，2021 年 5 月 30 日，无锡市弘毅股份有限公司出售持有 A 上市公司全部股票的价款 12 100 000 元与账面余额(即 2020 年 12 月 31 日的公允价值 13 000 000 元)之间的

差额－900 000 元应当作为投资损失，记入“投资收益”科目的借方。

【例 2-26】 承[例 2-22][例 2-24]，假定 2021 年 3 月 15 日，无锡市弘毅股份有限公司出售了所持有的全部 B 公司债券，售价为 26 400 000 元。应编制如下会计分录：

借：其他货币资金——存出投资款	26 400 000	
贷：交易性金融资产——B 公司债券——成本		25 500 000
——公允价值变动		200 000
投资收益——B 公司债券		700 000

在本例中，无锡市弘毅股份有限公司出售交易性金融资产的售价 26 400 000 元与其账面余额 25 700 000 元(即 2020 年 12 月 31 日 B 公司债券的公允价值 25 700 000 元)之间的差额 700 000 元应当作为投资收益，记入“投资收益”科目的贷方。

(五) 转让金融商品应交增值税

金融商品转让按照卖出价扣除买入价(不需要扣除已宣告未发放现金股利和已到付息期未领取的利息)后的余额作为销售额计算增值税，即转让金融商品按盈亏相抵后的余额为销售额。若相抵后出现负差，可结转下一纳税期与下期转让金融商品销售额互抵，但年末时仍出现负差的，不得转入下一会计年度。

转让金融资产当月月末，如产生转让收益，则按应纳税额，借记“投资收益”等科目，贷记“应交税费——转让金融商品应交增值税”科目；如产生转让损失，则按可结转下月抵扣税额，借记“应交税费——转让金融商品应交增值税”科目，贷记“投资收益”等科目。

年末，如果“应交税费——转让金融商品应交增值税”科目有借方余额，说明本年度的金融商品转让损失无法弥补，且本年度的金融资产转让损失不可转入下年度继续抵减转让金融资产的收益，因此，应借记“投资收益”等科目，贷记“应交税费——转让金融商品应交增值税”科目，将“应交税费——转让金融商品应交增值税”科目的借方余额转出。

【例 2-27】 承[例 2-26]，计算该项业务转让金融商品应交增值税。

转让金融商品应交增值税＝(26 400 000－26 000 000)/(1＋6%)×6%＝22 641.51(元)

无锡市弘毅股份有限公司应编制如下会计分录：

借：投资收益	22 641.51	
贷：应交税费——转让金融商品应交增值税		22 641.51

课后练习　　项目实操

项目三

应收及预付款项的核算

项目引领

项目目标

理论目标

（一）熟悉应收账款的核算

（二）熟悉应收票据的核算

（三）熟悉其他应收款的核算

（四）熟悉预付账款的核算

（五）熟悉坏账准备的核算

实务目标

（一）掌握应收账款业务的办理

（二）了解商业折扣、现金折扣的账务处理

任务一　应收账款的核算

任务导入

应收账款是企业的一项重要的资产项目，企业为了扩大销售经常会采用赊销政策来吸引客户，今天师傅带着会计王丽一起来了解关于应收账款的核算内容，王丽在师傅的带领下认真地进行学习。

任务要求

1. 了解应收账款的概念
2. 了解应收账款的账务处理
3. 了解关于商业折扣、现金折扣的账务处理

知识点介绍

应收及预付款项是指企业在日常生产经营过程中发生的各项债权，包括应收款项和预付款项。应收款项包括应收账款、应收票据和其他应收款等；预付款项则是指企业按照合同规定预付的款项，如预付账款等。

一、应收账款的概念

应收账款是指企业因销售商品、提供劳务等经营活动，应向购货单位或接受劳务单位收取的款项，主要包括企业销售商品或提供劳务等应向有关债务人收取的价款及代购货单位垫付的包装费、运杂费等。

在实际工作中，我们是根据营业执照上的经营范围来确定本企业主营业务的，因主营业务而发生的应收而未收的款项我们把它作为“应收账款”进行账务处理，因其他的业务而发生的应收而未收的款项我们把它作为“其他应收款”进行账务处理。

二、应收账款的账务处理

为了反映和监督应收账款的增减变动及其结存情况，企业应设置“应收账款”科目，不单独设置“预收账款”的企业，预收的账款也在“应收账款”科目核算。“应收账款”科目的借方登记应收账款的增加，贷方登记应收账款的收回及确认的坏账损失，期末余额一般在借方，反映企业尚未收回的应收账款；如果期末余额在贷方，则反映企业的预收账款。具体账户结构如图表 3-1 所示。

借　　　　应收账款	贷
期初余额 增加	减少
期末余额：应收账款	期末余额：预收账款

图表 3-1　“应收账款”科目的账户结构

【例 3-1】 无锡市弘毅股份有限公司为增值税一般纳税人，采用托收承付结算方式向乙公司（为增值税一般纳税人）销售商品一批，取得的增值税专用发票上注明的价款为300 000 元，增值税额为 39 000 元，已办理托收手续。应编制如下会计分录：

借：应收账款——乙公司　　339 000
　　贷：主营业务收入　　300 000
　　　　应交税费——应交增值税（销项税额）　　39 000

无锡市弘毅股份有限公司实际收到款项时，应编制如下会计分录：

借：银行存款　　339 000
　　贷：应收账款——乙公司　　339 000

需要说明的是，企业如有代购货单位垫付的包装费、运杂费，也应计入应收账款，通过“应收账款”科目核算。

企业应收账款改用应收票据结算，在收到承兑的商业汇票时，借记“应收票据”科目，贷记“应收账款”科目。

【例 3-2】 无锡市弘毅股份有限公司为增值税一般纳税人，收到丙公司交来的商业承兑汇票一张，面值 10 000 元，用以偿还其前欠价款。应编制如下会计分录：

借：应收票据——丙公司　　10 000
　　贷：应收账款——丙公司　　10 000

通常情况下，应收账款的入账价值应根据买卖双方成交时的实际金额（包括发票金额和代购货单位垫付的运杂费）确定。若涉及商业折扣，则企业应按扣除商业折扣后的实际售价确定应收账款的入账价值。在有现金折扣的情况下，企业应按总价法入账，实际发生的现金折扣，应作为当期财务费用，计入发生当期的损益。

（一）商业折扣

商业折扣，是指卖方视购买数量的多少而给予的售价上的优惠。卖方在出售商品时，价目单上往往标明各种商品的价格，客户按价目单上的定价扣除卖方允许的折扣。会计记录只按商品定价扣除商业折扣后的净额入账。企业利用商业折扣，往往基于多种原因，如避免经常更改价目表，为不同的顾客或不同的购货数量提供不同的价格，向竞争对手隐瞒企业的实际价格等。例如，某商品在价目单上的价格为 50 元/件，买方一次性购买 100 件，卖方给予的折扣为 10%，则实际价格（发票价格）为 4 500 元（50×100×90%）。由于商业折扣在交易成立及实际付款之前予以扣除，买卖双方均无须在账上反映商业折扣，因此对应收账款和营业收入均不产生影响。

（二）现金折扣

现金折扣，是指企业为了鼓励客户在一定时期内早日偿还货款而给予的一种折扣优待。卖方提供现金折扣，实质上是给予买方在信用期内的资金使用权，这就好比供应商把钱借给买方帮助买方融资，并由买方付清信用期内的利息；而对于买方来说，接受现金折扣无异于得到一笔可观的理财收入。以“2/10，N/30”折扣条件为例，如果买方在 10 天内付款，就相当于得到 36.73%［2%÷（1－2%）÷（30－10）×360×100%］的年收益，因而明智的客户这时宁可用较低的银行借款利率融资，提早付款享受这一价格优惠，也不会放弃现金折扣。如果客户放弃了这么高的价格优惠，其机会成本是非常高的，除非资金严重紧张，否则其偿债能力应当受到怀疑。

【例 3-3】 承[例 3-1]，假设无锡市弘毅股份有限公司给予乙公司 10%的商业折扣的话，应编制如下会计分录：

借：应收账款——乙公司　　305 100
　　贷：主营业务收入　　270 000
　　　　应交税费——应交增值税(销项税额)　　35 100

假定无锡弘毅股份有限公司给予客户现金折扣条件为："2/10，N/30"，实际在第 9 天收到款项时，应编制如下会计分录：

借：银行存款　　298 998
　　财务费用　　6 102
　　贷：应收账款——乙公司　　305 100

任务二　应收票据的核算

任务导入

在了解了企业的应收账款后，师傅接着给会计王丽介绍第二种企业的应收款项即应收票据。在日常的经济业务核算中，企业经常会采用商业汇票进行款项的收付，从而会频繁使用"应收票据"这个核算科目进行款项的结算，于是在师傅的带领下王丽开始学习"应收票据"科目的核算。

任务要求

1. 了解应收票据的概念
2. 了解应收票据的账务处理
3. 了解贴现的账务处理

知识点介绍

一、应收票据的概念

应收票据是指企业因销售商品、提供劳务等而收到的尚未到期兑现的短期商业汇票。商业汇票是一种由出票人签发的，委托付款人在指定日期无条件支付确定金额给收款人或者持票人的票据。

商业汇票的付款期限，最长不得超过 6 个月。定日付款的汇票付款期限自出票日起计算，并在汇票上记载具体到期日；出票后定期付款的汇票付款期限自出票日起按月计算，并在汇票上记载；见票后定期付款的汇票付款期限自承兑或拒绝承兑日起按月计算，并在汇票上记载。商业汇票的提示付款期限，自汇票到期日起 10 日。符合条件的商业汇票的持票人，可以持未到期的商业汇票连同贴现凭证向银行申请贴现。

根据承兑人不同，商业汇票分为商业承兑汇票和银行承兑汇票。商业承兑汇票是指由付款人签发并承兑，或由收款人签发交由付款人承兑的汇票。商业承兑汇票的付款人收到开户银行的付款通知，应在当日通知银行付款。付款人在接到通知日的次日起 3 日内（遇法定休假日顺延）未通知银行付款的，视同付款人承诺付款。银行将于付款人接到通知日的次日起第 4 日（遇法定休假日顺延），将票款划给持票人。付款人提前收到由其承兑的商业汇票，应通知银行于汇票到期日付款。银行在办理划款时，付款人存款账户不足支付的，银行应填制付款人未付票款通知书，连同商业承兑汇票邮寄持票人开户银行转交持票人。

银行承兑汇票是指由在承兑银行开立存款账户的存款人（这里也是出票人）签发，由承兑银行承兑的票据。企业申请使用银行承兑汇票时，应向其承兑银行按票面金额的万分之五交纳手续费。银行承兑汇票的出票人应于汇票到期前将票款足额交存其开户银行，承兑银行应在汇票到期日或到期日后的见票当日支付票款。银行承兑汇票的出票人于汇票到期前未能足额交存票款时，承兑银行除凭票向持票人无条件付款外，对出票人尚未支付的汇票金额按照每天万分之五计收利息。

目前流行的还有一种叫做电子商业汇票，电子商业汇票是指出票人依托电子商业汇票系统，以数据电文形式制作的，委托付款人在指定日期无条件支付确定金额给收款人或者持票人的票据。电子商业汇票分为电子银行承兑汇票和电子商业承兑汇票。电子商业汇票为定日付款票据。电子商业汇票的付款期限自出票日起至到期日止，最长不得超过 1 年。与纸质商业汇票相比，电子商业汇票的突出特点在于，它具有以数据电文形式签发、流转，并以电子签名取代实体签章，其对于杜绝伪造及变造票据案件、降低企业结算成本、提高结算效率、控制融资风险具有十分重要的作用。

二、应收票据的账务处理

为了反映和监督应收票据的取得、票款收回等情况，企业应当设置“应收票据”科目。借方登记取得的应收票据的面值，贷方登记到期收回票款或到期前向银行贴现的应收票据的票面余额，期末余额在借方，反映企业持有的商业汇票的票面余额。“应收票据”科目可按照开出、承兑商业汇票的单位进行明细核算，并设置“应收票据备查簿”逐笔登记商业汇票的种类、号数和出票日、票面金额、交易合同号和付款人、承兑人、背书人的姓名或单位名称、到期日、背书转让日、贴现日、贴现率和贴现净额以及收款日和收回金额、退票情况等资料。商业汇票到期结清票款或退票后，在备查簿中应予注销。其具体账户结构如图表 3-2 所示。

借	应收票据　　　　贷
期初余额 增加	 减少
期末余额	

图表 3-2　“应收票据”科目的账户结构

“应收票据”的核算总体分为两种类型：一种是不带息应收票据的核算；另一种是带息应收票据的核算。

(一) 不带息应收票据的核算

1. 取得应收票据和收回到期票款

不带息应收票据是指商业汇票票面上未注明利率，只按照票面金额结算票款的商业汇票。不带息商业汇票的到期值等于票据面值。企业在收到商业汇票时，按面值借记“应收票据”科目，到期收到票款时，贷记“应收票据”科目。如果到期无法收回票款，银行承兑汇票不受任何影响，银行会代付款人支付款项；如果到期无法收回票款，商业承兑汇票的收款人应将应收票据的面值从“应收票据”科目转入“应收账款”科目。

【例 3-4】 无锡市弘毅股份有限公司为增值税一般纳税人，2020 年 9 月 1 日向乙公司(为增值税一般纳税人)销售一批产品，价款为 1 500 000 元，尚未收到，已办妥托收手续，适用的增值税税率为 13%。应编制如下会计分录：

借：应收账款　　1 695 000
　　贷：主营业务收入　　1 500 000
　　　　应交税费——应交增值税(销项税额)　　195 000

2020 年 9 月 15 日，无锡市弘毅股份有限公司收到乙公司寄来的一张 3 个月期的银行承兑汇票，面值为 1 695 000 元，抵付所销售产品的价款和增值税款。应编制如下会计分录：

借：应收票据　　1 695 000
　　贷：应收账款　　1 695 000

2020 年 12 月 15 日，无锡市弘毅股份有限公司上述应收票据到期，收回票面金额 1 695 000 元存入银行。应编制如下会计分录：

借：银行存款　　1 695 000
　　贷：应收票据　　1 695 000

2. 应收票据的转让

实务中，企业可以将自己持有的商业汇票背书转让。背书是指在票据背面或者粘单上记载有关事项并签章的票据行为。背书转让的，背书人应当承担票据责任。通常情况下，企业将持有的商业汇票背书转让以取得所需物资时，按应计入取得物资成本的金额，借记“材料采购”“原材料”“库存商品”等科目，按照增值税专用发票上注明的可抵扣的增值税额，借记“应交税费——应交增值税(进项税额)”科目，按商业汇票的票面金额，贷记“应收票据”科目，如有差额，借记或贷记“银行存款”等科目。

【例 3-5】 承[例 3-4]，无锡市弘毅股份有限公司为增值税一般纳税人，假定于 2020 年 10 月 15 日将上述应收票据背书转让，以取得生产经营所需的 A 种材料，该材料价款为 1 500 000 元，适用的增值税税率为 13%。应编制如下会计分录：

借：原材料　　1 500 000
　　应交税费——应交增值税(进项税额)　　195 000
　　贷：应收票据　　1 695 000

(二) 带息应收票据的核算

带息应收票据是指商业汇票到期时，承兑人除向收款人或被背书人支付票面金额以外，还应按票面金额和票据规定的利息率支付自票据生效日起至票据到期日止的利息的票据。

企业在收到商业汇票时，按面值借记“应收票据”科目；资产负债表日（季末、半年末或年末）计提票据利息时，按应收票据面值和确定的票面利率计提利息，并增加应收票据的账面余额，借记“应收票据”科目，贷记“财务费用”科目；到期收回票款时，贷记“应收票据”（账面余额＝票据面值＋已提利息）、“财务费用”等科目（未计提利息部分）；如果到期无法收回票款，应从“应收票据”科目转入“应收账款”科目。

应收票据到期应计利息＝应收票据面值×利率×期限

上式中，利率有年利率、月利率、日利率三种，换算时全年按360天计算，每月按30天计算（不论大月、小月还是平月）。一般而言，用百分号表示的利率，如无特别指明，均指年利率。

日利率＝年利率÷360＝月利率÷30

月利率＝年利率÷12

引例：一张面值为36 000元、利率为10%、60天到期的商业汇票，其出票日为8月1日，则其到期日为9月30日。8月1日至8月31日为31天（8月1日计入），9月1日至9月30日为29天（9月30日不计入）。

分析：此票据到期后的应计利息＝36 000×10%×60÷360＝600（元）

引例：一张面值为30 000元、利率为12%、3个月到期的商业汇票，其出票日为3月10日，则其到期日为6月10日。

分析：该票据到期后的应计利息＝30 000×（12%/12）×3＝900（元）。

【例3-6】 假如［例3-4］中该3个月的银行承兑汇票利率为10%，每月计提利息，则应编制如下会计分录：

2020年9月15日，无锡市弘毅股份有限公司收到乙公司寄来的一张3个月期的银行承兑汇票时：

借：应收票据	1 695 000	
贷：应收账款		1 695 000

10月15日、11月15日以及12月15日计提票据利息时：

票据利息＝1 695 000×10%÷12＝14 125（元）

借：应收票据	14 125	
贷：财务费用		14 125

到期收回票据价款时：

借：银行存款	1 737 375	
贷：应收票据		1 737 375

三、贴现的账务处理

（一）贴现的概念及业务申请条件

贴现是指收款人将未到期的商业承兑汇票或银行承兑汇票背书后转让给受让人，受让人按票面金额扣去自贴现日至汇票到期日的利息以将剩余金额支付给持票人。商业汇票到期，受让人凭票向该汇票的承兑人收取款项。

贴现的性质是银行的一项资产业务，汇票的支付人对银行负债，银行实际上是与付款人有一种间接贷款关系。

贴现的利率是在人民银行现行的再贴现利率的基础上进行上浮，贴现的利率是市场价格，由双方协商确定，但最高不能超过现行的贷款利率。

我国的票据市场通过票据的签发承兑、贴现、转贴现和再贴现等业务把企业、商业银行、中央银行有机地联系在一起，从而有效地传导货币政策。

知识点提示

贴现业务的申请条件：

(1) 票据真实，记载符合支付结算办法规定；

(2) 持票企业与其前手企业间具有真实的商品交易关系；

(3) 申请贴现商业承兑汇票的，出票企业应满足银行商票贴现授信条件；

(4) 持票企业与银行签订贴现回购业务(定期或不定期协议书)；

(5) 持票企业在银行开立存款账户。

(二) 贴现的具体账务处理流程

第一步：计算应收票据的到期值：

应收票据的到期值＝面值＋利息

其中：　利息＝面值×利率×票据期限

【注意】 票据期限要与利率保持口径一致，比如期限是月份的话，利率要换算成月利率。

第二步：计算贴现天数：

所谓贴现天数即从贴现日到到期日的时间间隔。

如果票据期限按日表示，应从出票日起按实际经历天数计算。通常出票日和到期日，只计算其中的一天，即“算头不算尾”或“算尾不算头”。

票据期限按月表示时，票据的期限不考虑各月份的实际天数多少，应以到期月份中与出票日(承兑日)相同的那一天为到期日。比如，出票日为3月15日，到期日为6月30日，那么贴现天数可以这么计算：31－15＋30＋31＋30＝107(天)。

第三步：计算贴现利息：

贴现利息＝票据到期值×贴现利率×贴现天数

【注意】 如果贴现天数是贴现日数的话，则同样要把贴现利率换算成日利率。

第四步：计算贴现收入：

贴现收入＝票据的到期值－贴现利息

第五步：编制会计分录：

借：银行存款(贴现收入)

　　财务费用(贴现收入小于票据账面余额的差额)

　　贷：应收票据(票据账面余额)

　　　　财务费用(贴现收入大于票据账面余额的差额)

【例3-7】 无锡市弘毅股份有限公司于2020年4月1日将当年2月1日开出并承兑的面值为100 000元、年利率为8%、5月1日到期的银行承兑汇票向银行贴现，贴现利率为10%。计算贴现利息和贴现收入，并编制会计分录。

带息票据到期值＝100 000×(1＋8%×3÷12)＝102 000(元)

贴现天数＝30－1＋1＝30(天)

贴现利息＝102 000×30×10%÷360＝850(元)

贴现收入＝102 000－850＝101 150(元)

编制如下会计分录：

借：银行存款　　101 150

　贷：应收票据　　100 000

　　财务费用　　1 150

【注意】 本例中，应收票据由于持有过程中没有计提过利息，因此，账面余额还是面值100 000元。

任务三　预付账款的核算

任务导入

今天有一个单位货还没到，公司就先付了款，王丽面对这种业务无从下手，师傅知道后跟王丽说作"预付账款"处理，于是王丽就在师傅的指导下对预付账款这项核算内容展开了仔细的学习。

任务要求

1. 了解预付账款的概念
2. 了解预付账款的账务处理

知识点介绍

一、预付账款的定义及账户结构

(一) 预付账款的定义

预付账款是指企业预付给供应单位的账款。它是为了让对方按照要求发货，而暂时被供货单位占用的资金。预付账款与应收账款都属于企业的短期债权，但应收账款是企业应收的销货款，即应向购货单位收取的款项；而预付账款是企业的购货款，是预先付给供货单位的款项。因此，二者应当分别设置科目。

(二) 预付账款科目的设置

为了反映和监督预付账款的支出和结算情况，企业应设置"预付账款"科目，以进行总分类核算。同时，还应对预付账款按供货单位的名称设置明细科目，进行明细分类核算。"预付账款"科目属于资产类科目，核算企业预付给供货单位的货款。其借方登记企业预付给供货单位的款项和补付的款项，贷方登记企业收到采购货物时按发票金额冲销的预付账款数和因预付货款数大于采购货款而退回的款项，期末余额一般在借方。预付款项情况不多的企业，也可以不设该科目，而将预付的款项直接记入“应付账款”科目的借方。但在编制“资产负债表”时，应当将“预付款项”和“应付账款”科目的金额分别在不同项目反映。其账户结构如图表 3-3 所示。

借 预付账款	贷
期初余额 增加	减少
期末余额：预付账款	期末余额：应付账款

图表 3-3 “预付账款”科目的账户结构

二、预付账款的账务处理

企业向供应单位预付款项时，借记“预付账款”科目，贷记“银行存款”科目；企业收到所购物资，按应计入购入物资成本的金额，借记“材料采购”“原材料”“库存商品”科目，按可抵扣的增值税进项税额，借记“应交税费——应交增值税（进项税额）”等科目，贷记“预付账款”科目。当预付价款小于采购货物所需支付的款项时，应将不足部分补付，借记“预付账款”科目，贷记“银行存款”科目；当预付价款大于采购货物所需支付的款项时，对收回的多余款项，应借记“银行存款”科目，贷记“预付账款”科目。

【例 3-8】 无锡市弘毅股份有限公司为增值税一般纳税人，向乙公司（为增值税一般纳税人）采购材料 5 000 千克，每千克单价 10 元，所需支付的价款总计 50 000 元。按照要求向乙公司预付价款的 50%，验收货物后补付其余款项。应编制如下会计分录：

（1）预付 50%的价款时：

	借方	贷方
借：预付账款——乙公司	25 000	
贷：银行存款		25 000

（2）收到乙公司发来的 5 000 千克材料，验收无误，增值税专用发票上注明的价款为 50 000 元，增值税额为 6 500 元，以银行存款补付所欠款项 31 500 元。应编制如下会计分录：

	借方	贷方
借：原材料	50 000	
应交税费——应交增值税（进项税额）	6 500	
贷：预付账款——乙公司		56 500
借：预付账款——乙公司	31 500	
贷：银行存款		31 500

同上题：如果无锡市弘毅股份有限公司不单独设置“预付账款”科目，则上述账务处理可按照如下方式处理：

（1）预付 50%的价款时：

	借方	贷方
借：应付账款——乙公司	25 000	
贷：银行存款		25 000

（2）收到乙公司发来的 5 000 千克材料，验收无误，增值税专用发票上注明的价款为 50 000 元，增值税额为 6 500 元，以银行存款补付所欠款项 31 500 元。应编制如下会计分录：

借：原材料　　50 000
　　应交税费——应交增值税(进项税额)　　6 500
　　贷：应付账款——乙公司　　56 500

借：应付账款——乙公司　　31 500
　　贷：银行存款　　31 500

任务四　其他应收款的核算

任务导入

今天采购部采购员小刘向财务部预借差旅费，但王丽不知道差旅费借款应该如何作账务处理。师傅知道后跟王丽说作“其他应收款”处理，于是王丽就在师傅的指导下对其他应收款这项核算内容展开了仔细的学习。

任务要求

1. 了解其他应收款的概念
2. 了解其他应收款的账务处理

知识点介绍

一、其他应收款的概念

其他应收款是指企业除应收票据、应收账款、预付账款、应收股利和应收利息以外的其他各种应收及暂付款项。其主要内容包括：应收的各种赔款、罚款，如因企业财产等遭受意外损失而应向有关保险公司收取的赔款等；应收的出租包装物租金；应向职工收取的各种垫付款项，如为职工垫付的水电费、应由职工负担的医药费、房租费等；存出保证金，如租入包装物支付的押金；其他各种应收、暂付款项。

知识点提示

不设置“备用金”科目的企业拨出的备用金(向企业各职能科室、车间拨出的备用金)也在“其他应收款”科目中进行会计核算。

二、其他应收款的账务处理

为了反映和监督其他应收款的发生和结余情况，企业应当设置“其他应收款”科目进行核算。“其他应收款”科目的借方登记其他应收款的增加，贷方登记其他应收款的收回，期末余额一般在借方，反映企业尚未收回的其他应收款项。在“其他应收款”科目下，应按其他应收款的项目分类，并按不同的债务人设置明细科目，进行明细核算。其账户结构如图表 3-4 所示。

借	其他应收款　　贷
期初余额 增加	减少
期末余额	

图表 3-4　“其他应收款”科目的账户结构

【例 3-9】　无锡市弘毅股份有限公司在采购过程中发生材料毁损，按保险合同规定，应由新华保险公司赔偿损失 30 000 元，赔款尚未收到。假定该公司对原材料采用计划成本进行日常核算，应编制如下会计分录：

借：其他应收款——新华保险公司　　30 000
　　贷：材料采购　　30 000

【例 3-10】　承[例 3-9]，无锡市弘毅股份有限公司如数收到上述新华保险公司的赔款，应编制如下会计分录：

借：银行存款　　30 000
　　贷：其他应收款——新华保险公司　　30 000

【例 3-11】　无锡市弘毅股份有限公司以银行存款替职工王某垫付应由其个人负担的医疗费 5 000 元，拟从其工资中扣回。应编制如下会计分录：

（1）垫付时：

借：其他应收款——王某　　5 000
　　贷：银行存款　　5 000

（2）扣款时：

借：应付职工薪酬　　5 000
　　贷：其他应收款——王某　　5 000

【例 3-12】　无锡市弘毅股份有限公司向丁公司租入包装物一批，以银行存款向丁公司支付押金 10 000 元。应编制如下会计分录：

借：其他应收款——丁公司　　10 000
　　贷：银行存款　　10 000

【例 3-13】　承[例 3-12]，无锡市弘毅股份有限公司按期如数向丁公司退回所租包装物，并收到丁公司退还的押金 10 000 元，已存入银行。应编制如下会计分录：

借：银行存款　　10 000
　　贷：其他应收款——丁公司　　10 000

任务五　应收款项减值的核算

任务导入

在学习了相关应收款项的核算后，师傅问王丽一个问题：如果有一笔应收账款估计明年基本收不回来，要不要在账面上反映？王丽思考了许久不知道怎么回答，然后师傅说对于应收款项，我们如果预计后期可能收不回来，就需要进行应收款项减值的相关核算，王丽于是在师傅的指导下对应收款项减值的核算内容进行针对性的学习。

任务要求

1. 了解应收款项减值损失的确认方法
2. 了解坏账的概念
3. 了解坏账准备的账务处理

知识点介绍

一、应收账款减值损失的确认

企业发生的各项应收款项，可能会因购货人拒付、破产、死亡等原因而无法收回。这类确实无法收回的应收款项就是坏账。企业因坏账而遭受到的损失为坏账损失或减值损失。企业应当在资产负债表日对应收款项的账面价值进行评估，应收款项发生减值的，应当将减记的金额确认为减值损失，同时计提坏账准备。应收款项减值有两种核算方法，即直接转销法和备抵法，我国企业会计准则规定，应收款项的减值的核算只能采用备抵法，不得采用直接转销法。

（一）直接转销法

采用直接转销法时，日常核算中应收款项可能发生的坏账损失不予考虑，只有在实际发生坏账时，才作为坏账损失计入当期损益，同时直接冲销应收款项，即借记“资产减值损失”科目，贷记“应收账款”等科目。

【例 3-14】 某企业 2018 年发生的一笔 20 000 元的应收账款，长期无法收回，于 2020 年年末确认为坏账。该企业在 2020 年年末应编制如下会计分录：

借：资产减值损失——坏账损失	20 000	
贷：应收账款		20 000

这种方法的优点是账务处理简单，其缺点是不符合权责发生制原则，也与资产定义相冲突。在这种方法下，只有坏账实际发生时，才将其确认为当期费用，导致资产不实、各期损益不实；另外，在资产负债表上，应收账款是按账面余额而不是按账面价值反映，这在一定程度上歪曲了期末的财务状况。所以，企业会计准则不允许采用直接转销法。

（二）备抵法

备抵法是采用一定的方法按期估计坏账损失，计入当期损益，同时建立坏账准备，待坏账实际发生时，冲销已提的坏账准备和相应的应收款项。采用这种方法，在财务报表上列示应收款项的净额，使财务报表使用者能了解企业应收款项预期可收回的金额或真实的财务情况，在备抵法下，企业应当根据企业会计准则的规定，评估当期坏账损失金额。

备抵法主要有三种，即应收款项余额百分比法、账龄分析法和个别认定法。

（1）应收款项余额百分比法。这一方法是根据会计期末应收款项余额的一定比例计算提取坏账准备的方法。理论上讲，这一比例应按坏账占应收款项的概率来算，发生坏账多的企业，比例就相应高一些，反之则低一些。一般来讲，这些比例可按照以往的数据资料加以确定,也可以采用其他更合理的方法估计确定。

当期按照应收款项计算应有坏账准备余额＝期末应收款项余额×估计的坏账率

（2）账龄分析法。这一方法是根据应收款项账龄的长短以及当前的具体情况,估计应收款项减值损失的方法。账龄分析法的依据是：账款被拖欠的期限越长,发生坏账的可能性就越大。

采用账龄分析法,企业应先将期末应收款项按账龄长短划分为若干区段,计算各个区段上应收款项的金额,并为每一个区段估计一个坏账损失的百分比,在此基础上,进行应收款项减值损失的估计。

需要说明的是,采用账龄分析法估计应收款项减值损失时,收到债务单位当期偿还的部分货款后,剩余的应收款项,不应改变其账龄,仍应按原账龄加上本期应增加的账龄确定。在存在多笔应收款项,且每笔应收款项账龄不同的情况下,收到债务单位当期偿还的部分债务,应当逐笔认定收到的是哪一笔应收款项;如果确实无法认定的,按照先发生先收回的原则确定,剩余应收款项的账龄按上述同一原则确定。

（3）个别认定法。个别认定法是对单笔应收款项的可收回性估计坏账损失的方法。如果某项应收款项的可收回性与其他各项应收款项有明显差别,则可对该项应收款项采用个别认定法计提坏账准备。在同一会计期间内运用个别认定法的应收款项,应从用其他方法估计坏账损失的应收款项中剔除。

知识点提示

需要说明的是,应收款项减值损失的估计方法一经确定,不得随意变更。在确定应收款项减值损失的计提比率时,企业应根据以往的经验、债务单位的实际财务状况和现金流量等相关信息予以合理估计。

二、坏账准备的账务处理

为了反映和监督应收款项的坏账准备计提、转销等情况,企业应当设置“坏账准备”科目,核算应收款项的坏账准备计提、转销等情况。企业当期计提的坏账准备应当计入信用减值损失。“坏账准备”科目的贷方登记当期计提的坏账准备金额和已确认又收回的坏账;借方登记实际发生的坏账损失金额和冲减的坏账准备金额;期末贷方余额,反映企业已计提但尚未转销的坏账准备。其账户结构简要表现为图表 3-5 所示。

借	坏账准备　　　　贷
减少	期初余额 增加
	期末余额

图表 3-5　“坏账准备”科目简要账户结构

知识点提示

“坏账准备”虽然属于资产类科目,但作为“应收账款”的备抵账户,它的账户结构与所调整账户的结构恰好相反,这是因为备抵账户是反映某类资产账面价值的减少。就应收账款而言,应收账款账面价值＝应收账款的账面余额－坏账准备。“坏账准备”作为抵减账户,贷方表示增加,同时又反映了应收账款账面价值的减少，这样一来，并没有违背资产计入贷方表示减少这一原则。诸如此类的科目还有“累计折旧”“存货跌价准备”“累计摊销”和“无形资产减值准备”等。

坏账准备可按以下公式计算：

$$\text{当期应计提的坏账准备}=\text{当期(期末)按应收款项计算坏账准备的金额}-(\text{或}+)\text{“坏账准备”科目的贷方(或借方)余额}$$

其中：

$$\text{当期(期末)按应收款项计算应提坏账准备金额}=\text{应收款项科目的余额}\times\text{坏账比例}=\text{应收款项科目的余额}-\text{应收款项预计未来现金流量现值}$$

企业计提坏账准备时，按照应收账款应减记的金额，借记“信用减值损失——计提的坏账准备”科目，贷记“坏账准备”科目。冲减多计提的坏账准备时，借记“坏账准备”科目，贷记“信用减值损失——计提的坏账准备”科目。

【例 3-15】 2020 年 12 月 31 日，无锡市弘毅股份有限公司对应收丙公司的账款进行减值测试，应收账款余额合计为 1 000 000 元，无锡市弘毅股份有限公司根据企业会计准则确定应计提坏账准备的金额为 100 000 元。应编制如下会计分录：

2020 年 12 月 31 日计提坏账准备时：

借：信用减值损失——计提的坏账准备	100 000	
贷：坏账准备		100 000

企业确实无法收回的应收款项按管理权限报经批准后作为坏账转销时，应当冲减已计提的坏账准备。已确认并转销的应收款项以后又收回的，应当按照实际收到的金额增加坏账准备的账面余额。企业实际发生坏账损失时，借记“坏账准备”科目，贷记“应收账款”“其他应收款”等科目。

【例 3-16】 无锡市弘毅股份有限公司 2021 年 6 月对丙公司的应收账款实际发生坏账损失 30 000 元。应编制如下会计分录：

2021 年 6 月 30 日确认坏账损失时：

借：坏账准备	30 000	
贷：应收账款		30 000

【例 3-17】 承[例 3-15][例 3-16]，假定无锡市弘毅股份有限公司 2021 年 12 月 31 日应收丙公司的账款余额为 1 200 000 元，经减值测试，无锡市弘毅股份有限公司对该应收账款应计提 120 000 元坏账准备。无锡市弘毅股份有限公司“坏账准备”科目应保持的贷方余额为 120 000 元，计提坏账准备前，“坏账准备”科目的实际余额为贷方 70 000 元(100 000－30 000)，因此，本年年末应计提的坏账准备金额为 50 000 元(120 000－70 000)。应编制如下会计分录：

借：信用减值损失——计提的坏账准备	50 000	
贷：坏账准备		50 000

已确认并转销的应收款项以后又收回的，应当按照实际收到的金额增加坏账准备的账面余额。已确认并转销的应收款项以后又收回时，借记“应收账款”“其他应收款”等科目，贷记“坏账准备”科目；同时，借记“银行存款”科目，贷记“应收账款”“其他应收款”等科目。

【例 3-18】 无锡市弘毅股份有限公司 2022 年 1 月 20 日，收回 2019 年已作坏账转销的应收账款 20 000 元，已存入银行。应编制如下会计分录：

借：应收账款	20 000	
贷：坏账准备		20 000
借：银行存款	20 000	
贷：应收账款		20 000

知识点提示

坏账准备的核算流程如下：

（1）计提坏账准备：

借：信用减值损失——计提的坏账准备

　　贷：坏账准备

（2）冲减多计提的坏账准备：

借：坏账准备

　　贷：信用减值损失——计提的坏账准备

（3）实际发生坏账损失：

借：坏账准备

　　贷：应收账款

（4）已确认并转销的应收账款以后又收回：

借：应收账款

　　贷：坏账准备

借：银行存款

　　贷：应收账款

课后练习　　项目实操

项目四

存货的核算

项目引领

项目目标

理论目标

(一) 熟悉存货的概念、分类及确认条件
(二) 熟悉原材料的账务处理
(三) 熟悉周转材料的账务处理
(四) 熟悉委托加工物资的账务处理
(五) 熟悉库存商品的账务处理
(六) 熟悉存货清查的账务处理
(七) 熟悉存货减值的处理

实务目标

(一) 掌握原材料实际成本法下的账务处理
(二) 会进行期末存货计价核算
(三) 了解存货盘盈盘亏的账务处理

任务一 存货的概述

任务导入

在学习了应收及预付款项后，师傅带着会计王丽进入企业仓库了解企业的存货。存货是企业最重要的流动资产项目，它大约占到企业流动资产的50%。于是在师傅的带领下，王丽开始对相关内容进行认真的学习。

任务要求

1. 熟悉存货的概念及特征
2. 了解存货的分类
3. 熟悉存货的初始计量
4. 了解存货发出计价方法

知识点介绍

一、存货的概念及特征

(一) 存货的概念

存货是指企业在日常活动中持有以备出售的产品或商品、处在生产过程中的在产品、在生产过程或提供劳务过程中耗用的材料或物料等。

(二) 存货的主要特征

(1) 存货通常具有一定的物质实体，是一项有形资产。

(2) 存货具有较强的流动性。作为企业流动资产中的一个重要组成部分，存货在企业生产经营过程中，经常处于不断耗用、重置或者销售、再重置的循环中，是一项流动性较强的资产。

(3) 存货持有的最终目的是出售，包括直接可供出售、经过进一步加工后出售等。这一特征是存货区别于其他资产的最本质的特征。例如，企业为建造固定资产等工程项目而储备的各种工程物资，虽然也具有相似于产品生产所需耗用的原材料的物质形态，但企业持有工程物资的目的不是出售或制成产品出售，因此不属于存货；再如，机器设备在用于进行生产经营活动的企业中，它作为劳动手段是一项固定资产，而在生产销售这种机器设备的企业中，它则是一项存货。

根据《企业会计准则第1号——存货》的规定，符合存货定义的资产项目，要在资产负债表中作为存货予以确认，还必须同时满足以下两个条件：

(1) 该存货包含的经济利益很可能流入企业。通常，拥有存货的所有权是判断存货包含的经济利益很可能流入企业的一个重要标志。一般情况下，凡是所有权已属于本企业，无论企业是否收到或持有该存货，均应作为本企业的存货进行核算；反之，如果企业已失去或未取得所有权，即使该存货存放在企业，也不能再作为本企业的存货进行核算。

(2) 该存货的成本能够可靠地计量。存货作为企业资产的组成部分，其成本的计量必须以取得确凿、可靠的证据为依据，并且要具有可验证性。

二、存货的分类

存货所处的行业性质不同，持有的存货也会有所不同。存货通常包括以下内容：

(1) 原材料。原材料是指企业在生产过程中经加工改变其形态或性质并构成产品主要实体的各种原料及主要材料、辅助材料、外购半成品(外购件)、修理用备件(备品备件)、包装材料、燃料等。

(2) 在产品。在产品是指企业正在制造尚未完工的生产物，包括正在各个生产工序加工的产品和已加工完毕但尚未检验或已检验但尚未办理入库手续的产品。

(3) 半成品。半成品是指经过一定生产过程并已检验合格交付半成品仓库保管，但尚未制造完工成为产成品，仍需进一步加工的中间产品。

(4) 产成品。产成品是指企业已经完成全部生产过程并已验收入库，可以按照合同规定的条件送交订货单位，或者可以作为商品对外销售的产品。企业接受来料加工制造的代制品和为外单位加工修理的代修品，制造和修理完成验收入库后，应视同企业的产成品。

(5) 商品。商品是指商品流通企业外购或委托加工完成验收入库用于销售的各种商品。

(6) 包装物。包装物是指为了包装本企业的商品而储备的各种包装容器，如桶、箱、瓶、坛、袋的作用是盛装、装潢产品或商品。

(7) 低值易耗品。低值易耗品是指不能作为固定资产核算的各种用具物品，如工具、管理用具、玻璃器皿、劳动保护用品以及在经营过程中周转使用的容器等。其特点是单位价值较低，或使用期限相对于固定资产较短，在使用过程中保持其原有实物形态基本不变。

(8) 委托代销商品。委托代销商品是指企业委托其他单位代销的商品。

知识点提示

(1) 受托代销商品不属于“受托方”的存货。由于“受托代销商品”(借方)和“受托代销商品款”(贷方)同时作为“受托方”的存货列示，但不影响存货项目的总金额，因此，受托代销商品不作为“受托方”的存货项目列示。

(2) 工程物资属于非流动资产，不属于存货。

(3) 生产成本的期末借方余额为期末在产品成本，属于存货项目。制造费用期末一般无余额，结转计入生产成本；因为季节性原因导致制造费用期末出现借方余额，属于存货项目。

(4) 房地产开发企业购入的用于建造商品房的土地及建造的商品房，都属于存货项目。

三、存货的初始计量

(一) 存货应当按照成本进行初始计量

存货成本包括采购成本、加工成本和其他成本。

1. 存货的采购成本

存货的采购成本，包括购买价款、相关税费、运输费、装卸费、保险费以及其他可归属于存货采购成本的费用。

其中，存货的购买价款是指企业购入的材料或商品的发票账单上列明的价款，但不包括按照规定可以抵扣的增值税进项税额。存货的相关税费是指企业购买存货发生的进口关税、消费税、资源税和不能抵扣的增值税进项税额以及相应的教育费附加等应计入存货采购成本的税费。其他可归属于存货采购成本的费用是指采购成本中除上述各项以外的可归属于存货采购的费用，如在存货采购过程中发生的仓储费、包装费、运输途中的合理损耗、入库前的挑选整理费用等。运输途中的合理损耗，是指商品在运输过程中，因商品性质、自然条件及技术设备等因素，所发生的自然的或不可避免的损耗。例如，汽车在运输煤炭、化肥等的过程中自然散落以及易挥发产品在运输过程中的自然挥发。

商品流通企业在采购商品过程中发生的运输费、装卸费、保险费以及其他可归属于存货采购成本的费用等进货费用，应当计入存货采购成本，也可以先进行归集，期末根据所购商品的存销情况进行分摊。对于已售商品的进货费用，计入当期损益；对于未售商品的进货费用，计入期末存货成本。企业采购商品的进货费用金额较小的，可以在发生时直接计入当期损益。

知识点提示

(1) 对于增值税一般纳税人购入存货取得的增值税专用发票，按规定可以抵扣增值税进项税额，记入“应交税费——应交增值税(进项税额)”科目，不计入存货采购成本；若增值税一般纳税人取得的是增值税普通发票，则进项税额不能抵扣，应按发票金额计入存货采购成本；对于增值税小规模纳税人购入存货支付的增值税，无论取得的是增值税专用发票，还是增值税普通发票，均按发票金额计入存货采购成本。

(2) 入库前的挑选整理费用包括挑选整理中发生的工、费支出和挑选整理过程中所发生的数量耗费，并扣除回收的下脚废料价值。

2. 存货的加工成本

存货的加工成本是指在存货的加工过程中发生的追加费用，包括直接人工以及按照一定方法分配的制造费用。直接人工是指企业在生产产品和提供劳务过程中发生的直接从事产品生产和劳务提供的人员的职工薪酬。制造费用是指企业为生产产品和提供劳务而发生的各项间接费用。

3. 存货的其他成本

存货的其他成本是指除采购成本、加工成本以外的，使存货达到目前场所和状态所发生的其他支出。企业设计产品发生的设计费用通常应计入当期损益，但是为特定客户设计产品所发生的、可直接确定的设计费用应计入存货的成本。

(二) 存货的来源不同，其成本的构成内容也不同

原材料、商品、低值易耗品等通过购买而取得的存货的成本由采购成本构成；产成品、在产品、半成品等自制或需委托外单位加工完成的存货的成本由采购成本、加工成本以及使存货达到目前场所和状态所发生的其他支出构成。

实务中具体按以下原则确定：

(1) 购入的存货，其成本包括：买价、运杂费(包括运输费、装卸费、保险费、包装费、仓储费等)、运输途中的合理损耗、入库前的挑选整理费用(包括挑选整理中发生的工、费支出和

挑选整理过程中所发生的数量损耗,并扣除回收的下脚废料价值)以及按规定应计入存货成本的税费和其他费用。

(2) 自制的存货,包括自制原材料、自制包装物、自制低值易耗品、自制半成品及库存商品等,其成本包括直接材料、直接人工和制造费用等的各项实际支出。

(3) 委托外单位加工完成的存货,包括加工中耗用的原材料、包装物、低值易耗品、半成品、产成品等,其成本包括实际耗用的原材料或者半成品、加工费、装卸费、保险费、委托加工的往返运输费等费用以及按规定应计入存货成本的税费。

(4) 接受投资者投入的存货,其成本应当按照投资合同或协议约定的价值(合同或协议约定的价值不公允的除外)加上企业应负担的相关税费确定。

(5) 接受捐赠的存货,如果捐赠方提供了有关发票,按照发票上注明的金额加上支付的相关税费(不包含准予抵扣的进项税额)作为实际成本;如果捐赠方未提供有关发票,则按市价或同类、类似存货的市场价格的估计金额,加上支付的相关税费(不包含准予抵扣的进项税额)作为实际成本。

(6) 盘盈的存货,盘盈的存货应当按照同类或类似市场价格确定其成本。

(7) 企业通过债务重组、非货币性资产交换方式取得的存货,其成本分别按《企业会计准则第 12 号——债务重组》《企业会计准则第 7 号——非货币性资产交换》的有关规定确定其成本。

(三) 下列费用不应计入存货成本,而应在其发生时计入当期损益

(1) 非正常消耗的直接材料、直接人工和制造费用,应在发生时计入当期损益,不应计入存货成本。比如,由于自然灾害而发生的直接材料、直接人工和制造费用,由于这些费用的发生无助于使该存货达到目前场所和状态,不应计入存货成本,而应确认为当期损益。

(2) 仓储费用是指企业在存货采购入库后发生的储存费用,应在发生时计入当期损益。但是,在生产过程中为达到下一个生产阶段所必需的仓储费用应计入存货成本。比如,某种酒类产品生产企业为使生产的酒达到规定的产品质量标准而必须发生的仓储费用,应计入酒的成本,而不应计入当期损益。

(3) 不能归属于使存货达到目前场所和状态的其他支出,应在发生时计入当期损益,不得计入存货成本。

四、存货发出计价方法

实务中,企业发出的存货可以按实际成本核算,也可以按计划成本核算。如采用计划成本核算,会计期末应调整为实际成本。在实际成本核算方式下,企业可以采用的发出存货成本的计价方法包括个别计价法、先进先出法、月末一次加权平均法和移动加权平均法等。

(一) 个别计价法

个别计价法,亦称个别认定法、具体辨认法、分批实际法,采用这一方法是假设存货具体项目的实物流转与成本流转相一致,按照各种存货逐一辨认各批发出存货和期末存货所属的购进批别或生产批别,分别按其购入或生产时所确定的单位成本计算各批发出存货和期

末存货成本的方法。在这种方法下，把每一种存货的实际成本作为计算发出存货成本和期末存货成本的基础。

个别计价法的成本计算准确，符合实际情况，但在存货收发频繁情况下，其发出成本分辨的工作量较大。因此，这种方法通常适用于一般不能替代使用的存货、为特定项目专门购入或制造的存货以及提供的劳务，如珠宝、名画等贵重物品。

【例 4-1】 无锡市弘毅股份有限公司 2020 年 5 月 D 商品的收入、发出及购进单位成本如图表 4-1 所示。

图表 4-1　　D 商品购销明细表

金额单位：元

日期		摘要	收入			发出			结存		
月	日		数量	单价	金额	数量	单价	金额	数量	单价	金额
5	1	期初余额							150	10	1 500
	5	购入	100	12	1 200				250		
	11	销售				200			50		
	16	购入	200	14	2 800				250		
	20	销售				100			150		
	23	购入	100	15	1 500				250		
	27	销售				100			150		
	31	本期合计	400	—	5 500	400	—		150		

假设经过具体辨认，本期发出存货的单位成本如下：5 月 11 日发出的 200 件存货中，100 件系期初结存存货，单位成本为 10 元，另外 100 件为 5 月 5 日购入存货，单位成本为 12 元；5 月 20 日发出的 100 件存货系 5 月 16 日购入，单位成本为 14 元；5 月 27 日发出的 100 件存货中，50 件为期初结存，单位成本为 10 元，50 件为 5 月 23 日购入，单位成本为 15 元。则按照个别认定法，无锡市弘毅股份有限公司 5 月 D 商品收入、发出与结存情况如图表 4-2 所示。

图表 4-2　　D 商品购销明细账(个别计价法)

金额单位：元

日期		摘要	收入			发出			结存		
月	日		数量	单价	金额	数量	单价	金额	数量	单价	金额
5	1	期初余额							150	10	1 500
	5	购入	100	12	1 200				150 100	10 12	1 500 1 200
	11	销售				100 100	10 12	1 000 1 200	50	10	500
	16	购入	200	14	2 800				50 200	10 14	500 2 800

（续表）

日期		摘要	收入			发出			结存		
月	日		数量	单价	金额	数量	单价	金额	数量	单价	金额
	20	销售				100	14	1 400	50 100	10 14	500 1 400
	23	购入	100	15	1 500				50 100 100	10 14 15	500 1 400 1 500
	27	销售				50 50	10 15	500 750	100 50	14 15	1 400 750
	31	本期合计	400	—	5 500	400	—	4 850	100 50	14 15	1 400 750

从图表 4-2 中可知，无锡市弘毅股份有限公司本期发出存货成本及期末结存存货成本如下：

本期发出存货成本＝(100×10＋100×12)＋(100×14)＋(50×10＋50×15)
＝4 850(元)

期末结存存货成本＝100×14＋50×15＝2 150(元)

或：

期末结存存货成本＝期初结存存货成本＋本期收入存货成本－本期发出存货成本
＝150×10＋(100×12＋200×14＋100×15)－4 850
＝1 500＋5 500－4 850＝2 150(元)

无锡市弘毅股份有限公司采用个别计价法得出的本期发出存货成本和期末结存存货成本分别为 4 850 元和 2 150 元。

(二) 先进先出法

先进先出法是指以先购入的存货应先发出(即用于销售或耗用)这样一种存货实物流动假设为前提，对发出存货进行计价的一种方法。采用这种方法，先购入的存货成本在后购入存货成本之前转出，据此确定发出存货和期末存货的成本。其具体方法是：收入存货时，逐笔登记收入存货的数量、单价和金额；发出存货时，按照先进先出的原则逐笔登记存货的发出成本和结存金额。

先进先出法可以随时结转存货发出成本，但较繁琐。如果存货收发业务较多，且存货单价不稳定时，其工作量较大。在物价持续上升时，期末存货成本接近于市价，而发出成本偏低，会高估企业当期利润和存货价值；反之，会低估企业存货价值和当期利润。

【例 4-2】 承[例 4-1]，假设无锡市弘毅股份有限公司 D 商品本期收入、发出和结存情况如图表 4-3 所示。从该表可以看出存货成本的计价顺序，如 5 月 11 日发出的 200 件存货，按先进先出法的流转顺序，应先发出期初库存存货 1 500 元(150×10)，然后再发出 5 月 5 日购入的 50 件，即 600 元(50×12)，其他依此类推。从图表 4-3 中看出，使用先进先出法得出的发出存货成本和期末存货成本分别为 4 800 元和 2 200 元。

图表 4-3　　D商品购销明细账(先进先出法)

金额单位：元

日期		摘要	收入			发出			结存		
月	日		数量	单价	金额	数量	单价	金额	数量	单价	金额
5	1	期初余额							150	10	1 500
	5	购入	100	12	1 200				150 100	10 12	1 500 1 200
	11	销售				150 50	10 12	1 500 600	50	12	600
	16	购入	200	14	2 800				50 200	12 14	600 2 800
	20	销售				50 50	12 14	600 700	150	14	2 100
	23	购入	100	15	1 500				150 100	14 15	2 100 1 500
	27	销售				100	14	1 400	50 100	14 15	700 1 500
	31	本期合计	400	—	5 500	400	—	4 800	50 100	14 15	700 1 500

无锡市弘毅股份有限公司日常账面记录显示，D商品期初结存存货为1 500元(150×10)，本期购入存货三批，按先后顺序分别为：1 200元(100×12)、2 800元(200×14)、1 500元(100×15)。假设经过盘点，发现期末库存150件，则本期发出存货为400件。

本期发出存货成本为：

本期发出存货成本＝(150×10＋50×12)＋(50×12＋50×14)＋(100×14)＝4 800(元)

期末结存存货成本为：

期末结存存货成本＝50×14＋100×15＝2 200(元)

或：

期末结存存货成本＝期初结存存货成本＋本期收入存货成本－本期发出存货成本

＝150×10＋(100×12＋200×14＋100×15)－4 800

＝1 500＋5 500－4 800＝2 200(元)

无锡市弘毅股份有限公司采用先进先出法得出的本期发出存货成本和期末结存存货成本分别为4 800元和2 200元。

(三) 月末一次加权平均法

月末一次加权平均法是指以本月全部进货数量加上月初存货数量作为权数，去除本月全部进货成本加上月初存货成本，计算出存货的加权平均单位成本，以此为基础计算本月发出存货的成本和期末结存存货的成本的一种方法，计算公式如下：

$$存货单位成本=\frac{月初结存存货成本+\sum(本月各批进货的实际单位成本\times本月各批进货的数量)}{月初结存存货数量+本月各批进货数量之和}$$

本月发出存货的成本 = 本月发出存货的数量 × 存货单位成本

本月月末结存存货成本 = 月末结存存货的数量 × 存货单位成本

或：

本月月末结存存货成本 = 月初结存存货成本 + 本月收入存货成本 − 本月发出存货成本

采用月末一次加权平均法只在月末一次计算加权平均单价，有利于简化成本计算工作。但由于平时无法从账上提供发出和结存存货的单价及金额，不利于存货成本的日常管理与控制。

【例 4-3】 承[例 4-1]，假设无锡市弘毅股份有限公司采用月末一次加权平均法核算存货，根据图表 4-1，5 月 D 商品的平均单位成本计算如下：

5 月 D 商品的平均单位成本=(月初结存存货成本+本月收入存货成本之和)÷(月初结存存货数量+本月收入存货数量之和)=[150×10+100×12+200×14+100×15)]÷[150+100+200+100)]≈12.727(元)

则，5 月 D 商品的发出成本与期末结存成本分别为：

5 月 D 商品的发出成本=400×12.727=5 090.80(元)

5 月 D 商品的期末结存成本=月初结存存货成本+本月收入存货成本−本月发出存货成本=[150×10+(100×12+200×14+100×15)]−5 090.8=7 000−5 090.80=1 909.20(元)

则 5 月 D 商品本期收入、发出和结存情况如图表 4-4 所示。

从图表 4-4 中可以看出，采用月末一次加权平均法，D 商品的平均单位成本从期初的 10 元变为期末的 12.727 元；采用月末一次加权平均法得出的本期发出存货成本和期末结存存货成本分别为 5 090.80 元和 1 909.20 元。

图表 4-4　　D 商品购销明细账(月末一次加权平均法)

金额单位：元

日期		摘要	收入			发出			结存		
月	日		数量	单价	金额	数量	单价	金额	数量	单价	金额
5	1	期初余额							150	10	1 500
	5	购入	100	12	1 200				250	—	2 700
	11	销售				200	—		50	—	—
	16	购入	200	14	2 800				250	—	5 500
	20	销售				100	—		150	—	—
	23	购入	100	15	1 500				250		7 000
	27	销售				100	—		150	—	—
	31	本期合计	400	—	5 500	400	12.727	5 090.80	150	12.728**	1 909.20*

* 1 909.20 系采用“月末结存存货成本=月初结存存货成本+本月收入存货成本−本月发出存货成本”计算确定的金额。

** 12.728=1 909.20÷150，与月末一次加权平均法计算的平均单位成本理论上应完全一致，实务中有时出现不一致，系四舍五入所致。

(四) 移动加权平均法

移动加权平均法是指以每次进货的成本加上原有结存存货的成本的合计额，除以每次进货数量加上原有结存存货的数量的合计数，据以计算加权平均单位成本，作为在下次进货前计算各次发出存货成本依据的一种方法，计算公式如下：

存货单位成本＝(原有存货成本＋本次进货的成本)÷(原有结存存货数量＋本次进货数量)

本次发出存货成本＝本次发出存货数量×本次发货前存货的单位成本

本月月末结存存货成本＝月末结存存货的数量×本月月末存货单位成本

或：

本月月末结存存货成本＝月初结存存货成本＋本月收入存货成本－本月发出存货成本

采用移动加权平均法能够使企业管理层及时了解存货的结存情况，计算的平均单位成本以及发出和结存的存货成本比较客观。但由于每次收货都要计算一次平均单位成本，计算工作量较大，对收发货较频繁的企业不太适用。

【例 4-4】 承[例 4-1]，假设无锡市弘毅股份有限公司采用移动加权平均法核算存货，根据图表 4-1，5 月 D 商品各平均单位成本计算如下：

5 月 5 日购入存货后的平均单位成本＝(150×10＋100×12)÷(150＋100)＝10.80(元)

5 月 16 日购入存货后的平均单位成本＝(50×10.80＋200×14)÷(50＋200)＝13.36(元)

5 月 23 日购入存货后的平均单位成本＝(150×13.36＋100×15)÷(150＋100)＝14.016(元)

本次发出存货成本＝本次发出存货数量×本次发货前存货的单位成本

5 月 11 日销售存货的成本＝200×10.80＝2 160(元)

5 月 20 日销售存货的成本＝100×13.36＝1 336(元)

5 月 27 日销售存货的成本＝100×14.016＝1 401.60(元)

本月月末库存存货成本＝月末库存存货的数量×本月月末存货单位成本＝150×14.016＝2 102.40(元)

或：

本月月末结存存货成本＝月初结存存货成本＋本月收入存货成本－本月发出存货成本＝150×10＋[(100×12)＋(200×14)＋(100×15)]－[(200×10.80)＋(100×13.36)＋(100×14.016)]＝1 500＋(1 200＋2 800＋1 500)－(2 160＋1 336＋1 401.6)＝1 500＋5 500－4 897.60＝2 102.40(元)

则 5 月 D 商品本期收入、发出和结存情况如图表 4-5 所示。

图表 4-5　　D 商品购销明细账(移动加权平均法)

金额单位：元

日期		摘要	收入			发出			结存		
月	日		数量	单价	金额	数量	单价	金额	数量	单价	金额
5	1	期初余额							150	10	1 500
	5	购入	100	12	1 200				250	10.80	2 700
	11	销售				200	10.80	2 160	50	10.80	540

（续表）

日期		摘要	收入			发出			结存		
月	日		数量	单价	金额	数董	单价	金额	数量	单价	金额
	16	购入	200	14	2 800				250	13.36	3 340
	20	销售				100	13.36	1 336	150	13.36	2 004
	23	购入	100	15	1 500				250	14.016	3 504
	27	销售				100	14.016	1 401.60	150	24.016	2 102.40
	31	本期合计	400	—	5 500	400	—	4 897.60	150	14 016	2 102.40

从图表 4-5 中可以看出，采用移动加权平均法，D 商品的平均单位成本从期初的 10 元变为期中的 10.80 元、13.36 元，再变成期末的 14.016 元；采用移动加权平均法得出的本期发出存货成本和期末结存存货成本分别为 4 897.60 元和 2 102.40 元。

知识点提示

存货发出计价方法公式汇总如图表 4-6 所示。

图表 4-6　　存货发出计价方法公式汇总

方法	假设前提	掌握具体计算过程
先进先出法	假设先购进的先发出	按先进先出的假定流转顺序来选择发出计价及期末结存存货的计价
个别计价法	实物流转与价值流转一致	逐一辨认发出存货和期末存货所属的购进、生产批别，分别按其购进、生产时确定的单位成本，计算发出存货和期末存货成本
月末一次加权平均法	略	存货单位成本＝[月初结存存货成本＋$\sum$(本月各批进货的实际单位成本×本月各批进货的数量)]÷(月初存货数量＋本月进货数量之和) 本月发出存货成本＝本月发出存货数量×存货单位成本 月末存货成本＝月末库存存货数量×存货单位成本
移动加权平均法		存货单位成本＝(原有存货实际成本＋本次进货实际成本)÷(原有存货数量＋本次进货数量) 本次发出存货成本＝本次发货数量×本次发货前存货单位成本 月末存货成本＝月末库存存货数量×月末存货单位成本

任务二　原材料的核算

任务导入

在了解了存货的概念以及内容后，会计王丽大概知道了存货的具体内容以及存货成本的构成。今天单位购买了一批原材料，师傅要求王丽对其进行账务处理，面对各种各样的原始凭证王丽还是觉得无从下手，于是，针对原材料的核算，师傅开始对王丽展开细致的业务指导。

任务要求

1. 了解原材料的核算内容
2. 熟悉原材料实际成本法的核算
3. 了解领用原材料的账务处理
4. 熟悉原材料计划成本法的核算

知识点介绍

一、原材料的核算内容

原材料是指企业在生产过程中经过加工改变其形态或性质并构成产品主要实体的各种原料、主要材料和外购半成品，以及不构成产品实体但有助于产品形成的辅助材料。

原材料具体包括原料及主要材料、辅助材料、外购半成品（外购件）、修理用备件（备品备件）、包装材料、燃料等。

原材料的日常收入、发出及结存可以采用实际成本核算，也可以采用计划成本核算。

二、原材料实际成本法的核算

（一）原材料核算应设置的会计科目

材料采用实际成本核算时，材料的收入、发出及结存，无论总分类核算还是明细分类核算，均按照实际成本计价。使用的会计科目有“原材料”“在途物资”等，“原材料”科目的借方、贷方及余额均以实际成本计价，不存在成本差异的计算与结转问题。但采用实际成本核算，日常反映不出材料成本是节约还是超支，从而不能反映和考核物资采购业务的经营成果。因此，这种方法通常适用于材料收发业务较少的企业。在实务工作中，对于材料收发业务较多并且计划成本资料较为健全、准确的企业，一般可以采用计划成本进行材料收入、发出的核算。

“原材料”科目用于核算企业库存各种材料的收入、发出与结存情况。在原材料按实际成本核算时，“原材料”科目的借方登记入库材料的实际成本，贷方登记发出材料的实际成本，期末余额在借方，反映企业库存材料的实际成本。其账户结构如图表 4-7 所示。

“在途物资”科目用于核算企业采用实际成本（进价）进行材料、商品等物资的日常核算、价款已付尚未验收入库的各种物资（即在途物资）的采购成本，本科目应当按照供应单位和物资品种进行明细核算。“在途物资”科目的借方登记企业购入的在途物资的实际成本，贷方登记验收入库的在途物资的实际成本，期末余额在借方，反映企业在途物资的采购成本。其账户结构如图表 4-8 所示。

“应付账款”科目用于核算企业因购买材料、商品和接受劳务等经营活动应支付的款项。“应付账款”科目的贷方登记企业因购入材料、商品和接受劳务等尚未支付的款项，借方登记支付的应付账款，期末余额一般在贷方，反映企业尚未支付的应付账款。其账户结构如图表 4-9 所示。

借	原材料(实际成本核算) 贷
期初余额 入库材料的实际成本	发出材料的实际成本
期末余额：企业库存材料的实际成本	

图表 4-7 “原材料”科目的账户结构

借	在途物资 贷
期初余额 企业购入的在途物资的实际成本	企业因购入材料、商品和接受劳务等尚未支付的款项
期末余额：企业库存材料的实际成本	

图表 4-8 “在途物资”科目的账户结构

借	应付账款 贷
支付的应付账款	期初余额 企业因购入材料、商品和接受劳务等尚未支付的款项
	期末余额：企业尚未支付的应付账

图表 4-9 “应付账款”科目的账户结构

(二)原材料实际成本法下的账务处理

1. 实际成本法下取得原材料环节的核算

(1) 购入材料。由于支付方式不同,原材料入库的时间与付款的时间可能一致,也可能不一致,在账务处理上也是不同的。

① 货款已经支付或开出、承兑商业汇票,同时材料已验收入库。

【例 4-5】 无锡市弘毅股份有限公司购入C材料一批,增值税专用发票上注明的价款为500 000元,增值税额为65 000元,款项已用转账支票付讫,材料已验收入库。无锡市弘毅股份有限公司为增值税一般纳税人,采用实际成本进行材料日常的核算,应编制如下会计分录:

借:原材料——C材料　　500 000
　应交税费——应交增值税(进项税额)　　65 000
　贷:银行存款　　565 000

本例属于发票账单与材料同时到达的采购业务,企业材料已验收入库。因此,应通过“原材料”科目核算。对于增值税专用发票上注明的可抵扣进项税额,应借记“应交税费——应交增值税”科目。

【例 4-6】 无锡市弘毅股份有限公司持银行汇票1 808 000元购入D材料一批,增值税专用发票上注明的价款为1 600 000元,增值税额为208 000元。材料已验收入库。无锡市弘毅股份有限公司是增值税一般纳税人,采用实际成本进行材料日常核算,应编制如下会计分录:

借:原材料——D材料　　1 600 000
　应交税费——应交增值税(进项税额)　　208 000
　贷:其他货币资金——银行汇票　　1 808 000

【例 4-7】 无锡市弘毅股份有限公司采用托收承付结算方式购入 E 材料一批，取得的增值税专用发票上注明的价款为 40 000 元，增值税额为 5 200 元，款项在承付期内以银行存款支付，材料已验收入库。无锡市弘毅股份有限公司为增值税一般纳税人，采用实际成本进行材料日常核算，应编制如下会计分录：

借：原材料——E 材料	40 000	
应交税费——应交增值税(进项税额)	5 200	
贷：银行存款		45 200

② 货款已经支付或已开出、承兑商业汇票，材料尚未到达或尚未验收入库。

【例 4-8】 无锡市弘毅股份有限公司采用汇兑结算方式购入 F 材料一批，发票及账单已收到，取得的增值税专用发票上注明的价款为 20 000 元，增值税额为 2 600 元，材料尚未到达。无锡市弘毅股份有限公司为增值税一般纳税人，采用实际成本进行材料日常核算，应编制如下会计分录：

借：在途物资——F 材料	20 000	
应交税费——应交增值税(进项税额)	2 600	
贷：银行存款		22 600

本例属于已经付款或已开出、承兑商业汇票，但材料尚未到达或尚未验收入库的采购业务，应通过“在途物资”科目核算；待材料到达、入库后，再根据收料单，由“在途物资”科目转入“原材料”科目核算。

【例 4-9】 承[例 4-8]，上述购入的 F 材料已收到，并验收入库。应编制如下会计分录：

借：原材料——F 材料	20 000	
贷：在途物资——F 材料		20 000

③ 货款尚未支付，材料已经验收入库。

【例 4-10】 无锡市弘毅股份有限公司采用托收承付结算方式购入 G 材料一批，增值税专用发票上注明的价款为 50 000 元，增值税额为 6 500 元，银行转来的结算凭证已到，款项尚未支付，材料已验收入库。无锡市弘毅股份有限公司为增值税一般纳税人，采用实际成本进行材料日常核算，应编制如下会计分录：

借：原材料——G 材料	50 000	
应交税费——应交增值税(进项税额)	6 500	
贷：应付账款		56 500

假如上述款项于 3 日后全额用银行存款支付，则应编制如下会计分录：

借：应付账款	56 500	
贷：银行存款		56 500

④ 月末材料已经到达，但发票账单未到。

【例 4-11】 无锡市弘毅股份有限公司购入 H 材料一批，材料已验收入库，月末发票账单尚未收到也无法确定其实际成本，暂估价值为 30 000 元。无锡市弘毅股份有限公司为增值税一般纳税人，采用实际成本进行材料日常核算，应编制如下会计分录：

借：原材料——H材料　　30 000

　贷：应付账款——暂估应付账款　　30 000

下月初，用红字冲销原暂估入账金额：

借：原材料——H材料　　[30 000]

　贷：应付账款——暂估应付账款　　[30 000]

在这种情况下，发票账单未到也无法确定实际成本，期末应按照暂估价值先入账，但在下月初，用红字冲销原暂估入账金额，待收到发票账单后再按照实际金额记账。对于材料已到达并已验收入库，但发票账单等结算凭证未到，货款尚未支付的采购业务，应于期末按材料的暂估价值，借记"原材料"科目，贷记"应付账款——暂估应付账款"科目。下月初，用红字冲销原暂估入账金额，以便下月付款或开出、承兑商业汇票后，按正常程序，借记"原材料""应交税费——应交增值税（进项税额）"科目，贷记"银行存款"或"应付票据"等科目。

【例4-12】 承[例4-11]，上述购入的H材料于次月收到发票账单，增值税专用发票上注明的价款为31 000元，增值税额为4 030元，已用银行存款付讫。无锡市弘毅股份有限公司为增值税一般纳税人，采用实际成本进行材料日常核算，应编制如下会计分录：

借：原材料——H材料　　31 000

　应交税费——应交增值税（进项税额）　　4 030

　贷：银行存款　　35 030

⑤ 货款已经预付，材料尚未验收入库。

【例4-13】 无锡市弘毅股份有限公司为增值税一般纳税人，根据与某钢厂（为增值税一般纳税人）的约定，为购买J材料向该钢厂预付100 000元价款的80%，计80 000元，已通过汇兑方式汇出。无锡市弘毅股份有限公司采用实际成本进行原材料的日常核算，应编制如下会计分录：

借：预付账款——××钢厂　　80 000

　贷：银行存款　　80 000

【例4-14】 承[例4-13]，无锡市弘毅股份有限公司为增值税一般纳税人，收到该钢厂发运来的J材料，已验收入库。取得的增值税专用发票上注明的价款为100 000元，增值税额为13 000元，所欠款项以银行存款付讫。无锡市弘毅股份有限公司采用实际成本进行材料日常核算，应编制如下会计分录：

材料入库时：

借：原材料——J材料　　100 000

　应交税费——应交增值税（进项税额）　　13 000

　贷：预付账款　　113 000

补付货款时：

借：预付账款　　33 000

　贷：银行存款　　33 000

知识点提示

外购材料在运输途中发生短缺和毁损,应根据造成短缺和毁损的原因分别处理:

(1) 定额内的合理损耗,计入材料的采购成本。

(2) 如能确定由供货单位、运输单位、保险公司或其他过失人赔偿的,应向有关单位或责任人索赔,自“在途物资”科目转入“应付账款”或“其他应收款”科目。

(3) 如系尚待查明原因或需报经批准才能转销处理的损失,应先从“在途物资”科目转入“待处理财产损溢”科目,查明原因后再分别处理:应由供货单位、运输单位、保险公司或其他过失人赔偿的损失,从“待处理财产损溢”科目转入“应付账款”或“其他应收款”科目;属于自然灾害造成的损失,应将扣除保险公司赔偿和残料价值后的净损失,从“待处理财产损溢”科目转入“营业外支出”科目;属于无法收回的其他损失,报经批准后,从“待处理财产损溢”科目转入“管理费用”科目。

(4) 由于管理不善而毁损的材料所负担的增值税进项税额按规定不准予抵扣,应予以转出,随同“在途物资”科目转入相应科目。

(2) 接受投资者投入原材料。企业接受投资者投入原材料时,应按投资合同或协议约定的价值(合同或协议约定价值不公允的除外)确定材料实际成本,借记“原材料”“应交税费”等科目,贷记“实收资本”(或“股本”)等科目。

【例 4-15】 2020 年 9 月 15 日,无锡市弘毅股份有限公司接受腾达公司投入的甲材料一批,已验收入库。双方协议约定的价值为 30 000 元,增值税进项税额为 3 900 元。

无锡市弘毅股份有限公司根据投资方提供的增值税专用发票、收料单、合同或协议复印件等编制如下会计分录:

借:原材料——甲材料	30 000	
应交税费——应交增值税(进项税额)	3 900	
贷:实收资本——腾达公司		33 900

(3) 接受捐赠原材料。企业接受捐赠原材料,应按捐赠方提供的发票上注明的金额或按市价或同类类似存货的市场价格的估计金额,加上支付的相关税费(不包含准予抵扣的进项税额)作为材料的实际成本,借记“原材料”“应交税费”等科目,贷记“营业外收入”等科目。

【例 4-16】 2020 年 9 月 20 日,无锡市弘毅股份有限公司接受华海公司捐赠的 999 钢材 2 吨,材料已验收入库。华海公司提供的增值税专用发票上注明的价款为 40 000 元,增值税为 5 200 元。华海公司另开出转账支票支付运杂费 600 元。

无锡市弘毅股份有限公司根据增值税专用发票、转账支票存根等编制如下会计分录:

借:原材料——999 钢材	40 600	
应交税费——应交增值税(进项税额)	5 200	
贷:营业外收入		45 200
银行存款		600

知识点提示

存货成本的构成如图表 4-10 所示。

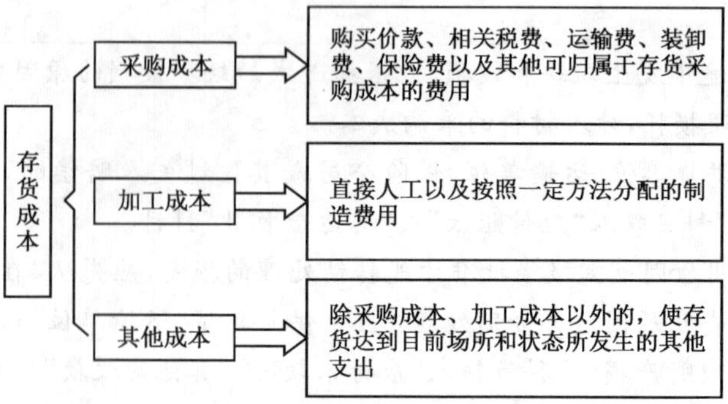

图表 4-10　存货成本的构成

存货成本要素的判断如图表 4-11 所示。

图表 4-11　　　　存货成本要素的判断

情况	是否计入存货成本
进口原材料支付的关税	√
存货采购过程中的运输费用	√ 【提示】销售存货运费计入销售费用
存货采购过程中的保险费	√
存货入库前的挑选整理费	√
运输途中的合理损耗	√
存货采购过程中的装卸费	√
生产产品过程中发生的制造费用	√
为特定客户设计产品发生的可直接确定的设计费	√ 【提示】正常产品设计费计入当期损益
存货入库后发生的储存费用(不包括在生产过程中为达到下一个阶段所必需的存储费用)	× 【提示】计入管理费用
管理不善导致原材料的净损失	× 【提示】计入管理费用
自然灾害等非常损失原因造成的原材料的净损失	× 【提示】计入营业外支出

2. 实际成本法下发出原材料的核算

发出存货可以采用实际成本核算，也可以采用计划成本核算。

如果采用实际成本核算，则发出存货成本的计算要在先进先出法、月末一次加权平均法、移动加权平均法、个别计价法等方法中作出选择。

如果采用计划成本核算，会计期末要对存货计划成本和实际成本之间的差异进行单独核算，最终将计划成本调整为实际成本。(此处详见原材料计划成本法部分)

企业发出材料的业务一般较多且频繁，为简化日常核算工作，通常在月末根据实际成本计价的发料凭证(领料单)，按照领料部门和用途，汇总编制“发料凭证汇总表”，并据以编制记账凭证，将发出材料成本计入相关资产的成本或当期损益，借记“生产成本”“制造费用”

“管理费用”“委托加工物资”“在建工程”等科目，贷记“原材料”科目。实际成本发下原材料发出相关的会计分录如下：

（1）用于生产经营：

借：生产成本（直接材料成本）
　　制造费用（间接材料成本）
　　销售费用（销售部门消耗）
　　管理费用（行政部门消耗）
　　在建工程（工程项目消耗）
　　研发支出（研发环节消耗）
　　委托加工物资（发出加工材料）
　　贷：原材料

（2）用于出售：

借：其他业务成本
　　贷：原材料

【例 4-17】 无锡市弘毅股份有限公司根据 K 材料发料凭证汇总表，1 月份基本生产车间领用 500 000 元，辅助生产车间领用 40 000 元，车间管理部门领用 5 000 元，企业行政管理部门领用 4 000 元，销售机构领用 400 元，出售材料 600 元，合计 550 000 元。

借：生产成本——基本生产成本　　500 000
　　　　　　——辅助生产成本　　40 000
　　制造费用　　5 000
　　管理费用　　4 000
　　销售费用　　400
　　其他业务成本　　600
　　贷：原材料——K 材料　　550 000

三、原材料按计划成本计价的核算

（一）原材料核算应设置的会计科目

材料采用计划成本核算时，材料的收入、发出及结存，无论总分类核算还是明细分类核算，均按照计划成本计价。使用的会计科目有“原材料”“材料采购”“材料成本差异”等。材料实际成本与计划成本的差异，通过“材料成本差异”科目核算。月末，计算本月发出材料应负担的成本差异并进行分摊，根据领用材料的用途计入相关资产的成本或者当期损益，从而将发出材料的计划成本调整为实际成本。

“原材料”科目用于核算库存各种材料的收入、发出与结存情况。在采用计划成本核算材料时，“原材料”科目的借方登记入库材料的计划成本，贷方登记发出材料的计划成本，期末余额在借方，反映企业库存材料的计划成本。

“材料采购”科目借方登记采购材料的实际成本，贷方登记入库材料的计划成本。借方大于贷方表示超支，从“材料采购”科目贷方转入“材料成本差异”科目的借方；贷方大于借方表示节约，从“材料采购”科目借方转入“材料成本差异”科目的贷方；期末为借方余额，反映企业在途材料的采购成本。

"材料成本差异"科目反映企业已入库的各种材料的实际成本与计划成本的差异,借方登记超支差异及发出材料应负担的节约差异,贷方登记节约差异及发出材料应负担的超支差异。期末如为借方余额,反映企业库存材料的实际成本大于计划成本的差异(即超支差异);如为贷方余额,反映企业库存材料实际成本小于计划成本的差异(即节约差异)。

(二) 原材料计划成本法下的账务处理

1. 计划成本法下取得原材料的核算

1) 购入材料

(1) 货款已经支付,同时材料验收入库。

【例 4-18】 无锡市弘毅股份有限公司为增值税一般纳税人,购入 L 材料一批,增值税专用发票上注明的价款为 3 000 000 元,增值税额为 390 000 元,发票账单已收到,计划成本为 3 200 000 元,已验收入库,全部款项以银行存款支付。无锡市弘毅股份有限公司采用计划成本进行材料日常核算,应编制如下会计分录:

借:材料采购——L 材料	3 000 000	
应交税费——应交增值税(进项税额)	390 000	
贷:银行存款		3 390 000

同时:

借:原材料——L 材料	3 200 000	
贷:材料采购——L 材料		3 000 000
材料成本差异——L 材料		200 000

在本例中,L 材料的实际成本为 3 000 000 元,计划成本为 3 200 000 元,实际成本小于计划成本 200 000 元(为节约差异),应记入"材料成本差异"科目的贷方。

在计划成本法下,购入的材料无论是否验收入库,都要先通过"材料采购"科目进行核算,以反映企业所购材料的实际成本,从而与"原材料"科目相比较,计算确定材料差异成本。

(2) 货款已经支付,材料尚未验收入库。

【例 4-19】 无锡市弘毅股份有限公司为增值税一般纳税人,采用汇兑结算方式购入 Ml 材料一批,增值税专用发票上注明的价款为 200 000 元,增值税额为 26 000 元,发票账单已收到,计划成本为 180 000 元,材料尚未入库,款项已用银行存款支付。乙公司采用计划成本进行材料日常核算,应编制如下会计分录:

借:材料采购——Ml 材料	200 000	
应交税费——应交增值税(进项税额)	26 000	
贷:银行存款		226 000

本例中,由于无锡市弘毅股份有限公司的 M1 材料还没有验收入库,因此,不应借记"原材料"科目,同时也不计算材料成本差异。

(3) 货款尚未支付,材料已经验收入库。

【例 4-20】 无锡市弘毅股份有限公司为增值税一般纳税人,采用商业承兑汇票支付方式购入 M2 材料一批,增值税专用发票上注明的价款为 500 000 元,增值税额为 65 000 元,发票账单已收到,计划成本 490 000 元,材料已验收入库。无锡市弘毅股份有限公司采用计划成本进行材料日常核算，应编制如下会计分录：

借：材料采购——M2 材料　　500 000
　　应交税费——应交增值税（进项税额）　　65 000
　　贷：应付票据　　565 000

同时：

借：原材料——M2 材料　　490 000
　　材料成本差异——M2 材料　　10 000
　　贷：材料采购——M2 材料　　500 000

在本例中，M2 材料的实际成本为 500 000 元，计划成本为 490 000 元，实际成本大于计划成本 10 000 元（为超支差异），应记入“材料成本差异”科目的借方。

【例 4-21】 无锡市弘毅股份有限公司为增值税一般纳税人，购入 M3 材料一批，材料已验收入库，发票账单未到，月末应按照计划成本 600 000 元估价入账。无锡市弘毅股份有限公司采用计划成本进行材料日常核算，应编制如下会计分录：

借：原材料　　600 000
　　贷：应付账款——暂估应付账款　　600 000

下月初，用红字冲销原暂估入账金额：

借：原材料　　[600 000]
　　贷：应付账款——暂估应付账款　　[600 000]

在这种情况下，对于尚未收到发票账单的收料凭证，月末应按计划成本暂估入账，借记“原材料”等科目，贷记“应付账款——暂估应付账款”科目，下月初，用红字予以冲回，借记“原材料”科目（红字），贷记“应付账款——暂估应付账款”科目（红字）。

企业购入验收入库的材料，按计划成本，借记“原材料”科目，贷记“材料采购”科目，按实际成本大于计划成本的差异，借记“材料成本差异”科目，贷记“材料采购”科目；实际成本小于计划成本的差异，借记“材料采购”科目，贷记“材料成本差异”科目。在实务中，企业也可以集中在月末一次性对本月已付款或已开出并承兑商业汇票的入库材料汇总核算，记入“原材料”科目，同时结转材料成本差异。

【例 4-22】 承[例 4-18]和[例 4-20]，假设月末，无锡市弘毅股份有限公司汇总本月已付款或已开出并承兑商业汇票的入库材料的计划成本 3 690 000 元（3 200 000＋490 000）。无锡市弘毅股份有限公司采用计划成本进行材料日常核算，应编制如下会计分录：

（1）结转原材料成本时：

借：原材料——L 材料　　3 200 000
　　　　　——M2 材料　　490 000
　　贷：材料采购——L 材料　　3 200 000
　　　　　　　　——M2 材料　　490 000

（2）结转材料成本差异时：

上述入库材料的实际成本为 3 500 000 元（3 000 000＋500 000）。入库材料的成本差异为节约 190 000 元（3 500 000－3 690 000）。

借：材料采购——L 材料　200 000
　　材料成本差异——M2 材料　10 000
　　贷：材料成本差异——L 材料　200 000
　　　　材料采购——M2 材料　10 000

或将上述会计分录(1)和(2)由两个会计分录合并为一个会计分录：

借：原材料——L 材料　3 200 000
　　　　——M2 材料　490 000
　　材料成本差异——M2 材料　10 000
　　贷：材料采购——L 材料　3 000 000
　　　　　　——M2 材料　500 000
　　　　材料成本差异——L 材料　200 000

2）发出材料

在企业采用计划成本对材料进行日常核算的情况下，企业发出材料同样也主要有以下几种情形：①生产经营领用材料，企业按照领用材料的用途，借记“生产成本”“制造费用”“销售费用”“管理费用”等科目，贷记“原材料”科目；②出售材料结转成本，借记“其他业务成本”科目，贷记“原材料”科目；③发出委托外单位加工的材料，借记“委托加工物资”科目，贷记“原材料”科目。

在实务中，为了简化核算，企业通常在月末，根据领料单等编制“发料凭证汇总表”结转发出材料的计划成本，按计划成本分别记入“生产成本”“制造费用”“销售费用”“管理费用”“其他业务成本”“委托加工物资”等科目，贷记“原材料”科目，同时结转材料成本差异。

【例 4-23】 无锡市弘毅股份有限公司为增值税一般纳税人，根据“发料凭证汇总表”的记录，某月 L 材料的消耗(计划成本)为：基本生产车间领用 2 000 000 元，辅助生产车间领用 600 000 元，车间管理部门领用 250 000 元，企业行政管理部门领用 50 000 元。乙公司采用计划成本进行材料日常核算，应编制如下会计分录：

借：生产成本——基本生产成本　2 000 000
　　　　——辅助生产成本　600 000
　　制造费用　250 000
　　管理费用　50 000
　　贷：原材料——L 材料　2 900 000

根据《企业会计准则第 1 号——存货》的规定，企业日常采用计划成本核算的，发出的材料成本应由计划成本调整为实际成本，通过“材料成本差异”科目进行结转，按照所发出材料的用途，分别记入“生产成本”“制造费用”“销售费用”“管理费用”“其他业务成本”“委托加工物资”等科目。发出材料应负担的成本差异应当按期(月)分摊，不得在季末或年末一次计算。

$$\text{本期材料成本差异率}=\left(\text{期初结存材料的成本差异}+\text{本期验收入库材料的成本差异}\right)\div\left(\text{期初结存材料的计划成本}+\text{本期验收入库材料的计划成本}\right)\times 100\%$$

发出材料应负担的成本差异＝发出材料的计划成本×本期材料成本差异率

期末结存材料的实际成本＝期末材料的计划成本×(1＋材料成本差异率)

如果企业的材料成本差异率各期之间是比较均衡的，也可以采用期初材料成本差异率分摊本期的材料成本差异。年度终了，应对材料成本差异率进行核实调整。

期初材料成本差异率＝期初结存材料的成本差异÷期初结存材料的计划成本×100％

发出材料应负担的成本差异＝发出材料的计划成本×期初材料成本差异率

节约差异用负号反映，超支差异用正号反映。

【例 4-24】 承[例 4-18][例 4-23]，无锡市弘毅股份有限公司为增值税一般纳税人，某月初结存L材料的计划成本为 1 000 000 元，成本差异为超支 30 740 元；当月入库L材料的计划成本 3 200 000 元，成本差异为节约 200 000 元。则：

材料成本差异率＝(30 740－200 000)÷(1 000 000＋3 200 000)×100％＝－4.03％

结转发出材料的成本差异，应编制如下会计分录：

借：材料成本差异——L材料	116 870	
贷：生产成本——基本生产成本		80 600
——辅助生产成本		24 180
制造费用		10 075
管理费用		2 015

本例中，基本生产成本应分摊的材料成本差异节约额为 80 600 元(2 000 000×4.03％)，辅助生产成本应分摊的材料成本差异节约额为 24 180 元(600 000×4.03％)，制造费用应分摊的材料成本差异节约额为 10 075 元(250 000×4.03％)，管理费用应分摊的材料成本差异节约额为 2 015 元(50 000×4.03％)。

任务三 周转材料的核算

任务导入

学习了原材料的核算后，今天仓库里面运来了一批包装箱。看着包装箱，会计王丽问师傅这些东西是不是也按照原材料进行会计核算，师傅回答这些是周转材料。于是王丽就在师傅的指导下开始学习关于周转材料有关的账务处理。

任务要求

1. 了解周转材料的具体内容
2. 了解包装物的账务处理
3. 了解低值易耗品的账务处理

知识点介绍

一、周转材料的具体内容

周转材料，是指企业能够多次使用，不符合固定资产定义，逐渐转移其价值但仍保持原有形态，不确认为固定资产的材料。企业的周转材料包括包装物和低值易耗品。

包装物和低值易耗品都是属于周转材料的具体核算内容，其所涉及的“包装物”以及“低值易耗品”现行准则规定都是属于“周转材料”核算科目的二级科目，包装物和低值易耗品不单独设置一级会计核算科目。

二、包装物的概念及其账务处理

（一）包装物的概念

包装物，是指为了包装本企业商品而储备的各种包装容器，如桶、箱、瓶、坛、袋等，具体包括：

（1）生产过程中用于包装产品作为产品组成部分的包装物。

（2）随同商品出售不单独计价的包装物。

（3）随同商品出售单独计价的包装物。

（4）出租或出借给购货单位使用的包装物。

（二）包装物的账务处理

为了反映和监督包装物的增减变动及其价值损耗、结存等情况，企业应当设置“周转材料——包装物”科目进行核算。借方登记包装物的增加，贷方登记包装物的减少，期末余额在借方，通常反映企业期末结存包装物的金额。

对于生产领用包装物，应根据领用包装物的实际成本或计划成本。借记“生产成本”科目，贷记“周转材料——包装物”“材料成本差异”（采用计划成本核其时使用该科目）等科目。随同商品出售而不单独计价的包装物，应于包装物发出时，按其实际成本计入销售费用，借记“销售费用”科目，贷记“周转材料——包装物”等科目。随同商品出售而单独计价的包装物，一方面应反映其销售收入，记入“其他业务成本”科目的贷方；另一方面应反映其实际销售成本，记入“其他业务成本”科目的借方。多次使用的包装物应当根据使用次数分次进行摊销，有关分次摊销法的案例参见[例 4-28]。

1. 生产领用包装物

生产领用包装物，应当按照领用包装物的实际成本，借记“生产成本”科目，按照领用包装物的计划成本，贷记“周转材料——包装物”科目，按照其差额，借记或贷记“材料成本差异”科目。

【例 4-25】 无锡市弘毅股份有限公司为增值税一般纳税人，对包装物采用计划成本核算，某月生产产品领用包装物的计划成本为 100 000 元，材料成本差异率为−3%。应编制如下会计分录：

借：生产成本	97 000	
材料成本差异	3 000	
贷：周转材料——包装物		100 000

在本例中，借记“生产成本”科目反映生产产品领用包装物而增加的生产成本，其金额为生产产品领用包装物的实际成本；由于采用计划成本核算包装物，贷记“周转材料”科目反映由于生产产品领用而减少的包装物的计划成本，生产产品领用包装物的实际成本与计划成本之间的差异即材料成本差异，通过“材料成本差异”科目进行反映，本例中，由于是节约差

异，因此，借记“材料成本差异”科目。如果采用实际成本核算包装物，则“生产成本”科目和“周转材料”科目均反映包装物的实际成本，由于不存在成本差异，因此不需要设置“材料成本差异”科目，也不需要结转材料成本差异。

2. 随同商品出售包装物

随同商品出售包装物具体包括两种情形，其账务处理不尽相同。

(1) 随同商品出售而不单独计价的包装物，应按其实际成本计入销售费用，借记“销售费用”科目，按其计划成本，贷记“周转材料——包装物”科目，按其差额，借记或贷记“材料成本差异”科目。

【例 4-26】 无锡市弘毅股份有限公司为增值税一般纳税人，对包装物采用计划成本核算，某月销售商品领用不单独计价包装物的计划成本为 50 000 元，材料成本差异率为 3%。应编制如下会计分录：

借：销售费用　　51 500
　贷：周转材料——包装物　　50 000
　　材料成本差异　　1 500

在本例中，借记“销售费用”科目反映由于销售商品领用不单独计价包装物而增加的销售费用，其金额为所领用包装物的实际成本；由于采用计划成本核算包装物，贷记“周转材料”科目反映由于销售商品领用而减少的包装物的计划成本，销售商品领用不单独计价包装物的实际成本与计划成本之间的差异，即材料成本差异，通过“材料成本差异”科目进行反映。本例中，由于是超支差异，因此，贷记“材料成本差异”科目。如果采用实际成本核算包装物，则“销售费用”科目和“周转材料”科目均反映包装物的实际成本，由于不存在成本差异，因此不需要设置“材料成本差异”科目，也不需要结转材料成本差异。

(2) 随同商品出售而单独计价的包装物，按照实际取得的金额，借记“银行存款”等科目，按照其销售收入，贷记“其他业务收入”科目，按照增值税专用发票上注明的增值税销项税额，贷记“应交税费——应交增值税(销项税额)”科目；同时，结转所销售包装物的成本，应按其实际成本计入其他业务成本，借记“其他业务成本”科目，按其计划成本，贷记“周转材料——包装物”科目，按其差额，借记或贷记“材料成本差异”科目。

【例 4-27】 无锡市弘毅股份有限公司为增值税一般纳税人，对包装物采用计划成本核算，某月销售商品领用单独计价包装物的计划成本为 80 000 元，销售收入为 100 000 元，取得的增值税专用发票上注明的增值税额为 13 000 元，款项已存入银行。该包装物的材料成本差异率为 −3%。应编制如下会计分录：

(1) 出售单独计价包装物时：

借：银行存款　　113 000
　贷：其他业务收入　　100 000
　　应交税费——应交增值税(销项税额)　　13 000

(2) 结转所售单独计价包装物的成本：

借：其他业务成本　　77 600
　材料成本差异　　2 400
　贷：周转材料——包装物　　80 000

在本例中，借记“其他业务成本”科目反映由于销售商品领用单独计价包装物而增加的其他业务成本，其金额为所领用包装物的实际成本；由于采用计划成本核算包装物，贷记“周转材料”科目反映由于销售商品领用而减少的包装物的计划成本，销售商品领用单独计价包装物的实际成本与计划成本之间的差异，即材料成本差异，通过“材料成本差异”科目进行反映。本例中，由于是节约差异，因此，借记“材料成本差异”科目。如果采用实际成本核算包装物，则“其他业务成本”科目和“周转材料”科目均反映包装物的实际成本，由于不存在成本差异，因此不需要设置“材料成本差异”科目，也不需要结转材料成本差异。

三、低值易耗品的内容及其账务处理

（一）低值易耗品的内容

作为存货核算和管理的低值易耗品，一般划分为一般工具、专用工具、替换设备、管理用具、劳动保护用品和其他用具等。

（二）低值易耗品的账务处理

为了反映和监督低值易耗品的增减变动及其结存情况，企业应当设置“周转材料——低值易耗品”科目，借方登记低值易耗品的增加，贷方登记低值易耗品的减少，期末余额在借方，通常反映企业期末结存低值易耗品的金额。

低值易耗品等企业的周转材料符合存货定义和条件的，按照使用次数分次计入成本费用。金额较小的，可在领用时一次计入成本费用，但为加强实物管理，应当在备查簿上进行登记。

采用分次摊销法摊销低值易耗品，低值易耗品在领用时摊销其账面价值的单次平均摊销额。分次摊销法适用于可供多次反复使用的低值易耗品。在采用分次摊销法的情况下，需要单独设置“周转材料——低值易耗品——在用”“周转材料——低值易耗品——在库”和“周转材料——低值易耗品——摊销”明细科目。

【例 4-28】 无锡市弘毅股份有限公司为增值税一般纳税人，对低值易耗品采用实际成本核算，某月基本生产车间领用专用工具一批，实际成本为 100 000 元，不符合固定资产定义，采用分次摊销法进行摊销。该专用工具的估计使用次数为 2 次。应编制如下会计分录：

领用专用工具时：

借：周转材料——低值易耗品——在用	100 000	
贷：周转材料——低值易耗品——在库		100 000

第一次领用时摊销其价值的一半：

借：制造费用	50 000	
贷：周转材料——低值易耗品——摊销		50 000

第二次领用时摊销其价值的一半：

借：制造费用	50 000	
贷：周转材料——低值易耗品——摊销		50 000

同时：

借：周转材料——低值易耗品——摊销 100 000

贷：周转材料——低值易耗品——在用 100 000

在本例中，由于采用实际成本核算，需要说明的，一是在领用低值易耗品时，应在“周转材料——低值易耗品”明细科目中进行明细结转，由“在库”转为“在用”；二是在第二次摊销低值易耗品时，由于已经全部摊销完毕，因此，需要将“周转材料——低值易耗品”明细科目中的“摊销”明细科目的贷方余额与“在用”明细科目的借方余额进行抵销，从而结平“周转材料——低值易耗品”明细科目的余额，使其余额为0，从而既保证记账平衡，又保证账实相符，与低值易耗品已经通过两次领用实现摊销完毕的事实相一致。

【例4-29】 承[例4-28]，假设无锡市弘毅股份有限公司对低值易耗品采用计划成本核算，某月基本生产车间领用专用工具一批，实际成本为101 000元，计划成本为100 000元，不符合固定资产定义，采用分次摊销法进行摊销、该专用工具的估计使用次数为2次，该专用工具的材料成本差异率为1%。应编制如下会计分录：

(1) 领用专用工具时：

借：周转材料——低值易耗品——在用 100 000

贷：周转材料——低值易耗品——在库 100 000

(2) 第一次领用时摊销其价值的一半：

借：制造费用 50 000

贷：周转材料——低值易耗品——摊销 50 000

同时：

借：制造费用 500

贷：材料成本差异——低值易耗品 500

(3) 第二次领用时摊销其价值的一半：

借：制造费用 50 000

贷：周转材料——低值易耗品——摊销 50 000

同时：

借：制造费用 500

贷：材料成本差异——低值易耗品 500

借：周转材料——低值易耗品——摊销 100 000

贷：周转材料——低值易耗品——在用 100 000

在本例中，由于采用计划成本核算，需要进行以下说明：一是在领用低值易耗品时，应在“周转材料——低值易耗品”明细科目中进行明细结转，由“在库”转为“在用”；二是在每次领用低值易耗品按照计划成本摊销的同时，也还应结转材料成本差异，从而将领用低值易耗品的计划成本调整为实际成本；三是在第二次摊销低值易耗品时，由于已经全部摊销完毕，因此，需要将“周转材料——低值易耗品”明细科目中的“摊销”明细科目的贷方余额与“在用”明细科目的借方余额进行抵销，从而结平“周转材料——低值易耗品”明细科目的余额，使其余额为0，从而既保证记账平衡，又保证账实相符，与低值易耗品已经通过两次领用实现摊销完毕的事实相一致。

任务四　委托加工物资的核算

任务导入

由于公司生产能力有限，生产部门决定将一批材料运往其他工厂进行加工。会计王丽之前从来没有操作过该类业务，便向师傅请教，师傅让王丽按照委托加工物资业务进行相应账务处理，于是王丽在师傅的带领下对委托加工物资业务的账务处理进行了专门的学习。

任务要求

1. 了解委托加工物资的具体内容
2. 了解委托加工物资的账务处理

知识点介绍

一、委托加工物资的具体内容

委托加工物资是指企业委托外单位加工的各种材料、商品等物资。

企业委托外单位加工物资的成本包括加工中实际耗用物资的成本、支付的加工费用及应负担的运杂费、支付的税费等。

委托加工物资业务必须由委托方提供主要原料，次要的辅料可以由受托方提供，这是委托加工物资业务最主要的特征。

二、委托加工物资的账务处理

为了反映和监督委托加工物资增减变动及其结存情况，企业应当设置“委托加工物资”科目，借方登记委托加工物资的实际成本，贷方登记加工完成验收入库的物资的实际成本和剩余物资的实际成本，期末余额在借方，反映企业尚未完工的委托加工物资的实际成本等。委托加工物资也可以采用计划成本或售价进行核算，其方法与库存商品相似。其账户结构如图表 4-12 所示。

委托加工物资	
① 耗用物资的实际成本 ② 支付的加工费、运杂费等 ③ 受托方代收代缴的消费税 （收回后直接出售）	收回委托加工物资的实际成本

图表 4-12　“委托加工物资”科目的账户结构

（一）发出物资

【例 4-30】　无锡市弘毅股份有限公司对材料和委托加工物资采用计划成本核算，某月委托某量具厂加工一批量具，发出材料的计划成本为70 000元，材料成本差异率为4%。该公司应编制如下会计分录：

借：委托加工物资　　72 800
　贷：原材料　　70 000
　　材料成本差异——××材料　　2 800

需要说明的是，企业向外单位发出加工物资时，如果采用计划成本或售价核算的，还应同时结转材料成本差异或商品进销差价，贷记或借记"材料成本差异"科目，或借记"商品进销差价"科目。

(二) 支付加工费、运费等

【例4-31】 承[例4-30]，无锡市弘毅股份有限公司为增值税一般纳税人，以银行存款支付相关运费1 000元，增值税专用发票上注明的增值税额为90元。应编制如下会计分录：

借：委托加工物资　　1 000
　应交税费——应交增值税(进项税额)　　90
　贷：银行存款　　1 090

需要说明的是，企业向外单位发出加工物资支付的运费：一是计入委托加工物资的成本，借记"委托加工物资"科目；二是将支付的、可抵扣的增值税进项税额，记入"应交税费——应交增值税(进项税额)"科目单独核算。

【例4-32】 承[例4-30]和[例4-31]，无锡市弘毅股份有限公司为增值税一般纳税人，以银行存款支付上述量具的加工费用20 000元，增值税专用发票上注明的增值税额为2 600元。应编制如下会计分录：

借：委托加工物资　　20 000
　应交税费——应交增值税(进项税额)　　2 600
　贷：银行存款　　22 600

(三) 加工完成验收入库

【例4-33】 承[例4-30][例4-31][例4-32]，无锡市弘毅股份有限公司为增值税一般纳税人，收回由某量具厂(为增值税一般纳税人)代加工的量具，以银行存款支付运费3 000元，增值税专用发票上注明的增值税额为270元。该量具已验收入库，其计划成本为98 000元。应编制如下会计分录：

(1) 支付运费时：

借：委托加工物资　　3 000
　应交税费——应交增值税(进项税额)　　270
　贷：银行存款　　3 270

(2) 量具入库时：

借：周转材料——低值易耗品　　98 000
　贷：委托加工物资　　96 800
　　材料成本差异——××量具　　1 200

本例中，加工完成的委托加工物资的实际成本为96 800元[(72 800+1 000)+20 000+

3 000],计划成本为 98 000 元,成本差异为－1 200 元,(96 800－98 000)为节约差异,记入"材料成本差异"科目的贷方。

【例 4-34】 无锡市弘毅股份有限公司为增值税一般纳税人,委托丁公司(为增值税一般纳税人)加工产品一批 100 000 件,有关经济业务资料如下:

(1) 1 月 20 日,发出材料一批,计划成本为 6 000 000 元,材料成本差异率为－3%。应编制如下会计分录:

① 发出委托加工材料时:

借:委托加工物资　　6 000 000
　贷:原材料　　6 000 000

② 结转发出材料应分摊的材料成本差异时:

借:材料成本差异　　180 000
　贷:委托加工物资　　180 000

(2) 2 月 20 日,支付商品加工费 120 000 元,增值税专用发票上注明的增值税额为 15 600 元。应编制如下会计分录:

借:委托加工物资　　120 000
　应交税费——应交增值税(进项税额)　　15 600
　贷:银行存款　　135 600

(3) 3 月 4 日,用银行存款支付往返运费 10 000 元,增值税专用发票上注明的增值税额为 900 元。

借:委托加工物资　　10 000
　应交税费——应交增值税(进项税额)　　900
　贷:银行存款　　10 900

(4) 3 月 5 日,上述商品 100 000 件(每件计划成本为 59 元)加工完毕,无锡市弘毅股份有限公司已办理验收入库手续。

借:库存商品　　5 900 000
　产品成本差异　　50 000
　贷:委托加工物资　　5 950 000

本例中,加工完成的委托加工物资的实际成本为 5 950 000 元[(6 000 000－180 000)＋120 000＋10 000],计划成本为 5 900 000 元(100 000×59),成本差异为 50 000 元(5 950 000－5 900 000),为超支差异,借记"产品成本差异"科目。

需要注意的是,需要交纳消费税的委托加工物资,由受托方代收代缴的消费税,收回后用于直接销售的,记入"委托加工物资"科目;收回后用于继续加工的,记入"应交税费——应交消费税"科目。

知识点提示

(1) 如果以计划成本核算,在发出委托加工物资时,同时结转发出材料应负担的材料成本差异。收回委托加工物资时,应视同材料购入结转采购形成的材料成本差异。

(2) 应计入委托加工物资成本的税金如图表 4-13 所示。

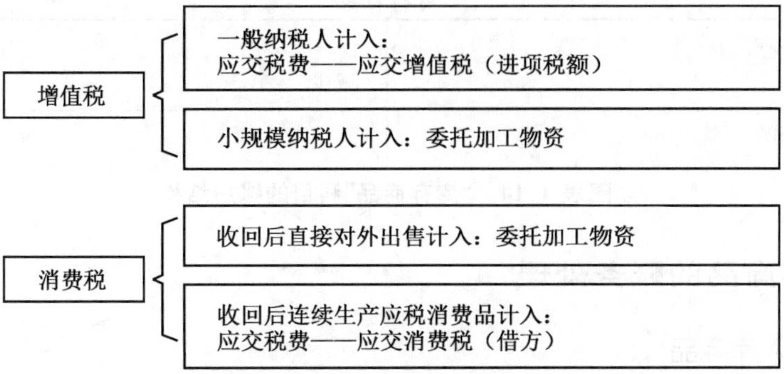

图表 4-13 委托加工业务中的增值税以及消费税

任务五 库存商品的核算

任务导入

今天有一批产品生产完成刚刚入库，仓库管理员拿来一叠完工入库单，王丽看着这些单据感到无从下手，师傅上前指导说作库存商品入库处理。于是，在师傅的指导下，王丽对库存商品的账务处理进行了认真的学习。

任务要求

1. 了解库存商品的具体内容
2. 掌握库存商品的账务处理

知识点介绍

一、库存商品的具体内容

库存商品是指企业完成全部生产过程并已验收入库、合乎标准规格和技术条件，可以按照合同规定的条件送交订货单位，也可以作为商品对外销售的产品以及外购或委托加工完成验收入库用于销售的各种商品。

库存商品具体包括库存产成品、外购商品、存放在门市部准备出售的商品、发出展览的商品、寄存在外的商品、接受来料加工制造的代制品和为外单位加工修理的代修品等。已完成销售手续但购买单位在月末未提取的产品，不应作为企业的库存商品，而应作为代管商品处理，单独设置“代管商品”备查簿进行登记。

为了反映和监督库存商品的增减变动及其结存情况，企业应当设置“库存商品”科目，借方登记验收入库的库存商品成本，贷方登记发出的库存商品成本，期末余额在借方，反映各种库存商品的实际成本。其账户的结构如图表 4-14 所示。

借	库存商品	贷
期初余额 增加	减少	
期末余额		

图表 4-14 “库存商品”科目的账户结构

二、库存商品的账务处理

(一) 验收入库商品

对于库存商品采用实际成本核算的企业，当产品完成生产并验收入库时，应按实际成本，借记“库存商品”科目，贷记“生产成本——基本生产成本”科目。

【例 4-35】 无锡市弘毅股份有限公司“商品入库汇总表”记载，某月已验收入库 Y 产品 1 000 台，实际单位成本 5 000 元，共计 5 000 000 元；Z 产品 2 000 台，实际单位成本 1 000 元，共计 2 000 000 元。应编制如下会计分录：

借：库存商品——Y 产品　　5 000 000
　　　　　——Z 产品　　2 000 000
　贷：生产成本——基本生产成本——Y 产品　　5 000 000
　　　　　　——基本生产成本——Z 产品　　2 000 000

(二) 发出商品

企业销售商品、确认收入的同时，应结转销售成本，借记“主营业务成本”等科目，贷记“库存商品”科目。

【例 4-36】 无锡市弘毅股份有限公司月末汇总的发出商品中，当月已实现销售的 Y 产品有 500 台，Z 产品有 1 500 台。该月 Y 产品实际单位成本 5 000 元，Z 产品实际单位成本 1 000 元。在结转其销售成本时，应编制如下会计分录：

借：主营业务成本　　4 000 000
　贷：库存商品——Y 产品　　2 500 000
　　　　　　——Z 产品　　1 500 000

商品流通企业购入的商品可以采用进价或售价核算。采用售价核算的，商品售价和进价的差额，可通过“商品进销差价”科目核算。月末，应分摊已销商品的进销差价，将已销商品的销售成本调整为实际成本，借记“商品进销差价”科目，贷记“主营业务成本”科目。

商品流通企业的库存商品还可以采用毛利率法和售价金额核算法进行日常核算。

1. 毛利率法

毛利率法是指根据本期销售净额乘以上期实际（或本期计划）毛利率匡算本期销售毛利，并据以计算发出存货和期末存货成本的一种方法。其计算公式如下：

毛利率＝销售毛利÷销售额×100％
销售净额＝商品销售收入－销售退回与折让
销售毛利＝销售额×毛利率

销售成本＝销售额－销售毛利

期末存货成本＝期初存货成本＋本期购货成本－本期销售成本

这一方法是商品流通企业，尤其是商业批发企业常用的计算本期商品销售成本和期末库存商品成本的方法。商品流通企业由于经营商品的品种繁多，如果分品种计算商品成本，工作量将大大增加，而且一般来讲，商品流通企业同类商品的毛利率大致相同。采用这种存货计价方法既能减轻工作量，也能满足对存货管理的需要。

【例 4-37】 某商场采用毛利率法进行核算，2020 年 4 月 1 日针织品库存余额 18 000 000 元，本月购进 30 000 000 元，本月销售收入 34 000 000 元，上季度该类商品毛利率为 25%。本月已销商品和月末库存商品的成本计算如下：

销售毛利＝34 000 000×25%＝8 500 000(元)

本月销售成本＝34 000 000－8 500 000＝25 500 000(元)

月末库存商品成本＝18 000 000＋30 000 000－25 500 000＝22 500 000(元)

2. 售价金额核算法

售价金额核算法是指平时商品的购入、加工收回、销售均按售价记账，售价与进价的差额通过“商品进销差价”科目核算，期末计算进销差价率和本期已销售商品应分摊的进销差价，并据以调整本期销售成本的一种方法。其计算公式如下：

$$\text{商品进销差价率}=\left(\text{期初库存商品进销差价}+\text{本期购入商品进销差价}\right)\div\left(\text{期初库存商品售价}+\text{本期购入商品售价}\right)\times 100\%$$

本期销售商品应分摊的商品进销差价＝本期商品销售收入×商品进销差价率

本期销售商品的成本＝本期商品销售收入－本期销售商品应分摊的商品进销差价

$$\text{期末结存商品的成本}=\text{期初库存商品的进价成本}+\text{本期购进商品的进价成本}-\text{本期销售商品的成本}$$

如果企业的商品进销差价率各期之间比较均衡，也可以采用上期商品进销差价率分摊本期的商品进销差价。年度终了，应对商品进销差价进行核实调整。

对于从事商业零售业务的企业(如百货公司、超市等)，由于经营的商品种类、品种、规格等繁多，而且要求按商品零售价格标价，采用其他成本计算结转方法均较困难，因此广泛采用这一方法。

【例 4-38】 某商场采用售价金额核算法进行核算，2020 年 7 月期初库存商品的进价成本为 1 000 000 元，售价总额为 1 100 000 元，本月购进该商品的进价成本为 750 000 元，售价总额为 900 000 元，本月销售收入为 1 200 000 元。有关计算如下：

商品进销差价率＝(100 000＋150 000)÷(1 100 000＋900 000)×100%＝12.5%

已销商品应分摊的商品进销差价＝1 200 000×12.5%＝150 000(元)

本期销售商品的实际成本＝1 200 000－150 000＝1 050 000(元)

期末结存商品的实际成本＝1 000 000＋750 000－1 050 000＝700 000(元)

任务六 存货清查的核算

任务导入

今天公司组织大家进行大盘点，会计王丽走进车间和仓库后，面对这么多的存货，对进行盘点着实感到有点迷茫，师傅急忙上前指导王丽进行正确的账务处理。于是，在师傅的带领下，王丽开始对存货的清查进行认真的学习。

任务要求

1. 了解存货盘存制度
2. 掌握存货盘盈的账务处理
3. 掌握存货盘亏及毁损的账务处理

知识点介绍

一、存货的盘存制度

存货清查是指通过对存货的实地盘点，确定存货的实有数量，并与其账面结存数核对，以确定存货的实存数与账存数是否相符的一种专门方法。

存货清查的重要环节是盘点存货的实存数量。为了使盘点工作顺利进行，应建立一定的存货盘存制度。一般来说，存货的盘存制度有两种：永续盘存制和实地盘存制。

(一) 永续盘存制

永续盘存制也称账面盘存制，是指通过设置各种存货明细账，对存货的收入与发出逐笔或逐日连续登记，并随时结出账面结存数的方法。采用这种方法时，存货明细账应按每一种品名规格设置。在明细账中，平时要登记各项存货的增加数、减少数，并随时结出账面余额。

在永续盘存制下，账面余额的结出是根据以下公式进行的：

账面期末余额＝账面期初余额＋本期增加额－本期减少额

永续盘存制要求对存货的管理有严格的进出手续，它的优点是：便于加强会计监督，便于随时掌握存货的占用情况及其动态，有利于加强对存货的管理；在这种制度下，还可以将明细账上的结存数与预定的最高和最低库存限额进行比较，以便取得库存不足或积压的详细资料，及时组织库存存货的购销或处理，加速资金周转。其不足之处在于：账簿记录的存货增减变动及结存情况都是根据有关会计凭证登记的，可能发生账实不符的情况，且登记明细账的工作量较大。

(二) 实地盘存制

实地盘存制是指通过设置各种存货明细账，平时在明细账上只登记收入数量，不登记发出数量，期末根据实际盘点数量来确定存货账存数，并据以登记入账的一种方法。

实地盘存制下，各项财产物资的减少数按以下公式确定：

本期减少数＝期初账面余额＋本期增加数－期末实际结存数

实地盘存制的最大优点是：以期末实际盘点数作为账存数倒挤出本期减少(发出)数并登记有关账簿，不会出现账实不符的情况，也可以简化会计核算工作。但也正是由于企业各项财产物资的减少是根据实际盘点出的期末数倒挤出来的，财产物资的出库没有严格的手续，除了正常耗用外，可能还有非正常的损失或丢失。因此，其缺点也十分明显：①在这种方法下，账存数实际上就是实存数，二者之间无法进行控制与核对；②这种清查制度不能随时反映库存存货的收入、发出与结存的动态情况；③由于以存计耗或以存计销倒算耗用成本或销售成本，易将非正常耗用(销售)的存货损耗全部计入正常耗用(销售)成本中，从而削弱了对存货的控制作用，影响了成本计算的正确性。

二、存货盘盈的账务处理

为了反映和监督企业在财产清查中查明的各种存货的盘盈、盘亏和毁损情况，企业应当设置“待处理财产损溢”科目，借方登记存货的盘亏、毁损金额及盘盈的转销金额，贷方登记存货的盘盈金额及盘亏的转销金额。企业清查的各种存货损溢，应在期末结账前处理完毕，期末处理后，“待处理财产损溢”科目应无余额。

企业发生存货盘盈时，借记“原材料”“库存商品”等科目，贷记“待处理财产损溢”科目；按管理权限报经批准后，借记“待处理财产损溢”科目，贷记“管理费用”科目。

【例 4-39】 无锡市弘毅股份有限公司在财产清查中盘盈J材料1 000千克，实际单位成本60元，经查属于材料收发计量方面的错误。应编制如下会计分录：

(1) 批准处理前：

借：原材料	60 000	
贷：待处理财产损溢		60 000

(2) 批准处理后：

借：待处理财产损溢	60 000	
贷：管理费用		60 000

三、存货盘亏及毁损的账务处理

企业发生存货盘亏及毁损时，借记“待处理财产损溢”科目，贷记“原材料”“库存商品”等科目。在按管理权限报经批准后应作如下账务处理：对于入库的残料价值，记入“原材料”等科目；对于应由保险公司和过失人的赔款，记入“其他应收款”科目；扣除残料价值和应由保险公司、过失人赔款后的净损失，属于一般经营损失的部分，记入“管理费用”科目，属于非常损失的部分，记入“营业外支出”科目。

【例 4-40】 无锡市弘毅股份有限公司在财产清查中发现盘亏K材料500千克，实际成本为100 000元，相关增值税专用发票上注明的增值税税额为13 000元。经查系管理不善而造成的丢失，属于一般经营损失。该公司应编制如下会计分录：

(1) 批准处理前：

借：待处理财产损溢　113 000
　贷：原材料　100 000
　　应交税费——应交增值税（进项税额转出）　13 000

（2）批准处理后：

借：管理费用　113 000
　贷：待处理财产损溢　113 000

【例 4-41】 无锡市弘毅股份有限公司在财产清查中发现毁损 L 材料 300 千克，实际成本为 30 000 元，相关增值税专用发票上注明的增值税额为 3 900 元。经查属于材料保管员的过失造成的，按规定由其个人赔偿 20 000 元。应编制如下会计分录：

（1）批准处理前：

借：待处理财产损溢　33 900
　贷：原材料　30 000
　　应交税费——应交增值税（进项税额转出）　3 900

（2）批准处理后：

① 由过失人赔款部分：

借：其他应收款　20 000
　贷：待处理财产损溢　20 000

② 材料毁损净损失：

借：管理费用　13 900
　贷：待处理财产损溢　13 900

【例 4-42】 无锡市弘毅股份有限公司为增值税一般纳税人，因台风造成一批库存材料毁损，实际成本为 70 000 元，相关增值税专用发票上注明的增值税额为 9 100 元。根据保险合同约定，应由保险公司赔偿 50 000 元。应编制如下会计分录：

（1）批准处理前：

借：待处理财产损溢　70 000
　贷：原材料　70 000

（2）批准处理后：

借：其他应收款　50 000
　营业外支出——非常损失　20 000
　贷：待处理财产损溢　70 000

知识点提示

存货盘盈的账务处理如图表 4-15 所示。

图表 4-15　存货盘盈的账务处理

当时	处理时
借：原材料/库存商品等 　贷：待处理财产损溢	借：待处理财产损溢 　贷：管理费用

存货盘亏的账务处理如图表 4-16 所示。

图表 4-16　　存货盘亏的账务处理

当时	处理时
借：待处理财产损溢 　贷：原材料/库存商品等 　　应交税费——应交增值税(进项税额转出) 注：只有管理不善造成的存货盘亏才作进项税额转出	借：管理费用(正常损耗)(管理不善)(计量差错) 　其他应收款(保险赔款或责任人赔款) 　营业外支出——非常损失(其他原因) 　贷：待处理财产损溢

任务七　存货减值的核算

任务导入

最近存货的价格经常来回波动，要到年底了，师傅提出要对存货进行适当的减值测试。王丽之前从来没有做过相关内容，于是在师傅的教导下，王丽开始学习存货减值的会计核算。

任务要求

1. 了解存货期末计量原则
2. 了解存货期末计量方法
3. 掌握存货跌价准备的账务处理

知识点介绍

一、存货期末计量原则

资产负债表日，存货应当按照成本与可变现净值孰低计量，即资产负债表日，当存货成本低于可变现净值时，存货按成本计量；当存货成本高于其可变现净值时，应当计提存货跌价准备，计入当期损益。其中，可变现净值，是指在日常活动中，存货的估计售价减去至完工时估计将要发生的成本、估计的销售费用以及相关税费后的金额；存货成本，是指期末存货的实际成本。如果企业在存货成本的日常核算中采用计划成本法、售价金额核算法等简化核算方法，则成本应为经调整后的实际成本。

二、存货期末计量方法

(一) 存货减值迹象的判断

存货存在下列情况之一的，通常表明存货的可变现净值低于成本：

(1) 该存货的市场价格持续下跌，并且在可预见的未来无回升的希望。

(2) 企业使用该项原材料生产的产品成本大于产品的销售价格。

(3) 企业因产品更新换代，原有库存原材料已不适应新产品的需要，而该原材料的市场价格又低于其账面成本。

(4) 因企业所提供的商品或劳务过时或消费者偏好改变而使市场的需求发生变化，导致市场价格逐渐下跌。

(5) 其他足以证明该项存货实质上已经发生减值的情形。

存货存在下列情形之一的，通常表明存货的可变现净值为零：

(1) 已霉烂变质的存货。

(2) 已过期且无转让价值的存货。

(3) 生产中已不再需要，并且已无使用价值和转让价值的存货。

(4) 其他足以证明已无使用价值和转让价值的存货。

(二) 可变现净值的确定

1. 企业确定存货的可变现净值时应考虑的因素

企业确定存货的可变现净值，应当以取得的确凿证据为基础，并且考虑持有存货的目的、资产负债表日后事项的影响等因素。

(1) 存货可变现净值的确凿证据。存货可变现净值的确凿证据，是指对确定存货的可变现净值有直接影响的客观证明。存货的采购成本、加工成本和其他成本及以其他方式取得的存货的成本，应当以取得外来原始凭证、生产成本资料、生产成本账簿记录等作为确凿证据；产成品或商品的市场销售价格、与产成品或商品相同或类似商品的市场销售价格、销售方提供的有关资料等。

(2) 持有存货的目的。由于企业持有存货的目的不同，确定存货可变现净值的计算方法也不同。如用于出售的存货和用于继续加工的存货，其可变现净值的计算就不相同。因此，企业在确定存货的可变现净值时，应考虑持有存货的目的。一般地，企业持有存货的目的：一是持有以备出售，如商品、产成品，其中又分为有合同约定的存货和没有合同约定的存货；二是将在生产过程或提供劳务过程中耗用的存货，如材料等。

(3) 资产负债表日后事项等的影响。在确定资产负债表日存货的可变现净值时，应当考虑以下内容：一是以资产负债表日取得最可靠的证据估计的售价为基础并考虑持有存货的目的；二是资产负债表日后发生的事项为资产负债表日存在状况提供进一步证据，以表明资产负债表日存在的存货价值发生变动的事项。

2. 不同情况下存货可变现净值的确定

(1) 产成品、商品等直接用于出售的商品存货，没有销售合同约定的，其可变现净值应当为在正常生产经营过程中，产成品或商品的一般销售价格(即市场销售价格)减去估计的销售费用和相关税费等后的金额。

【例 4-43】 2020 年 12 月 31 日，无锡市弘毅股份有限公司生产的 A 型机器的账面价值(成本)为 2 160 000 元，数量为 12 台，单位成本为 180 000 元/台。2020 年 12 月 31 日，A 型机器的市场销售价格为 200 000 元/台。甲公司没有签订有关 A 型机器的销售合同。假定不考虑增值税。

本例中，由于无锡市弘毅股份有限公司没有就A型机器签订销售合同，因此，在这种情况下，计算确定A型机器的可变现净值应以其一般销售价格总额2 400 000元(200 000×12)作为计量基础。

(2) 用于出售的材料等，应当以市场价格减去估计的销售费用和相关税费等后的金额作为其可变现净值。这里的市场价格是指材料等的市场销售价格。

【例4-44】 2020年，由于产品更新换代，无锡市弘毅股份有限公司决定停止生产B型机器。为减少不必要的损失，无锡市弘毅股份有限公司决定将原材料中专门用于生产B型机器的外购原材料——钢材全部出售，2020年12月31日其账面价值(成本)为900 000元，数量为10吨。根据市场调查，此种钢材的市场销售价格为60 000元/吨，同时销售这10吨钢材可能发生销售费用及税金50 000元。假定不考虑增值税。

本例中，由于企业已决定不再生产B型机器，因此，该批钢材的可变现净值不能再以B型机器的销售价格作为其计量基础，而应按钢材本身的市场销售价格作为计量基础。因此，该批钢材的可变现净值应为550 000元(60 000×10－50 000)。

(3) 需要经过加工的材料存货，如原材料、在产品、委托加工材料等，由于持有该材料的目的是用于生产产成品，而不是出售，该材料存货的价值将体现在用其生产的产成品上。因此，在确定需要经过加工的材料存货的可变现净值时，需要以其生产的产成品的可变现净值与该产成品的成本进行比较，如果该产成品的可变现净值高于其成本，则该材料应当按照其成本计量。

【例4-45】 2020年12月31日，无锡市弘毅股份有限公司库存原材料——A材料的账面价值(成本)为1 500 000元，市场销售价格总额为1 400 000元，假设不发生其他购买费用；用A材料生产的产成品——B型机器的可变现净值高于成本。假定不考虑增值税。

本例中，虽然A材料在2020年12月31日的账面价值(成本)高于其市场价格。但是由于用其生产的产成品——B型机器的可变现净值高于其成本，即用该原材料生产的最终产品此时并没有发生价值减损。因而，在这种情况下，A材料即使其账面价值(成本)已高于市场价格，也不应计提存货跌价准备，仍应按其原账面价值(成本)1 500 000元列示在无锡市弘毅股份有限公司2020年12月31日资产负债表的“存货”项目之中。

如果材料价格的下降表明以其生产的产成品的可变现净值低于成本，则该材料应当按可变现净值计量。其可变现净值为在正常生产经营过程中，以该材料所生产的产成品的估计售价减去至完工时估计将要发生的成本、估计的销售费用以及相关税费后的金额确定。

【例4-46】 2020年12月31日，无锡市弘毅股份有限公司库存原材料——钢材的账面价值为600 000元，可用于生产1台C型机器，相对应的市场销售价格为550 000元，假设不发生其他购买费用。由于钢材的市场销售价格下降，用钢材作为原材料生产的C型机器的市场销售价格由1 500 000元下降为1 350 000元，但其生产成本仍为1 400 000元，即将该批钢材加工成C型机器尚需投入800 000元，估计销售费用及税金为50 000元。假定不考虑增值税。

根据上述资料，可按以下步骤确定该批钢材的账面价值：

第一步，计算用该原材料所生产的产成品的可变现净值。

C型机器的可变现净值＝C型机器估计售价－估计销售费用及税金＝1 350 000－

50 000＝1 300 000(元)

第二步，将用该原材料所生产的产成品的可变现净值与其成本进行比较。

C型机器的可变现净值1 300 000元小于其成本1 400 000元，即钢材价格的下降和C型机器销售价格的下降表明C型机器的可变现净值低于其成本，因此，该批钢材应当按可变现净值计量。

第三步，计算该批钢材的可变现净值，并确定其期末价值。

该批钢材的可变现净值＝C型机器的估计售价－将该批钢材加工成C型机器尚需投入的成本－估计销售费用及税金＝1 350 000－800 000－50 000＝500 000(元)

该批钢材的可变现净值500 000元小于其成本600 000元，因此，该批钢材的期末价值应为其可变现净值500 000元，即该批钢材应按500 000元列示在2020年12月31日资产负债表的存货项目之中。

(4) 为执行销售合同或者劳务合同而持有的存货，其可变现净值应当以合同价格为基础而不是估计售价，减去估计的销售费用和相关税费等后的金额确定。

企业与购买方签订了销售合同(或劳务合同，下同)，并且销售合同订购的数量大于或等于企业持有的存货数量，在这种情况下，与该项销售合同直接相关的存货的可变现净值，应当以合同价格为计量基础。即如果企业就其产成品或商品签订了销售合同，则该批产成品或商品的可变现净值应当以合同价格作为计量基础；如果企业销售合同所规定的标的物尚未生产出来，但持有专门用于该标的物生产的材料，其可变现净值也应当以合同价格作为计量基础。

【例4-47】 2020年8月10日，无锡市弘毅股份有限公司与乙公司签订了一份不可撤销的销售合同，双方约定，2021年2月15日，无锡市弘毅股份有限公司应按200 000元/台的价格向乙公司提供A型机器10台。2020年12月31日，无锡市弘毅股份有限公司A型机器的账面价值(成本)为1 360 000元，数量为8台，单位成本为170 000元/台。2020年12月31日，A型机器的市场销售价格为190 000元/台。假定不考虑增值税。

本例中，根据无锡市弘毅股份有限公司与乙公司签订的销售合同，无锡市弘毅股份有限公司该批A型机器的销售价格已由销售合同约定，并且其库存数量小于销售合同订购的数量。在这种情况下，计算库存A型机器的可变现净值时，应以销售合同约定的价格1 600 000元(200 000×8)作为计量基础，即估计售价为1 600 000元。

【例4-48】 2020年12月20日，无锡市弘毅股份有限公司与丙公司签订了一份不可撤销的销售合同，双方约定，2021年3月15日，无锡市弘毅股份有限公司应按200 000元/台的价格向丙公司提供10台B型机器。至2020年12月31日，无锡市弘毅股份有限公司尚未生产该批B型机器，但持有专门用于生产该批10台B型机器的库存原材料——钢材，其账面价值为900 000元，市场销售价格总额为700 000元。假定不考虑增值税。

本例中，根据无锡市弘毅股份有限公司与丙公司签订的销售合同，无锡市弘毅股份有限公司该批B型机器的销售价格已由销售合同规定，虽然无锡市弘毅股份有限公司还未生产，但持有专门用于生产该批B型机器的库存钢材，且可生产的B型机器的数量不大于销售合同订购的数量。在这种情况下，计算该批钢材的可变现净值时，应以销售合同的B型机器的销售价格总额2 000 000元(200 000×10)作为计量基础。

如果企业持有的同一项存货数量多于销售合同或劳务合同订购的数量的，应分别确定其可变现净值，并与其相对应的成本进行比较，分别确定存货跌价准备的计提或转回金额。超出合同部分的存货的可变现净值，应当以一般销售价格为基础计算。

【例 4-49】 2020 年 9 月 10 日，无锡市弘毅股份有限公司与丁公司签订了一份不可撤销的销售合同，双方约定，2021 年 2 月 15 日，无锡市弘毅股份有限公司应按 180 000 元/台的价格向丁公司提供 C 型机器 10 台。2020 年 12 月 31 日，无锡市弘毅股份有限公司 C 型机器的账面价值为 1 920 000 元，数量为 12 台，单位成本为 160 000 元/台。2020 年 12 月 31 日，C 型机器的市场销售价格为 200 000 元/台。假定不考虑增值税。

本例中，无锡市弘毅股份有限公司该批 C 型机器的销售价格已在双方签订的销售合同中约定，但是其库存数量大于销售合同约定的数量。这种情况下，对于销售合同约定数量内(10 台)的 C 型机器的可变现净值应以销售合同约定的价格总额 1 800 000 元(180 000×10)作为计量基础；而对于超出部分(2 台)的 C 型机器的可变现净值应以一般销售价格总额 400 000 元(200 000×2)作为计量基础。

三、存货跌价准备的账务处理

(一) 存货跌价准备的计提

资产负债表日，存货的可变现净值低于成本，企业应当计提存货跌价准备。

企业通常应当按照单个存货项目计提存货跌价准备，即资产负债表日，企业将每个存货项目的成本与其可变现净值逐一进行比较，按较低者计量存货。其中，可变现净值低于成本的，两者的差额即为应计提的存货跌价准备。企业计提的存货跌价准备应计入当期损益。

对于数量繁多、单价较低的存货，可以按照存货类别计提存货跌价准备。与在同一地区生产和销售的产品系列相关、具有相同或类似最终用途或目的，且难以与其他项目分开计量的存货，可以合并计提存货跌价准备；存货具有相同或类似最终用途或目的，并在同一地区生产和销售，意味着存货所处的经济环境、法律环境、市场环境等相同，具有相同的风险和报酬，因此可以对其进行合并计提存货跌价准备。

【例 4-50】 无锡市弘毅股份有限公司按照单项存货计提存货跌价准备。2020 年 12 月 31 日，A、B 两项存货的成本分别为 300 000 元、210 000 元，可变现净值分别为 280 000 元、250 000 元，假设“存货跌价准备”科目余额为 0。

本例中，对于 A 存货，其成本 300 000 元高于其可变现净值 280 000 元，应计提存货跌价准备 20 000 元(300 000－280 000)。对于 B 存货，其成本 210 000 元低于其可变现净值 250 000 元，无须计提存货跌价准备。因此，无锡市弘毅股份有限公司对 A、B 两项存货计提的跌价准备共计为 20 000 元，在当日资产负债表中列示的存货金额为 490 000 元(280 000＋210 000)。

【例 4-51】 无锡市弘毅股份有限公司按单项存货计提存货跌价准备。2020 年 12 月 31 日，无锡市弘毅股份有限公司库存自制半成品成本为 350 000 元，预计加工完成该产品尚需发生加工费用 110 000 元，预计产成品的销售价格为 500 000 元，销售费用为 60 000 元。假定该库存自制半成品未计提存货跌价准备，且不考虑增值税等因素的影响。

本例中，2020 年年末，无锡市弘毅股份有限公司该库存自制半成品可变现净值＝预计产成品的销售价格－预计销售费用－预计加工完成尚需发生费用＝500 000－60 000－

110 000＝330 000(元)。所以,该自制半成品应计提存货跌价准备＝自制半成品成本－自制半成品可变现净值＝350 000－330 000＝20 000(元)。

【例 4-52】 无锡市弘毅股份有限公司 2020 年年末,A 存货的账面成本为 100 000 元,由于本年以来 A 存货的市场价格持续下跌,根据资产负债表日状况确定的 A 存货的可变现净值为 95 000 元,“存货跌价准备”期初余额为零,应计提的存货跌价准备为 5 000 元(100 000－95 000)。应编制如下会计分录:

借:资产减值损失——A 存货	5 000	
贷:存货跌价准备——A 存货		5 000

(二) 存货跌价准备的转回

以前减记存货价值的影响因素已经消失的,减记的金额应当予以恢复,并在原已计提的存货跌价准备金额内转回,转回的金额计入当期损益。

在核算存货跌价准备的转回时,转回的存货跌价准备与计提该准备的存货项目或类别应当存在直接对应关系。在原已计提的存货跌价准备金额内转回,意味着转回的金额以将存货跌价准备的余额冲减至零为限。

【例 4-53】 承[例 4-52],假设 2021 年年末,无锡市弘毅股份有限公司存货的种类和数量、账面成本和已计提的存货跌价准备均未发生变化,但是 2021 年以来 A 存货市场价格持续上升,市场前景明显好转,至 2021 年年末根据当时状态确定的 A 存货的可变现净值为110 000 元。

本例中,由于 A 存货市场价格上涨,2021 年年末 A 存货的可变现净值(110 000 元)高于其账面成本(100 000 元),可以判断以前造成减记存货价值的影响因素(价格下跌)已经消失。A 存货减记的金额应当在原已计提的存货跌价准备金额 5 000 元内予以恢复。应编制如下会计分录:

借:存货跌价准备——A 存货	5 000	
贷:资产减值损失——A 存货		5 000

需要注意的是,导致存货跌价准备转回的是以前减记存货价值的影响因素的消失,而不是在当期造成存货可变现净值高于其成本的其他影响因素。如果本期导致存货可变现净值高于其成本的影响因素不是以前减记该存货价值的影响因素,则不允许将该存货跌价准备转回。

(三) 存货跌价准备的结转

企业计提了存货跌价准备,如果其中有部分存货已经销售,则企业在结转销售成本时,应同时结转对其已计提的存货跌价准备。对于因债务重组、非货币性资产交换转出的存货,也应同时结转已计提的存货跌价准备。如果按存货类别计提存货跌价准备的,应当按照发生销售、债务重组、非货币性资产交换等而转出存货的成本占该存货未转出前该类别存货成本的比例结转相应的存货跌价准备。

【例 4-54】 2020 年无锡市弘毅股份有限公司库存 A 机器 5 台,每台成本为 5 000 元,已经计提的存货跌价准备合计为 6 000 元。2021 年,无锡市弘毅股份有限公司将库存的 5 台机器全部以每台 6 000 元的价格售出,适用的增值税税率为 13%,货款未收到。应编制如下会计分录:

借：应收账款　　33 900

　贷：主营业务收入——A 机器　　30 000

　　应交税费——应交增值税(销项税额)　　3 900

借：主营业务成本——A 机器　　19 000

　存货跌价准备——A 机器　　6 000

　贷：库存商品——A 机器　　25 000

知识点提示

当存货成本高于其可变现净值时，企业应当按照存货可变现净值低于成本的差额，借记“资产减值损失——计提的存货跌价准备”科目，贷记“存货跌价准备”科目。

转回已计提的存货跌价准备金额时，按企业会计准则允许恢复增加的金额，借记“存货跌价准备”科目，贷记“资产减值损失——计提的存货跌价准备”科目。

企业结转存货销售成本时，对于已计提存货跌价准备的，借记“存货跌价准备”科目，贷记“主营业务成本”“其他业务成本”等科目。

课后练习　　项目实操

项目五

固定资产的核算

项目引领

项目目标

理论目标

（一）熟悉固定资产的概念、特征及分类

（二）熟悉取得固定资产的账务处理

（三）熟悉固定资产计提折旧的账务处理

（四）熟悉固定资产日常维修的账务处理

（五）熟悉处置固定资产的账务处理

（六）熟悉固定资产清查的账务处理

（七）熟悉固定资产减值的账务处理

实务目标

（一）掌握固定资产加速折旧法的账务处理

（二）掌握固定资产更新改造的账务处理

（三）了解固定资产盘盈盘亏的账务处理

任务一　固定资产的概念及分类

任务导入

固定资产是企业的一项重要的非流动性资产，它牵涉企业日常成本和损益的核算以及税收的处理。在师傅的带领下，王丽开始对企业的固定资产进行详细的学习，师傅先跟王丽讲解了企业固定资产的概念与分类。

任务要求

1. 了解固定资产的概念与特征
2. 掌握固定资产的分类
3. 了解固定资产核算所涉及的相关会计科目

知识点介绍

一、固定资产的概念与特征

固定资产是指同时具有以下特征的有形资产：

(1) 为生产商品、提供劳务、出租或经营管理而持有。

(2) 使用寿命超过一个会计年度。

从这一定义可以看出，作为企业的固定资产应具备以下两个特征：

第一，企业持有固定资产的目的是生产商品、提供劳务、出租或经营管理，而不像存货是为了对外出售。这一特征是固定资产区别于存货等流动资产的重要标志。

第二，企业使用固定资产的期限较长，使用寿命一般超过一个会计年度。这一特征表明企业固定资产属于非流动资产，其给企业带来的收益期超过1年，能在1年以上的时间里为企业创造经济利益。

企业将某一资产作为固定资产加以确认，应符合固定资产的定义，且必须同时满足以下两个条件：

(1) 与该固定资产有关的经济利益很可能流入企业。

(2) 该固定资产的成本能够可靠地计量。

作为企业资产的重要组成部分，要确认固定资产，企业取得该固定资产发生的支出必须能够可靠地计量。企业在确定固定资产成本时，有时需要根据所获得的最新资料，对固定资产的成本进行合理的估计。如果企业能够合理地估计出固定资产的成本，视同固定资产能够可靠地计量。例如，对于已达到预定可使用状态的固定资产，在尚未办理竣工决算前，企业需要根据工程预算、工程造价或者工程实际发生的成本等资料，按暂估价值确定固定资产的成本，待办理竣工决算手续后再进行调整。

二、固定资产的分类

（一）按经济用途分类

按固定资产的经济用途分类，可分为生产经营用固定资产和非生产经营用固定资产。

生产经营用固定资产，是指直接服务于企业生产、经营过程的各种固定资产，如生产经营用的房屋、建筑物、机器、设备、器具、工具等。

非生产经营用固定资产，是指不直接服务于生产、经营过程的各种固定资产，如职工宿舍等使用的房屋、设备和其他固定资产等。

（二）按固定资产的所有权分类

固定资产按所有权可分为自有固定资产和租入固定资产。

这种分类可确定企业实有的固定资产数额，反映和监督租入固定资产的情况。

（三）按固定资产的性能分类

固定资产按性能可分为房屋，建筑物，动力设备，传导设备，工作机器及设备，工具、模具、仪器及生产用具，运输设备，管理用具，其他固定资产。

这种分类可反映其构成情况，并能将各类固定资产归口，由各职能部门负责管理，便于分类计算折旧。

（四）按固定资产的使用情况分类

固定资产按使用情况可分为在用固定资产、未使用固定资产和不需用固定资产。

这种分类可反映固定资产使用情况，促使企业将未使用固定资产尽快投入使用，提高固定资产利用率，将不需用固定资产及时处理。

（五）固定资产综合分类

按固定资产的经济用途和使用情况等综合分类，可把企业的固定资产划分为七大类：①生产经营用固定资产。②非生产经营用固定资产。③租出固定资产（指企业在经营租赁方式下出租给外单位使用的固定资产）。④不需用固定资产。⑤未使用固定资产。⑥土地（指过去已经估价单独入账的土地。因征地而支付的补偿费，应计入与土地有关的房屋、建筑物的价值内，不单独作为土地价值入账。企业取得的土地使用权，应作为无形资产管理和核算，不作为固定资产管理和核算）。⑦融资租入固定资产（指企业以融资租赁方式租入的固定资产，在租赁期内，应视同自有固定资产进行管理）。

由于企业的经营性质不同，经营规模各异，对固定资产的分类不可能完全一致。但实际工作中，企业大多采用综合分类的方法作为编制固定资产目录、进行固定资产核算的依据。

三、固定资产核算应设置的会计科目

为了反映和监督固定资产的取得、计提折旧和处置等情况，企业一般需要设置“固定资产”“累计折旧”“在建工程”“工程物资”“固定资产清理”等科目。

“固定资产”科目核算企业固定资产的原价，借方登记企业增加的固定资产原价，贷方登记企业减少的固定资产原价，期末借方余额，反映企业期末固定资产的账面原价。企业应当设置“固定资产登记簿”和“固定资产卡片”，按固定资产类别、使用部门和每项固定资产进行明细核算。其账户结构如图表 5-1 所示。

借 固定资产	贷
期初余额 增加的固定资产原价	减少的固定资产原价
期末余额：固定资产的账面原价	

图表 5-1 “固定资产”科目的账户结构

“累计折旧”科目属于“固定资产”的调整科目，核算企业固定资产的累计折旧，贷方登记企业计提的固定资产折旧，借方登记处置固定资产转出的累计折旧，期末贷方余额，反映企业固定资产的累计折旧额。其账户结构如图表 5-2 所示。

借 累计折旧	贷
处置固定资产转出的累计折旧	期初余额 计提的固定资产折旧
	期末余额：固定资产的累计折旧额

图表 5-2 “累计折旧”科目的账户结构

“在建工程”科目核算企业基建、更新改造等在建工程发生的支出，借方登记企业各项在建工程的实际支出，贷方登记完工工程转出的成本，期末借方余额，反映企业尚未达到预定可使用状态的在建工程的成本。其账户结构如图表 5-3 所示。

借 在建工程	贷
期初余额 各项在建工程的实际支出	完工工程转出的成本
期末余额：尚未达到预定可使用状态的在建工程的成本	

图表 5-3 “在建工程”科目的账户结构

“工程物资”科目核算企业为在建工程而准备的各种物资的实际成本，借方登记企业购入工程物资的成本，贷方登记领用工程物资的成本，期末借方余额，反映企业为在建工程准备的各种物资的成本。其账户结构如图表 5-4 所示。

借 工程物资	贷
期初余额 购入工程物资的成本	领用工程物资的成本
期末余额：为在建工程准备的各种物资的成本	

图表 5-4 “工程物资”科目的账户结构

“固定资产清理”科目核算企业因出售、报废、毁损、对外投资、非货币性资产交换、债务重组等原因转入清理的固定资产价值以及在清理过程中发生的清理费用和清理收益，借方登记转出的固定资产账面价值、清理过程中应支付的相关税费及其他费用，贷方登记出售固定资产取得的价款、残料价值和变价收入。期末借方余额，反映企业尚未清理完毕的固定资产清理净损失，期末如为贷方余额，则反映企业尚未清理完毕的固定资产清理净收益。固定资产清理完成时,借记登记转出的清理净收益,贷方登记转出的清理净损失,结转清理净收益、净损失后,该科目无余额。企业应当按照被清理的固定资产项目设置明细账,进行明细核算。其账户结构如图表5-5所示。

借　　　固定资产清理	贷
① 转出的固定资产账面价值 ② 清理过程中应支付的相关税费及其他费用	出售固定资产取得的价款、残料价值和变价收入
期末余额:尚未清理完毕的固定资产清理净损失	期末余额:尚未清理完毕的固定资产清理净收益

图表5-5 "固定资产清理"科目的账户结构

知识点提示

"累计折旧"和"固定资产减值准备"均属于"固定资产"的备抵科目,其借贷方意义与"固定资产"恰好相反。

固定资产账面净值=固定资产原值-累计折旧

固定资产账面价值(账面净额)=固定资产原值-累计折旧-固定资产减值准备

任务二　固定资产取得的核算

任务导入

在了解了固定资产的概念和分类后,师傅拿出一叠固定资产入账的单据指导王丽进行相关的账务处理。于是,王丽在师傅的指导下,开始学习固定资产取得时的相关会计业务的账务处理。

任务要求

1. 掌握外购固定资产的账务处理
2. 掌握自行建造固定资产的账务处理
3. 了解固定资产其他取得方式的账务处理

知识点介绍

一、外购固定资产

企业外购的固定资产,应按实际支付的购买价款、相关税费、使固定资产达到预定可使用状态前所发生的可归属于该项资产的运输费、装卸费、安装费和专业人员服务费等,作为固定资产的取得成本。其中，相关税费不包括按照现行增值税制度规定，可以从销项税额中抵扣的增值税进项税额。

企业作为一般纳税人，购入不需要安装的机器设备、管理设备等动产时，应按支付的购买价款、使固定资产达到预定可使用状态前所发生的可归属于该项资产的运输费、装卸费和专业人员服务费等，作为固定资产成本，借记“固定资产”科目，取得增值税专用发票、海关完税证明或公路发票等增值税扣税凭证，并经税务机关认证可以抵扣的，应按专用发票上注明的增值税进项税额，借记“应交税费——应交增值税(进项税额)”科目，贷记“银行存款”“应付账款”等科目。

企业作为一般纳税人，购入需要安装的动产时，应在购入的固定资产取得成本的基础上加上安装调试成本作为入账成本。按照购入需安装的固定资产的取得成本，借记“在建工程”科目，按购入固定资产时可抵扣的增值税进项税额，借记“应交税费——应交增值税(进项税额)”科目，贷记“银行存款”“应付账款”等科目；按照发生的安装调试成本，借记“在建工程”科目，按取得的外部单位提供的增值税专用发票上注明的增值税进项税额，借记“应交税费——应交增值税(进项税额)”科目，贷记“银行存款”等科目；耗用了本单位的材料或人工的，按应承担的成本金额，借记“在建工程”科目，贷记“原材料”“应付职工薪酬”等科目。安装完成达到预定可使用状态时，由“在建工程”科目转入“固定资产”科目，借记“固定资产”科目，贷记“在建工程”科目。

企业作为小规模纳税人，购入固定资产发生的增值税进项税额应计入固定资产成本，借记“固定资产”或“在建工程”科目，不通过“应交税费——应交增值税”科目核算。小规模纳税人没有进项税额可以抵扣。

企业以一笔款项购入多项没有单独标价的固定资产，应将各项资产单独确认为固定资产，并按各项固定资产公允价值的比例对总成本进行分配，分别确定各项固定资产的成本。

知识点提示

(1) 外购固定资产入账成本＝买价＋装卸费＋运输费＋安装费＋税金＋专业人员服务费等。

其中，专业人员培训费不构成固定资产入账成本，在发生时计入当期损益。

(2) 一般纳税人企业购入固定资产支付的增值税，可以作为进项税额抵扣。

【例5-1】 2020年1月1日，无锡市弘毅股份有限公司购入一台不需要安装即可投入使用的设备，取得的增值税专用发票上注明的价款为30 000元，增值税额为3 900元，另支付包装费并取得增值税专用发票，注明包装费700元，税率6%，增值税额42元，款项以银行存款支付。无锡市弘毅股份有限公司为增值税一般纳税人。

(1) 固定资产入账成本＝30 000＋700＝30 700(元)。

(2) 编制购入固定资产的会计分录：

借：固定资产	30 700	
应交税费——应交增值税(进项税额)	3 942	
贷：银行存款		34 642

在本例中，购入固定资产发生的包装费700元，应计入固定资产成本，记入“固定资产”科目的借方。

【例 5-2】 2020 年 1 月 1 日，无锡市弘毅股份有限公司用银行存款购入一台需要安装的设备，取得的增值税专用发票上注明的价款为 200 000 元，增值税额为 26 000 元，支付安装费并取得增值税专用发票，注明安装费 40 000 元，税率 9%，增值税额 3 600 元。无锡市弘毅股份有限公司为增值税一般纳税人，应编制如下会计分录：

(1) 购入进行安装时：

借：在建工程	200 000	
应交税费——应交增值税(进项税额)	26 000	
贷：银行存款		226 000

(2) 支付安装费时：

借：在建工程	40 000	
应交税费——应交增值税(进项税额)	3 600	
贷：银行存款		43 600

(3) 设备安装完毕交付使用时：

该设备的成本＝200 000＋40 000＝240 000(元)

借：固定资产	240 000	
贷：在建工程		240 000

在本例中，购入固定资产发生的安装费 40 000 元，应计入固定资产成本，记入“在建工程”科目的借方。

【例 5-3】 2020 年 1 月 1 日，无锡市弘毅股份有限公司购入一幢商业大楼作为生产车间并交付使用，取得的增值税专用发票上注明的价款为 200 000 000 元，增值税额为 18 000 000 元，款项以银行存款支付。无锡市弘毅股份有限公司为增值税一般纳税人，应编制如下会计分录：

借：固定资产	200 000 000	
应交税费——应交增值税(进项税额)	18 000 000	
贷：银行存款		218 000 000

【例 5-4】 2020 年 1 月 1 日，无锡市弘毅股份有限公司向乙公司(为增值税一般纳税人)一次购进了三台不同型号且具有不同生产能力的设备 A、B、C，取得的增值税专用发票上注明的价款为 100 000 000 元，增值税额为 13 000 000 元，另支付包装费 750 000 元，增值税额 45 000 元，全部以银行存款转账支付。假设设备 A、B、C 的公允价值分别为 45 000 000 元、38 500 000 元和 16 500 000 元。无锡市弘毅股份有限公司为增值税一般纳税人，应编制如下会计分录：

(1) 确定应计入固定资产成本的金额，包括购买价款、包装费：

应计入固定资产的成本＝100 000 000＋750 000＝100 750 000(元)

(2) 确定设备 A、B、C 的价值分配比例：

A 设备应分配的固定资产价值比例＝45 000 000÷(45 000 000＋38 500 000＋16 500 000)×100%＝45%

B 设备应分配的固定资产价值比例＝38 500 000÷(45 000 000＋38 500 000＋16 500 000)×100%＝38.5%

C设备应分配的固定资产价值比例＝16 500 000÷(45 000 000＋38 500 000＋16 500 000)×100%＝16.5%

(3) 确定A、B、C设备各自的成本：

A设备的成本＝100 750 000×45%＝45 337 500(元)

B设备的成本＝100 750 000×38.5%＝38 788 750(元)

C设备的成本＝100 750 000×16.5%＝16 623 750(元)

(4) 无锡市弘毅股份有限公司应编制如下会计分录：

借：固定资产——A设备　　45 337 500
　　　　　　——B设备　　38 788 750
　　　　　　——C设备　　16 623 750
　　应交税费——应交增值税(进项税额)　　13 045 000
　　贷：银行存款　　113 795 000

【例5-5】 承[例5-2]，2020年1月1日，无锡市弘毅股份有限公司用银行存款购入一台需要安装的设备，取得的增值税专用发票上注明的价款为200 000元，增值税额为26 000元，支付安装费并取得增值税专用发票上注明安装费40 000元，税率9%，增值税额3 600元。假设无锡市弘毅股份有限公司为小规模纳税人，进项税额不得从销项税额中抵扣，应计入固定资产成本核算。应编制如下会计分录：

(1) 购入进行安装时：

借：在建工程　　226 000
　　贷：银行存款　　226 000

(2) 支付安装费时：

借：在建工程　　43 600
　　贷：银行存款　　43 600

(3) 设备安装完毕交付使用时：

该设备的成本＝226 000＋43 600＝269 600(元)

借：固定资产　　269 600
　　贷：在建工程　　269 600

在本例中，由于无锡市弘毅股份有限公司为小规模纳税人，按照现行增值税制度规定，其购入固定资产发生的增值税进项税额合计29 600元，不得从销项税额中抵扣，而应计入固定资产成本，记入“在建工程”科目的借方。

知识点提示

外购固定资产环节的增值税处理如图表5-6所示。

图表5-6　　外购固定资产环节的增值税处理

价款匹配的进项税额和运费匹配的进项税额	通常可以抵扣，运费匹配的增值税税率为9%
	① 购入不动产时： 借：固定资产/在建工程(价款) 　　应交税费——应交增值税(进项税额)(价款×9%) 　　贷：银行存款[价款×(1＋9%)]

（续表）

安装固定资产挪用原材料	① 原材料的进项税额通常可以抵扣，会计分录如下： 借：在建工程 　贷：原材料 ② 如果是集体福利设施的安装挪用原材料，则进项税额不予抵扣： 借：在建工程 　贷：原材料 　　应交税费——应交增值税（进项税额转出）
安装固定资产领用产品时	① 通常不作视同销售处理： 借：在建工程 　贷：库存商品 　　应交税费——应交消费税 ② 如果集体福利设施的安装领用产品时，则作视同销售处理： 借：在建工程 　贷：库存商品 　　应交税费——应交增值税（销项税额） 　　　　——应交消费税

二、自行建造固定资产

企业自行建造固定资产，应当按照建造该项资产达到预定可使用状态前所发生的必要支出，作为固定资产的成本。

企业自行建造固定资产，应先通过“在建工程”科目核算，工程达到预定可使用状态时，再从“在建工程”科目转入“固定资产”科目。企业自行建造固定资产，主要有自营和出包两种方式，由于采用的建设方式不同，其账务处理也不同。

（一）自营工程

自营工程，是指企业自行组织工程物资采购、自行组织施工人员施工的建筑工程和安装工程。购入工程物资时，按已认证的增值税专用发票上注明的价款，借记“工程物资”科目；按增值税专用发票上注明的增值税进项税额，借记“应交税费——应交增值税（进项税额）”科目，应按实际支付或应付的金额，贷记“银行存款”“应付账款”等科目。领用工程物资时，借记“在建工程”科目，贷记“工程物资”科目。在建工程领用本企业原材料时，借记“在建工程”科目，贷记“原材料”等科目。在建工程领用本企业生产的商品时，借记“在建工程”科目，贷记“库存商品”科目。自营工程发生的其他费用（如分配工程人员薪酬等），借记“在建工程”科目，贷记“银行存款”“应付职工薪酬”等科目。自营工程达到预定可使用状态时，按其成本，借记“固定资产”科目，贷记“在建工程”科目。

【例 5-6】 无锡市弘毅股份有限公司为增值税一般纳税人，2020 年 1 月 1 日，自行建造厂房一幢，购入为工程准备的各种物资 500 000 元，增值税专用发票上注明的增值税额为 65 000 元，全部用于工程建设。领用本企业生产的水泥一批，实际成本为 400 000 元，相关进项税额为 52 000 元，工程人员应计工资 100 000 元。支付的其他费用并取得增值税专用发票上注明安装费 30 000 元，税率 9%，增值税额 2 700 元。工程完工并达到预定可使用状态，应编制如下会计分录：

(1) 购入工程物资时：

借：工程物资	500 000	
应交税费——应交增值税(进项税额)	65 000	
贷：银行存款		565 000

(2) 工程领用全部工程物资时：

借：在建工程	500 000	
贷：工程物资		500 000

(3) 工程领用本企业生产的水泥时：

借：在建工程	400 000	
贷：库存商品		400 000

(4) 分配工程人员薪酬时：

借：在建工程	100 000	
贷：应付职工薪酬		100 000

(5) 支付工程发生的其他费用时：

借：在建工程	30 000	
应交税费——应交增值税(进项税额)	2 700	
贷：银行存款		32 700

(6) 工程完工转入固定资产的成本＝500 000＋400 000＋100 000＋30 000＝1 030 000(元)：

借：固定资产	1 030 000	
贷：在建工程		1 030 000

知识点提示

(1) 根据现行增值税政策，一般工程领用自产产品或者生产用原材料不用考虑增值税问题，而集体福利设施的工程建造(如建造职工宿舍或食堂)则需要考虑增值税问题，必要时要作进项税额转出。

(2) 所建造的固定资产已达到预定可使用状态，但尚未办理竣工结算的，应当自达到预定可使用状态之日起，根据工程预算、造价或者工程实际成本等，按暂估价值转入固定资产，并按有关计提固定资产折旧的规定，计提固定资产折旧。待办理竣工决算手续后再调整原来的暂估价值，但不需要调整原已计提的折旧额。

(二) 出包工程

出包工程是指企业通过招标方式将工程项目发包给建造承包商，由建造承包商组织施工的建筑工程和安装工程。企业采用出包方式进行的固定资产工程，其工程的具体支出主要由建造承包商核算，在这种方式下，“在建工程”科目主要是反映企业与建造承包商办理工程价款结算的情况，企业支付给建造承包商的工程价款作为工程成本，通过“在建工程”科目核算。

企业按合理估计的发包工程进度和合同规定向建造承包商结算的进度款，并由对方开具增值税专用发票，按增值税专用发票上注明的价款，借记“在建工程”科目；按增值税专用发票上注明的增值税进项税额，借记“应交税费——应交增值税(进项税额)”科目，贷记“银行存款”科目。工程达到预定可使用状态时，按其成本，借记“固定资产”科目，贷记“在建工程”科目。

【例 5-7】 无锡市弘毅股份有限公司为增值税一般纳税人，2020 年 1 月 1 日，将一幢厂房的建造工程出包给丙公司（为增值税一般纳税人）承建，按合理估计的发包工程进度和合同规定向丙公司结算进度款并取得丙公司开具的增值税专用发票，注明工程款 600 000 元，税率 9%，增值税额 54 000 元。2022 年 1 月 1 日，工程完工后，收到丙公司有关工程结算单据和增值税专用发票，补付工程款并取得丙公司开具的增值税专用发票上注明工程款 400 000 元，税率 9%，增值税额 36 000 元。工程完工并达到预定可使用状态，应编制如下会计分录：

（1）按合理估计的发包工程进度和合同规定向丙公司结算进度款时：

借：在建工程	600 000	
应交税费——应交增值税（进项税额）	54 000	
贷：银行存款		654 000

（2）补付工程款时：

借：在建工程	400 000	
应交税费——应交增值税（进项税额）	36 000	
贷：银行存款		436 000

（3）工程完工并达到预定可使用状态时：

借：固定资产	1 000 000	
贷：在建工程		1 000 000

【例 5-8】 无锡市弘毅股份有限公司是一家化工企业，2020 年 1 月经批准启动硅酸钠项目建设工程，整个工程包括建造新厂房和冷却循环系统以及安装生产设备等 3 个单项工程。2020 年 2 月 1 日，无锡市弘毅股份有限公司与乙公司签订合同，将该项目出包给乙公司承建。根据双方签订的合同，建造新厂房的价款为 600 万元，建造冷却循环系统的价款为 400 万元，安装生产设备需支付安装费用 50 万元。建造期间发生的有关事项如下：

（1）2020 年 2 月 10 日，无锡市弘毅股份有限公司按合同约定向乙公司预付 10%备料款 100 万元，其中，厂房 60 万元，冷却循环系统 40 万元。

2020 年 2 月 10 日，预付备料款时：

借：预付账款——乙公司	1 000 000	
贷：银行存款		1 000 000

（2）2020 年 8 月 2 日，建造厂房和冷却循环系统的工程进度达到 50%，无锡市弘毅股份有限公司与乙公司办理工程价款结算 500 万元，其中，厂房 300 万元，冷却循环系统 200 万元。无锡市弘毅股份有限公司抵扣了预付备料款后，将余款用银行存款付讫。

2020 年 8 月 2 日，办理工程价款结算：

借：在建工程——乙公司——建筑工程——厂房	3 000 000	
——乙公司——冷却循环系统	2 000 000	
贷：银行存款		4 000 000
预付账款——乙公司		1 000 000

(3) 2020 年 10 月 8 日，无锡市弘毅股份有限公司购入需安装的设备，取得增值税专用发票，价款总计 450 万元，增值税进项税额为 76.5 万元，已用银行存款付讫。

2020 年 10 月 8 日，购入设备时：

借：工程物资——××设备　　4 500 000
　　应交税费——应交增值税(进项税额)　　765 000
　　贷：银行存款　　5 265 000

(4) 2021 年 3 月 10 日，建筑工程主体已完工，无锡市弘毅股份有限公司与乙公司办理工程价款结算 500 万元，其中，厂房 300 万元，冷却循环系统 200 万元。款项已通过银行转账支付。

2022 年 3 月 10 日，办理建筑工程价款结算时：

借：在建工程——乙公司——建筑工程——厂房　　3 000 000
　　　　　　——乙公司——冷却循环系统　　2 000 000
　　贷：银行存款　　5 000 000

(5) 2021 年 4 月 1 日，无锡市弘毅股份有限公司将生产设备运抵现场，交乙公司安装。

2022 年 4 月 1 日，将设备交乙公司安装时：

借：在建工程——乙公司——安装工程——××设备　　4 500 000
　　贷：工程物资——××设备　　4 500 000

(6) 2021 年 5 月 10 日，生产设备安装到位，无锡市弘毅股份有限公司与乙公司办理设备安装价款结算 50 万元，款项已通过银行转账支付。

2021 年 5 月 10 日，办理安装工程价款结算时：

借：在建工程——乙公司——安装工程——××设备　　500 000
　　贷：银行存款　　500 000

(7) 整个工程项目发生管理费、可行性研究费、公证费、监理费共计 30 万元，已用银行存款转账支付。

支付工程项目发生管理费、可行性研究费、监理费时：

借：在建工程——乙公司——待摊支出　　300 000
　　贷：银行存款　　300 000

(8) 2021 年 6 月 1 日，完成验收，各项指标达到设计要求，假定不考虑其他相关费用。

结转固定资产时：

① 计算分摊待摊支出：

待摊支出分摊率＝30÷(厂房 600＋冷却循环系统 400＋生产设备 450＋安装费 50)×100%＝2%

厂房应分摊的待摊支出＝600×2%＝12(万元)

冷却循环系统应分配的待摊支出＝400×2%＝8(万元)

安装工程应分配的待摊支出＝(450＋50)×2%＝10(万元)

结转在建工程：

借：在建工程——乙公司——建筑工程——厂房　　120 000
　　　　　　　　　　——冷却循环系统　　80 000
　　　　　　　　　　——安装工程——××设备　　100 000
　贷：在建工程——乙公司——待摊支出　　300 000

② 计算完工固定资产的成本：
厂房的成本＝600＋12＝612(万元)
冷却循环系统的成本＝400＋8＝408(万元)
生产设备的成本＝(450＋50)＋10＝510(万元)

借：固定资产——厂房　　6 120 000
　　　　　　——冷却循环系统　　4 080 000
　　　　　　——××设备　　5 100 000
　贷：在建工程——乙公司——建筑工程——厂房　　6 120 000
　　　　　　　　　　　——冷却循环系统　　4 080 000
　　　　　　　　　　　——安装工程——××设备　　5 100 000

三、其他方式取得固定资产

(一) 投资者投入方式

按投资合同或协议约定的价值确定，但合同或协议约定价值不公允的除外。

【例 5-9】 无锡市弘毅股份有限公司 2020 年 8 月 30 日接受投资者投入一台不需要安装的设备，合同协议价为 1 000 000 元，增值税 130 000 元，该设备的市场公允价为 1 100 000 元。无锡市弘毅股份有限公司给予其 1 110 000 元的股份，则应编制如下会计分录：

借：固定资产　　1 000 000
　　应交税费——应交增值税(进项税额)　　130 000
　贷：股本　　1 110 000
　　　资本公积——股本溢价　　20 000

知识点提示

合同协议价在市场公允价值上下 30% 的幅度内都算合理范围，若超过此限度则应该按照市场公允价值进行会计核算。

(二) 租入固定资产的账务处理

(1) 租赁的分类

① 融资租赁——实质上转移了与资产所有权有关的全部风险和报酬。

② 经营租赁——实质上未转移与资产所有权有关的全部风险和报酬。

(2) 经营租赁的账务处理如图表 5-7 所示。

图表 5-7 经营租赁的账务处理

项目		承租人的账务处理	出租人的账务处理
租赁资产的所有权		无	有
租赁固定资产的折旧		无	属正常固定资产的折旧处理
租金处理	分摊方法	按直线法或其他方法分摊入租期	
	如果存在免租期和出租人的代垫费用	应以扣除了代垫费用后的租金余额在包括免租期在内的整个租期内分摊入各期费用(或收入)	
会计分录	① 承租人预付租金	借：预付账款 　贷：银行存款	借：银行存款 　贷：预收账款
	② 每期认定租金费用或收益时	借：制造费用 　管理费用 　销售费用 　贷：预付账款 　　银行存款	借：预收账款 　银行存款 　贷：租赁收入/其他业务收入

【例 5-10】 2020 年 1 月 1 日，无锡市弘毅股份有限公司从乙租赁公司采用经营租赁方式租入一台办公设备。租赁合同规定：租赁期开始日为 2020 年 1 月 1 日，租赁期为 3 年，租金总额为 27 万元，租赁开始日，无锡市弘毅股份有限公司先预付租金 20 万元，第 3 年年末再支付租金 7 万元；租赁期满，乙租赁公司收回办公设备。假定无锡市弘毅股份有限公司在每年年末确认租金费用，不考虑其他相关税费。

要求：编制无锡市弘毅股份有限公司相关会计分录。

其会计分录如图表 5-8 所示。

图表 5-8 会计分录解析

摘要	无锡市弘毅股份有限公司	乙租赁公司
2020 年 1 月 1 日，甲公司预付租金时	借：预付账款 20 　贷：银行存款 20	借：银行存款 20 　贷：预收账款 20
2020 年 12 月 31 日，确认本年租金损益	借：管理费用 9(27÷3) 　贷：预付账款 9	借：预收账款 9 　贷：租赁收入 9
2021 年 12 月 31 日，确认本年租金损益	借：管理费用 9(27÷3) 　贷：预付账款 9	借：预收账款 9 　贷：租赁收入 9
2022 年 12 月 31 日，确认本年租金损益	借：管理费用 9(27÷3) 　贷：银行存款 7 　　预付账款 2	借：银行存款 7 　预收账款 2 　贷：租赁收入 9

（三）接受捐赠的固定资产

企业接受捐赠的固定资产，可能是新的固定资产，也可能是旧的固定资产；有的有购货发票账单，有的没有购货发票账单。为此，接受捐赠的固定资产，按以下规定确定其入账价值：

(1) 如果捐赠方提供有关凭据的,按凭据上列明的金额加上应当支付的相关税费,作为入账价值。

(2) 如果捐赠方没有有关凭据的,按以下顺序确定其入账价值:

① 同类或类似固定资产存在活跃市场的,按同类或类似固定资产的市场价值估计的金额,加上应当支付的相关税费,作为入账价值。

② 同类或类似固定资产不存在活跃市场的,按所接受捐赠的固定资产的预计未来现金流量现值,加上应当支付的相关税费,作为入账价值。

(3) 如果接受捐赠的为旧的固定资产,可依据上述方法确定的新固定资产价值,减去按该项资产的新旧程度估计的累计折旧后的余额,作为入账价值。

【例 5-11】 无锡市弘毅股份有限公司 2020 年 1 月 30 日接受乙公司捐赠一台不需要安装的设备,该设备的市场公允价为 1 000 000 元,增值税额为 130 000 元,则应编制如下会计分录:

借:固定资产	1 000 000	
应交税费——应交增值税(进项税额)	130 000	
贷:营业外收入		1 130 000

(四) 存在固定资产弃置费(环境复原费)的账务处理

1. 账务处理原则

固定资产的弃置费应折现后计入固定资产的成本。

2. 一般会计分录

(1) 预计弃置费时:借记"固定资产"科目(以弃置费的折现值入账),贷记"预计负债"科目。

(2) 每期按市场利率计提预计负债的利息费用:借记"财务费用"科目,贷记"预计负债"科目。

任务三　固定资产折旧的核算

任务导入

在了解了固定资产取得环节的核算后,师傅紧接着嘱咐王丽别忘了每个月对固定资产计提折旧,王丽在此之前没有涉及过折旧的账务处理,于是,在师傅的带领下,王丽开始对固定资产折旧的账务处理进行认真的学习。

任务要求

1. 了解固定资产折旧的概念
2. 掌握固定资产折旧的计提范围
3. 掌握固定资产折旧的计提方法

4. 掌握固定资产折旧的账务处理

知识点介绍

一、固定资产折旧的概念

企业应当在固定资产的使用寿命内，按照确定的方法对应计折旧额进行系统分摊。所谓应计折旧额，是指应当计提折旧的固定资产原价扣除其预计净残值后的金额，已计提减值准备的固定资产，还应当扣除已计提的固定资产减值准备累计金额。企业应当根据固定资产的性质和使用情况，合理确定固定资产的使用寿命和预计净残值。固定资产的使用寿命、预计净残值一经确定，不得随意变更，但是符合《企业会计准则第 4 号——固定资产》第十九条规定的除外。上述事项在报经股东大会或董事会、经理(厂长)会议或类似机构批准后，作为计提折旧的依据，并按照法律、行政法规等的规定报送有关各方备案。

影响固定资产折旧的主要因素

(1) 固定资产原价，是指固定资产的成本。

(2) 预计净残值，是指假定固定资产预计使用寿命已满并处于使用寿命终了时的预期状态，企业目前从该项资产处置中获得的扣除预计处置费用后的金额。

(3) 固定资产减值准备，是指固定资产已计提的固定资产减值准备累计金额。

(4) 固定资产的使用寿命，是指企业使用固定资产的预计期间，或者该固定资产所能生产产品或提供劳务的数量企业确定固定资产使用寿命时，应当考虑下列因素：该项资产预计生产能力或实物产量；该项资产预计有形损耗，如设备使用中发生磨损、房屋建筑物受到自然侵蚀等；该项资产预计无形损耗，如因新技术的出现而使现有的资产技术水平相对陈旧、市场需求变化使产品过时等；法律或者类似规定对该项资产使用的限制。

二、固定资产折旧的计提范围

(一) 除以下情况外，企业应当对所有固定资产计提折旧

(1) 已提足折旧仍继续使用的固定资产。

(2) 单独计价入账的土地。

(二) 确定计提折旧范围的注意事项

(1) 固定资产应当按月计提折旧，当月增加的固定资产，当月不计提折旧，从下月起计提折旧；当月减少的固定资产，当月仍计提折旧，从下月起不计提折旧。

(2) 固定资产提足折旧后，不论能否继续使用，均不再计提折旧；提前报废的固定资产，也不再补提折旧。所谓提足折旧，是指已经提足该项固定资产的应计折旧额。

(3) 已达到预定可使用状态但尚未办理竣工决算的固定资产，应当按照估计价值确定其成本，并计提折旧；待办理竣工决算后，再按实际成本调整原来的暂估价值，但不需要调整原已计提的折旧额。

(三) 固定资产使用寿命、预计净残值和折旧方法的复核

企业至少应当于每年年度终了，对固定资产的使用寿命、预计净残值和折旧方法进行复核。使用寿命预计数与原先估计数有差异的，应当调整固定资产使用寿命。预计净残值预

计数与原先估计数有差异的，应当调整预计净残值。与固定资产有关的经济利益预期实现方式有重大改变的，应当改变固定资产折旧方法。

固定资产使用寿命、预计净残值和折旧方法的改变应当作为会计估计变更进行会计处理。

知识点提示

(1) 未使用、不需用的固定资产需计提折旧，而且将折旧费用记入“管理费用”科目。

(2) 因大修理而停工的固定资产需要提取折旧，但折旧费用按正常的方式处理，即不一定就是管理费用。

(3) 替换设备也要提折旧。

三、固定资产折旧的计提方法

(一) 年限平均法

年折旧率＝(1－预计净残值率)÷预计使用年限×100％

月折旧率＝年折旧率÷12

月折旧额＝固定资产原值×月折旧率

【例 5-12】 无锡市弘毅股份有限公司有一幢厂房，原价为 5 000 000 元，预计可使用 20 年，预计报废时的净残值率为 2％。该厂房的折旧率和折旧额的计算如下：

年折旧率＝(1－2％)÷20＝4.9％

月折旧率＝4.9％÷12≈0.41％

月折旧额＝5 000 000×0.41％＝20 500(元)

(二) 工作量法

每一工作量折旧额＝固定资产原值×(1－净残值率)÷预计总工作量

月折旧额＝固定资产当月工作量×每一工作量折旧额

【例 5-13】 无锡市弘毅股份有限公司的一辆运货卡车的原价为 600 000 元，预计总行驶里程为 500 000 千米，预计报废时的净残值率为 5％，本月行驶 4 000 千米。该辆汽车的月折旧额计算如下：

单位里程折旧额＝600 000×(1－5％)＋500 000＝1.14(元/千米)

本月折旧额＝4 000×1.14＝4 560(元)

(三) 双倍余额递减法

年折旧率＝2÷折旧年限×100％

固定资产年折旧额＝固定资产期初折余价值×年折旧率

固定资产月折旧额＝固定资产年折旧额÷12

另外，为了调整该折旧方法的误差，要求在倒数第二年改为直线法。

【例 5-14】 无锡市弘毅股份有限公司 2020 年年初开始对设备提取折旧，原价 102 万元，折旧期 4 年，预计净残值为 2 万元。

则在双倍余额递减法下每年折旧计算过程如下：

第一年的折旧＝102×2÷4＝51(万元)

第二年的折旧＝(102－51)×2/4＝25.5(万元)

第三年的折旧＝[(102－51－25.5)－2]÷2＝11.75(万元)

第四年的折旧＝[(102－51－25.5)－2]÷2＝11.75(万元)

(四) 年数总和法

$$年折旧率=\frac{尚可使用年限}{年数总和}=\frac{(折旧年限-已使用年限)}{[折旧年限\times(折旧年限+1)\div 2]}$$

年折旧额＝(固定资产原价－预计净残值)×年折旧率

月折旧率＝年折旧率÷12

月折旧额＝(固定资产原价－预计净残值)×月折旧率

【例 5-15】 无锡市弘毅股份有限公司 2020 年年初开始对设备提取折旧，原价 102 万元，折旧期 4 年，预计净残值为 2 万元。

则在年数总和法下每年折旧计算过程如下：

第一年的折旧＝(102－2)×4/10＝40(万元)

第二年的折旧＝(102－2)×3/10＝30(万元)

第三年的折旧＝(102－2)×2/10＝20(万元)

第四年的折旧＝(102－2)×1/10＝10(万元)

知识点提示

会计年度和折旧年度是两个不同的概念，为了使折旧计算简便，教材中的例子一般都是假设固定资产都是年底购入的，所以，折旧是从下一年年初计提的。但实际并非这样，很多固定资产都是在年中购入的，这时，就必须根据折旧年度对会计年度分别核算折旧，从而使得最终计算出相应会计年度的折旧总额。

例如：一项固定资产原值 1 200 000 元，预计净残值为零，使用年限 10 年，购入时间为 2020 年 5 月份，采用双倍余额递减法计提折旧，则该固定资产 2021 年折旧总额计算如下：

年折旧率＝2÷10×100％＝20％

该固定资产第一折旧年度为 2020 年 6 月至 2021 年 5 月(归属于 2021 年的月份有 5 个月)

该固定资产第二折旧年度为 2021 年 6 月至 2022 年 5 月(归属于 2021 年的月份有 7 个月)

则 2021 年折旧总额＝1 200 000×20％×5/12＋1 200 000×(1－20％)×20％×7/12＝212 000(元)

四、固定资产折旧的账务处理

固定资产应当按月计提折旧，计提的折旧应当记入“累计折旧”科目，并根据固定资产的用途计入相关资产的成本或者当期损益。

企业自行建造固定资产过程中使用的固定资产，其计提的折旧应计入在建工程成本；基本生产车间所使用的固定资产，其计提的折旧应计入制造费用；管理部门所使用的固定资产，其计提的折旧应计入管理费用；销售部门所使用的固定资产，其计提的折旧应计入销售费用；经营租出的固定资产，其应提的折旧额应计入其他业务成本。

企业计提固定资产折旧时，借记“在建工程”“制造费用”“管理费用”“销售费用”“其他业务成本”等科目，贷记“累计折旧”科目。

【例 5-16】 无锡市弘毅股份有限公司 2020 年 1 月份各生产车间应分配的固定资产折旧额为：一车间1 500 000 元，二车间 2 400 000 元，三车间 3 600 000 元。应编制如下会计分录：

借：制造费用——一车间　　1 500 000
　　　　　　——二车间　　2 400 000
　　　　　　——三车间　　3 600 000
　贷：累计折旧　　7 500 000

【例 5-17】 无锡市弘毅股份有限公司为增值税一般纳税人，2020 年 3 月，管理部门、销售部门应分配的固定资产折旧额为：管理部门房屋建筑物计提折旧 14 800 000 元，运输工具计提折旧2 400 000 元；销售部门房屋建筑物计提折旧 3 200 000 元，运输工具计提折旧 2 630 000 元。当月新购置管理用机器设备一台，成本为 5 400 000 元，预计使用寿命为 10 年，预计净残值为 4 000 元，该企业同类设备计提折旧采用年限平均法。应编制如下会计分录：

借：管理费用　　17 200 000
　　销售费用　　5 830 000
　贷：累计折旧　　23 030 000

本例中，新购置的机器设备本月不计提折旧，下月开始计提折旧。

任务四　固定资产后续计量

任务导入

在了解了固定资产折旧的账务处理之后，师傅开始跟会计王丽谈论固定资产在使用过程中除了折旧以外的一些其他事项(如固定资产日常维修的账务处理)。在跟师傅的交流过程中，王丽开始对固定资产后续业务的确认与计量有了深入的认识。

任务要求

1. 了解固定资产后续支出的具体内容
2. 掌握固定资产日常维修业务的账务处理
3. 掌握固定资产更新改造业务的账务处理

知识点介绍

一、固定资产后续支出的具体内容

固定资产的后续支出，是指固定资产在使用过程中发生的更新改造支出、修理费用等。企业的固定资产投入使用后，由于各个组成部分耐用程度不同或者使用条件不同，往往会发生固定资产的局部损坏。为了保持固定资产的正常运转和使用，充分发挥其使用效能，就必然产生必要的后续支出。

二、固定资产日常维修业务的账务处理

(1) 固定资产的日常修理费用等支出只是确保固定资产的正常工作状况，一般不产生未来的经济利益。因此，通常不符合固定资产的确认条件，在发生时应直接计入当期损益。

(2) 企业生产车间(部门)和行政管理部门等发生的固定资产修理费用等后续支出计入管理费用；企业设置专设销售机构的，其发生的与专设销售机构相关的固定资产修理费用等后续支出，计入销售费用。

(3) 对于处于修理、更新改造过程而停止使用的固定资产，如果其修理、更新改造支出不满足固定资产的确认条件，在发生时也应直接计入当期损益。

(4) 一般借记"管理费用""销售费用"等科目，贷记"原材料""应付职工薪酬""银行存款"等科目。

【例 5-18】 无锡市弘毅股份有限公司 2020 年 1 月生产车间发生设备日常维修费用 3 000 元(不考虑增值税)，款项以银行存款支付，应编制如下会计分录：

借：管理费用	3 000	
贷：银行存款		3 000

三、固定资产更新改造业务的账务处理

固定资产的更新改造等后续支出，满足固定资产确认条件的，应当计入固定资产成本，如有被替换的部分，应同时将被替换部分的账面价值从该固定资产原账面价值中扣除；不满足固定资产确认条件的固定资产修理费用等，应当在发生时计入当期损益。

固定资产发生的可资本化的后续支出，应当通过"在建工程"科目核算。固定资产发生可资本化的后续支出时，企业应将该固定资产的原价、已计提的累计折旧和减值准备转销，将固定资产的账面价值转入在建工程，借记"在建工程""累计折旧""固定资产减值准备"等科目，贷记"固定资产"科目。发生的可资本化的后续支出，借记"在建工程"科目，发生后续支出取得增值税专用发票的，应按增值税专用发票上的金额借记"应交税费——应交增值税(进项税额)"，按实际支付的金额，贷记"银行存款"等科目。在固定资产发生的后续支出完工并达到预定可使用状态时，借记"固定资产"科目，贷记"在建工程"科目。

【例 5-19】 无锡市弘毅股份有限公司为增值税一般纳税人，2020 年 12 月份，购入一架飞机，总计花费 80 000 000 元(含发动机)，发动机当时的购价为 5 000 000 元。无锡市弘毅股份有限公司未将发动机单独作为一项固定资产进行核算。2029 年年初，无锡市弘毅股份有限公司辟新航线，航程增加。为延长飞机的空中飞行时间，公司决定更换一部性能更为先进的发动机。新发动机的成本为 7 000 000 元，增值税专用发票上注明的增值税额为 910 000 元；另支付安装费用并取得增值税专用发票上注明安装费 100 000 元，税率 9%，增值税额 9 000 元，假定飞机的年折旧率为 3%，不考虑预计净残值的影响，替换下的老发动机报废且无残值收入。应编制如下会计分录：

(1) 2029 年年初，飞机的累计折旧金额＝80 000 000×3％×8＝19 200 000(元)，将固定资产转入在建工程：

借：在建工程	60 800 000	
累计折旧	19 200 000	
贷：固定资产		80 000 000

(2) 安装新发动机：

借：在建工程	7 000 000	
应交税费——应交增值税(进项税额)	910 000	
贷：工程物资		7 910 000

(3) 支付安装费用：

借：在建工程	100 000	
应交税费——应交增值税(进项税额)	9 000	
贷：银行存款		109 000

(4) 2029 年年初，老发动机的账面价值＝5 000 000－5 000 000×3％×8＝3 800 000(元)，终止确认老发动机的账面价值：

借：营业外支出——非流动资产处置损失	3 800 000	
贷：在建工程		3 800 000

(5) 新发动机安装完毕，投入使用，固定资产的入账价值＝60 800 000＋7 000 000＋100 000－3 800 000＝64 100 000(元)：

借：固定资产	64 100 000	
贷：在建工程		64 100 000

任务五　固定资产处置的核算

任务导入

今天车间有一台设备需要处理，面对这一新的业务，王丽在师傅的带领下有序地进行处理，并对固定资产处置的账务处理进行了认真的学习。

任务要求

1. 了解固定资产处置的具体内容
2. 掌握固定资产处置的账务处理

知识点介绍

一、固定资产处置的具体内容

固定资产处置包括固定资产的出售、转让、报废或毁损、对外投资、非货币性资产交换、债务重组等。

固定资产满足下列条件之一的，应当予以终止确认：

(1) 该固定资产处于处置状态。处于处置状态的固定资产不再用于生产商品、提供劳务、出租或经营管理，因此，不再符合固定资产的定义，应予终止确认。

(2) 该固定资产预期通过使用或处置不能产生经济利益。固定资产的确认条件之一是"与该固定资产有关的经济利益很可能流入企业"，如果一项固定资产预期通过使用或处置不能产生经济利益，就不再符合固定资产的定义和确认条件，应予终止确认。

二、固定资产处置的账务处理

企业处置固定资产应通过"固定资产清理"科目进行核算，具体包括以下几个环节：

(1) 固定资产转入清理。企业因出售、报废、毁损、对外投资、非货币性资产交换、债务重组等转出的固定资产，按该项固定资产的账面价值，借记"固定资产清理"科目，按已计提的累计折旧，借记"累计折旧"科目，按已计提的减值准备，借记"固定资产减值准备"科目，按其账面原价，贷记"固定资产"科目。

(2) 发生的清理费用等。固定资产清理过程中，应支付的清理费用及其可抵扣的增值税进项税额，借记"固定资产清理""应交税费——应交增值税(进项税额)"科目，贷记"银行存款"等科目。

(3) 收回出售固定资产的价款、残料价值和变价收入等。收回出售固定资产的价款和税款，借记"银行存款"科目，按增值税专用发票上注明的价款，贷记"固定资产清理"科目，按增值税专用发票上注明的增值税销项税额，贷记"应交税费——应交增值税(销项税额)"科目。残料入库，按残料价值，借记"原材料"等科目，贷记"固定资产清理"科目。

(4) 保险赔偿等的处理。应由保险公司或过失人赔偿的损失，借记"其他应收款"等科目，贷记"固定资产清理"科目。

(5) 清理净损益的处理。固定资产清理完成后产生的清理净损益，依据固定资产处置方式的不同，分别适用不同的处理方法：

① 因已丧失使用功能或因自然灾害发生毁损等原因而报废清理产生的利得或损失应计入营业外收支。属于生产经营期间正常报废清理产生的处理净损失，借记"营业外支出——处置非流动资产损失"科目，贷记"固定资产清理"科目；属于生产经营期间由于自然灾害等非正常原因造成的，借记"营业外支出——非常损失"科目，贷记"固定资产清理"科目；如为净收益，借记"固定资产清理"科目，贷记"营业外收入"科目。

② 因出售、转让等原因产生的固定资产处置利得或损失应计入资产处置损溢。产生处置净损失的，借记"资产处置损益"科目，贷记"固定资产清理"科目；如为净收益，借记"固定资产清理"科目，贷记"资产处置损益"科目。

【例 5-20】 无锡市弘毅股份有限公司为增值税一般纳税人，2020 年 12 月 30 日，出售一座建筑物(系 2016 年 6 月 1 日自建完工)，原价(成本)为 2 000 000 元，已计提折旧 1 500 000 元，未计提减值准备。实际出售价格为 1 200 000 元，增值税税率为 9%，增值税额为108 000 元，款项已存入银行。应编制如下会计分录：

(1) 将出售固定资产转入清理时：

借：固定资产清理　　500 000
　　累计折旧　　1 500 000
　　贷：固定资产　　2 000 000

（2）收到出售固定资产的价款和税款时：

借：银行存款　　1 308 000
　　贷：固定资产清理　　1 200 000
　　　　应交税费——应交增值税（销项税额）　　108 000

（3）结转出售固定资产实现的利得时：

借：固定资产清理　　700 000
　　贷：资产处置损益　　700 000

在本例中，固定资产清理完毕时，“固定资产清理”科目为贷方余额 700 000 元（1 200 000 －500 000），属于清理净收益，应结转至“资产处置损益”科目的贷方，从而使“固定资产清理”科目余额为 0。

【例 5-21】 无锡市弘毅股份有限公司为增值税一般纳税人，因遭受台风袭击毁损一座仓库，该仓库原价 4 000 000 元，已计提折旧 1 000 000 元，未计提减值准备。其残料估计价值 50 000 元，残料已办理入库。发生清理费用并取得增值税专用发票上注明的装卸费为 20 000 元，增值税额为 1 800 元，以银行存款支付。经保险公司核定应赔偿损失 1 500 000 元，款项已存入银行。应编制如下会计分录：

（1）将毁损的仓库转入清理时：

借：固定资产清理　　3 000 000
　　累计折旧　　1 000 000
　　贷：固定资产　　4 000 000

（2）残料入库时：

借：原材料　　50 000
　　贷：固定资产清理　　50 000

（3）支付清理费用时：

借：固定资产清理　　20 000
　　应交税费——应交增值税（进项税额）　　1 800
　　贷：银行存款　　21 800

（4）收到保险公司理赔款项时：

借：银行存款　　1 500 000
　　贷：固定资产清理　　1 500 000

（5）结转毁损固定资产发生的损失时：

借：营业外支出——非常损失　　1 470 000
　　贷：固定资产清理　　1 470 000

在本例中，固定资产清理完毕时，“固定资产清理”科目借方余额 1 470 000 元（3 000 000 －50 000＋20 000－1 500 000）。由于属于自然灾害等非正常原因造成的清理净损失，应结转至“营业外支出——非常损失”科目的借方，从而使“固定资产清理”科目余额为 0。

任务六　固定资产清查的核算

任务导入

今天单位组织固定资产的盘点，会计王丽拿着固定资产盘点表跟着师傅对全公司的固定资产进行了仔细的盘点。事后面对各种各样的盘点结果，王丽不知道应该如何进行账务处理，于是在师傅的带领下，王丽开始认真学习固定资产清查的账务处理。

任务要求

1. 了解固定资产盘盈的账务处理
2. 掌握固定资产盘亏的账务处理

知识点介绍

企业应当定期或者至少于每年年末对固定资产进行清查盘点，以保证固定资产核算的真实性，充分挖掘企业现有固定资产的潜力。在固定资产清查过程中，如果发现盘盈、盘亏的固定资产，应当填制固定资产盘盈盘亏报告表，清查固定资产的损溢，同时及时查明原因，并按照规定程序报批处理。

一、固定资产盘盈的账务处理

企业在财产清查中盘盈的固定资产，根据《企业会计准则第 28 号——会计政策、会计估计变更和差错更正》的规定，应当作为重要的前期差错进行会计处理。企业在财产清查中盘盈的固定资产，在按照管理权限报经批准处理前，应当先通过“以前年度损益调整”科目核算。

盘盈的固定资产，应按照重置成本确定其入账价值，借记“固定资产”科目，贷记“以前年度损益调整”科目。

【例 5-22】 无锡市弘毅股份有限公司为增值税一般纳税人，2020 年 1 月 5 日在财产清查过程中发现，2018 年 12 月购入的一台设备尚未入账，重置成本为 30 000 元。假定该公司按净利润的 10%提取法定盈余公积，不考虑相关税费及其他因素的影响。应编制如下会计分录：

(1) 盘盈固定资产时：

借：固定资产	30 000	
贷：以前年度损益调整		30 000

(2) 结转为留存收益时：

借：以前年度损益调整	30 000	
贷：盈余公积——法定盈余公积		3 000
利润分配——未分配利润		27 000

本例中，盘盈固定资产应作为重要的前期差错进行账务处理，应通过"以前年度损益调整"进行核算。

二、固定资产盘亏的账务处理

企业在财产清查中盘亏的固定资产，按照盘亏固定资产的账面价值，借记"待处理财产损溢"科目，按照已计提的累计折旧，借记"累计折旧"科目，按照已计提的减值准备，借记"固定资产减值准备"科目，按照固定资产的原价，贷记"固定资产"科目。

企业按照管理权限报经批准后处理时，按照可收回的保险赔偿或过失人赔偿，借记"其他应收款"科目，按照应计入营业外支出的金额，借记"营业外支出——盘亏损失"科目，贷记"待处理财产损溢"科目。

【例 5-23】 无锡市弘毅股份有限公司为增值税一般纳税人，2020 年 12 月 31 日进行财产清查时，发现因管理不善短缺一台笔记本电脑，原价为 10 000 元，已计提折旧 7 000 元，购入时增值税税额为 1 300 元。应编制如下会计分录：

（1）盘亏固定资产时：

借：待处理财产损溢	3 000	
累计折旧	7 000	
贷：固定资产		10 000

（2）转出不可抵扣的进项税额时：

借：待处理财产损溢	390	
贷：应交税费——应交增值税（进项税额转出）		390

（3）报经批准转销时：

借：营业外支出——盘亏损失	3 390	
贷：待处理财产损溢		3 390

在本例中，根据现行增值税制度规定，该笔记本电脑因管理不善盘亏，其购入时的增值税进项税额不得从销项税额中抵扣，应将记入"应交税费——应交增值税（进项税额）"科目的相关金额 390 元，借记"待处理财产损溢"科目，贷记"应交税费——应交增值税（进项税额转出）"科目。

任务七　固定资产减值的核算

任务导入

最近设备市场价值大幅度下降，为了更好地反映本单位固定资产的价值，公司决定对固定资产进行减值测试。在师傅的指导下，王丽开始学习如何对固定资产进行相应的减值测试。

任务要求

1. 了解固定资产减值的含义
2. 掌握固定资产减值的账务处理

知识点介绍

一、固定资产减值的含义

固定资产的初始入账价值是历史成本，由于固定资产使用年限较长，市场条件和经营环境的变化、科学技术的进步以及企业经营管理不善等原因，都可能导致固定资产创造未来经济利益的能力大大下降。因此，固定资产的真实价值有可能低于账面价值，在期末必须对固定资产减值损失进行确认。

二、固定资产减值的账务处理

固定资产在资产负债表日存在可能发生减值的迹象时，其可收回金额低于账面价值的，企业应当将该固定资产的账面价值减记至可收回金额，减记的金额确认为减值损失，计入当期损益，借记"资产减值损失——计提的固定资产减值准备"科目，同时，计提相应的资产减值准备，贷记"固定资产减值准备"科目。

需要强调的是，根据《企业会计准则第 8 号——资产减值》的规定，企业固定资产减值损失一经确认，在以后会计期间不得转回。

【例 5-24】 2020 年 12 月 31 日，无锡市弘毅股份有限公司的某生产线存在可能发生减值的迹象。经计算，该生产线的可收回金额合计为 1 230 000 元，账面价值为 1 400 000 元，以前年度未对该生产线计提过减值准备。由于该生产线的可收回金额为 1 230 000 元，账面价值为 1 400 000 元，可收回金额低于账面价值，应按两者之间的差额 170 000 元(1 400 000 —1 230 000)计提固定资产减值准备。应编制如下会计分录：

借：资产减值损失——计提的固定资产减值准备　　170 000
　　贷：固定资产减值准备　　170 000

课后练习　　项目实操

项目六

无形资产和长期待摊费用的核算

项目引领

项目目标

理论目标

（一）熟悉无形资产的概念、特征及分类

（二）熟悉取得无形资产的会计账务处理

（三）熟悉无形资产计提摊销的会计账务处理

（四）熟悉处置无形资产的会计账务处理

（五）熟悉无形资产计提减值的账务处理

（六）熟悉长期待摊费用的具体内容

（七）熟悉长期待摊费用的会计处理

实务目标

（一）掌握自行开发无形资产的账务处理

（二）掌握无形资产计提摊销的账务处理

（三）了解出售无形资产的账务处理

任务一　无形资产的核算

任务导入

无形资产也是企业的一项重要的非流动资产，今天，师傅带着相关材料，耐心地指导王丽如何对无形资产进行相应的账务处理。于是王丽开始对无形资产的整个核算流程进行认真的学习。

任务要求

1. 熟悉无形资产的概念、特征及分类
2. 熟悉取得无形资产的会计账务处理
3. 熟悉无形资产计提摊销的会计账务处理
4. 熟悉处置无形资产的会计账务处理
5. 熟悉无形资产计提减值的账务处理

知识点介绍

一、无形资产的概念、特征及内容

（一）无形资产的概念

无形资产，是指企业拥有或者控制的没有实物形态的可辨认非货币性资产。

只有在满足以下两个条件之一时无形资产才具有可辨认性：

（1）能够从企业中分离或者划分出来，并能单独或者与相关合同、资产或负债一起，用于出售、转移、授予许可、租赁或者交换。

（2）源自合同性权利或者其他法定权利，无论这些权利是否可以从企业或其他权利和义务中转移或者分离。例如，企业购买的专利权、商标权、专有技术等均可以从企业中分离或者划分出来，并能够单独或者与相关合同、资产或负债一起用于出售、转移或者租赁，因此满足可辨认的条件。

（二）无形资产的特征

（1）不具有实物形态。无形资产是不具有实物形态的非货币性资产，它不像固定资产、存货等有形资产，具有实物形体。

（2）具有可辨认性。无形资产能够从企业中分离或划分出来，并能单独与相关合同、资产或负债一起，用于出售、转移、授予许可、租赁或者交换，或者来源于合同性权利或者其他权利。

商誉由于无法与企业自身分离而存在，不具有可辨认性，不在这里讲述。

（3）属于非货币性长期资产。无形资产属于非货币性资产，且能够在多个会计期间为企业带来经济利益。无形资产的使用年限在一年以上，其价值将在各个受益期间逐渐摊销。

(三) 无形资产的内容

无形资产主要包括专利权、非专利技术、商标权、著作权、土地使用权和特许权等。

(1) 专利权。专利权是指国家专利主管机关依法授予发明创造专利申请人对其发明创造在法定期限内所享有的专有权利，包括发明专利权、实用新型专利权和外观设计专利权。它给予持有者独家使用或控制某项发明的特殊权利。《中华人民共和国专利法》明确规定，专利人拥有的专利权受到国家法律保护。专利权是允许其持有者独家使用或控制的特权，但它并不保证一定能给持有者带来经济效益，如有的专利可能会被另外更有经济价值的专利所淘汰等，因此，企业不应将其所拥有的一切专利权都予以资本化，作为无形资产管理和核算。一般而言，只有从外单位购入的专利或者自行开发并按法律程序申请取得的专利，才能作为无形资产管理和核算。这种专利可以降低成本，或者提高产品质量，或者将其转让出去能获得转让收入。

企业从外单位购入的专利权，应按实际支付的价款作为专利权的成本。企业自行开发并按法律程序申请取得的专利权，应按照《企业会计准则第 6 号——无形资产》确定的金额作为成本。

(2) 非专利技术。非专利技术即专有技术，或技术秘密、技术诀窍，是指先进的、未公开的、未申请专利、可以带来经济效益的技术及诀窍。主要内容包括：①工业专有技术，即在生产上已经采用，仅限于少数人知道，不享有专利权或发明权的生产、装配、修理、工艺或加工方法的技术知识；②商业(贸易)专有技术，即具有保密性质的市场情报、原材料价格情报以及用户、竞争对象的情况和有关知识；③管理专有技术，即生产组织的经营方式、管理方式、培训职工方法等保密知识。非专利技术并不是专利法的保护对象，专有技术所有人依靠自我保密的方式来维持其独占权，可以用于转让和投资。

企业的非专利技术，有些是自己开发研究的，有些是根据合同规定从外部购入的。如果是企业自己开发研究的，应将符合《企业会计准则第 6 号——无形资产》规定的开发支出资本化条件的，确认为无形资产。对于从外部购入的非专利技术，应将实际发生的支出予以资本化，作为无形资产入账。

(3) 商标权。商标是用来辨认特定的商品或劳务的标记。商标权是指专门在某类指定的商品或产品上使用特定的名称或图案的权利。商标经过注册登记，就获得了法律上的保护。《中华人民共和国商标法》明确规定，经商标局核准注册的商标为注册商标，商标注册人享有商标专用权，受法律的保护。

企业自创的商标并将其注册登记，所花费用一般不大，是否将其资本化并不重要。能够给拥有者带来获利能力的商标，往往是通过多年的广告宣传和其他传播商标名称的手段，以及客户的信赖等树立起来的。广告费一般不作为商标权的成本，而是在发生时直接计入当期损益。

按照《中华人民共和国商标法》的规定，商标可以转让，但受让人应保证使用该注册商标的产品质量。如果企业购买他人的商标，一次性支出费用较大的，可以将其资本化，作为无形资产管理。这时，应根据购入商标的价款、支付的手续费及有关费用作为商标的成本。

(4) 著作权。著作权又称版权，指作者对其创作的文学、科学和艺术作品依法享有的某些特殊权利。著作权包括两方面的权利，即精神权利(人身权利)和经济权利(财产权利)。前者指作品署名、发表作品、确认作者身份、保护作品的完整性、修改已经发表的作品等各项权利,包括作品署名权、发表权、修改权和保护作品完整权;后者指以出版、表演、广播、展览、录制唱片、摄制影片等方式使用作品以及因授权他人使用作品而获得经济利益的权利。

(5) 土地使用权。土地使用权是指国家准许某一企业或单位在一定期间内对国有土地享有开发、利用、经营的权利。根据《中华人民共和国土地管理法》的规定,我国实行土地的社会主义公有制,即全民所有制和劳动群众集体所有制。任何单位和个人不得侵占、买卖或者以其他形式非法转让土地。土地使用权可以依法转让。企业取得土地使用权,应将取得时发生的支出资本化,作为土地使用权的成本,记入"无形资产"科目核算。

(6) 特许权。特许权又称经营特许权、专营权,指企业在某一地区经营或销售某种特定商品的权利或是一家企业接受另一家企业使用其商标、商号、技术秘密等的权利。前者一般是由政府机构授权,准许企业使用或在一定地区享有经营某种业务的特权,如水、电、邮电通信等专营权、烟草专卖权等;后者指企业间依照签订的合同,有限期或无限期使用另一家企业的某些权利,如连锁店分店使用总店的名称等。

二、取得无形资产的账务处理

(一) 无形资产核算应设置的会计科目

为了反映和监督无形资产的取得、摊销和处置等情况,企业应当设置"无形资产""累计摊销"等科目进行核算。

"无形资产"科目核算企业持有的无形资产成本,借方登记取得无形资产的成本,贷方登记处置无形资产转出无形资产的账面余额,期末借方余额,反映企业无形资产的成本。"无形资产"科目应当按照无形资产的项目设置明细科目进行核算。其账户结构如图表 6-1 所示。

借　　无形资产	贷
期初余额 取得无形资产的成本	出售无形资产转出的无形资产账面价值
期末余额:无形资产的成本	

图表 6-1　"无形资产"账户的结构

"累计摊销"科目属于"无形资产"的调整科目,类似于"累计折旧"科目相对于"固定资产"科目,核算企业对使用寿命有限的无形资产计提的累计摊销,贷方登记企业计提的无形资产摊销,借方登记处置无形资产转出无形资产的累计摊销,期末贷方余额,反映企业无形资产的累计摊销额。其账户结构如图表 6-2 所示。

借　　累计摊销	贷
处置无形资产转出的累计摊销	计提的无形资产摊销
	期末余额:无形资产的累计摊销额

图表 6-2　"累计摊销"账户的结构

此外,企业无形资产发生减值的,还应当设置"无形资产减值准备"科目进行核算。

(二) 取得无形资产的账务处理

取得的无形资产应当按照成本进行初始计量。企业取得无形资产的主要方式有外购、自行研究开发等。取得的方式不同,其会计处理也有所差别。

1. 外购无形资产

外购无形资产的成本包括购买价款、相关税费以及直接归属于使该项资产达到预定用途所发生的其他支出。其中,相关税费不包括按照现行增值税制度规定,可以从销项税额中抵扣的增值税进项税额。外购无形资产,取得增值税专用发票的,按注明的增值税进项税额,借记"应交税费——应交增值税(进项税额)"科目;取得增值税普通发票的,按照注明的价税合计金额作为无形资产的成本,其进项税额不可抵扣。

【例 6-1】 无锡市弘毅股份有限公司为增值税一般纳税人,购入一项非专利技术,取得的增值税专用发票上注明的价款为 900 000 元,税率 6%,增值税税额 54 000 元,以银行存款支付。该公司应编制如下会计分录:

借:无形资产——非专利技术	900 000	
应交税费——应交增值税(进项税额)	54 000	
贷:银行存款		954 000

知识点提示

下列费用不构成无形资产的取得成本:

(1) 为引入新产品进行宣传发生的广告费、管理费用及其他间接费用。

(2) 无形资产达到预定用途之后发生的费用。

2. 自行研究开发无形资产

企业内部研究开发项目所发生的支出应区分研究阶段支出和开发阶段支出。

企业自行开发无形资产发生的研发支出,不满足资本化条件的,借记"研发支出——费用化支出"科目,满足资本化条件的,借记"研发支出——资本化支出"科目,贷记"原材料""银行存款""应付职工薪酬"等科目。自行研究开发无形资产发生的支出取得增值税专用发票可抵扣的进项税额,借记"应交税费——应交增值税(进项税额)"科目。

研究开发项目达到预定用途形成无形资产的,应当按照"研发支出——资本化支出"科目的余额,借记"无形资产"科目,贷记"研发支出——资本化支出"科目。期(月)末,应将"研发支出——费用化支出"科目归集的金额转入"管理费用"科目,借记"管理费用"科目,贷记"研发支出——费用化支出"科目。

企业如果无法可靠区分研究阶段的支出和开发阶段的支出,应将发生的研发支出全部费用化,计入当期损益,记入"管理费用"科目的借方。

【例 6-2】 无锡市弘毅股份有限公司自行研究、开发一项技术,截至 2020 年 12 月 31 日,发生研发支出合计 2 000 000 元,经测试,该项研发活动完成了研究阶段,从 2021 年 1 月 1 日开始进入开发阶段。2021 年发生开发支出 300 000 元,假定符合《企业会计准则第 6 号——无形资产》规定的开发支出资本化的条件,取得的增值税专用发票上注明的增值税税额为 39 000 元,2021 年 6 月 30 日,该项研发活动结束,最终开发出一项非专利技术。该公司应编制如下会计分录：

（1）2020 年发生的研究支出：

借：研发支出——费用化支出	2 000 000	
贷：银行存款等		2 000 000

（2）2020 年 12 月 31 日，发生的研发支出全部属于研究阶段的支出：

借：管理费用	2 000 000	
贷：研发支出——费用化支出		2 000 000

（3）2021 年，发生开发支出并符合资本化确认条件：

借：研发支出——资本化支出	300 000	
应交税费——应交增值税（进项税额）	39 000	
贷：银行存款等		339 000

（4）2021 年 6 月 30 日，该技术研发完成并形成无形资产：

借：无形资产	300 000	
贷：研发支出——资本化支出		300 000

本例中，2020 年 12 月 31 日，应将“研发支出——费用化支出”科目归集的金额2 000 000元转入“管理费用”科目，借记“管理费用”科目，贷记“研发支出——费用化支出”科目。

知识点提示

1. 内部研究开发项目的处理

对于企业内部研究开发项目，开发阶段的支出同时满足下列条件的才能资本化，计入无形资产成本，否则应当计入当期损益（管理费用）。

（1）完成该无形资产以使其能够使用或出售在技术上具有可行性。企业在判断无形资产的开发在技术上是否具有可行性时，应当以目前阶段的成果为基础，并提供相关证据和材料，证明企业进行开发所必需的技术条件等已经具备，不存在技术上的障碍或其他不确定性。例如，企业已经完成了全部计划、设计和测试活动，这些活动是使资产能够达到设计规划书中的功能、特征和技术所必需的活动，或经过专家鉴定等。

（2）具有完成该无形资产并使用或出售的意图。企业研发项目形成成果以后，是对外出售，还是供自己使用并从使用中获得经济利益，应当由企业管理层的意图而定。企业管理层应当能够说明其开发无形资产的目的，并具有完成该项无形资产开发并使其能够使用或出售的可能性。

（3）无形资产产生经济利益的方式，包括能够证明运用该无形资产生产的产品存在市场或无形资产自身存在市场；无形资产将在内部使用的，应当证明其有用性。如果有关的无形资产在形成以后，主要是用于生产新产品或新工艺的，企业应当对运用该无形资产生产的产品的市场情况进行可靠估计，应当能够证明所生产的产品存在市场，并能够带来经济利益的流入；如果有关的无形资产开发以后主要是用于对外出售的，则企业应当能够证明市场上存在对该类无形资产的需求，开发以后存在外部的市场可以出售并能够带来经济利益的流入；如果无形资产开发以后，不是用于生产产品，也不是用于对外出售，而是在企业内部使用的，则企业应能够证明其对企业的有用性。

(4) 有足够的技术、财务资源和其他资源支持,以完成该无形资产的开发,并有能力使用或出售该无形资产。这一条件主要包括:①为完成该项无形资产的开发具有技术上的可靠性。开发无形资产并使其形成成果在技术上的可靠性,是继续开发活动的关键。因此,必须有确凿证据证明企业有足够的技术支持和技术能力继续开发该项无形资产;②财务资源和其他资源支持。财务和其他资源支持是能够完成该项无形资产开发的经济基础,因此,企业必须能够说明为完成该项无形资产开发所需的财务和其他资源,是否能够足以支持完成该项无形资产的开发;③能够证明企业可以取得无形资产开发所必需的技术、财务和其他资源,以及获得这些资源的相关计划等。如企业自有资金不足以提供支持的,应当能够证明存在外部其他方面的资金支持,如银行等金融机构声明愿意为该无形资产的开发提供所需资金等;④有能力使用或出售该项无形资产以取得收益。

(5) 归属于该无形资产开发阶段的支出能够可靠地计量。企业对于开发活动所发生的支出应单独核算,例如,直接发生的开发人员薪酬、材料费以及相关设备折旧费等。在企业同时从事多项开发活动的情况下,所发生的支出同时用于支持多项开发活动的,应按照合理的标准在各项开发活动之间进行分配;无法合理分配的,应予以费用化计入当期损益,不计入开发活动的成本。

2. 土地使用权的处理

企业取得的土地使用权,通常应当按照取得时所支付的价款及相关税费确认为无形资产。但属于投资性房地产的土地使用权,应当按投资性房地产进行会计处理。

土地使用权用于自行开发建造厂房等地上建筑物时,土地使用权的账面价值不与地上建筑物合并计算其成本,而仍作为无形资产进行核算,土地使用权与地上建筑物分别进行摊销和计提折旧。但下列情况除外:

(1) 房地产开发企业取得的土地使用权用于建造对外出售的房屋建筑物,相关的土地使用权应当计入所建造的房屋建筑物成本。

(2) 企业外购房屋建筑物所支付的价款中包括土地使用权和建筑物的价值的,应当对实际支付的价款按照合理的方法(例如,公允价值相对比例)在土地使用权与地上建筑物之间进行分配;如果确实无法在土地使用权与地上建筑物之间进行合理分配的,应当全部作为固定资产,按照固定资产确认和计量的原则进行会计处理。

企业改变土地使用权的用途,停止自用土地使用权而用于赚取租金或资本增值时,应将其转为投资性房地产。

3. 投资者投入无形资产

投资者投入无形资产的成本,应当按照投资合同或协议约定的价值确定,但合同或协议约定价值不公允的,应按无形资产的公允价值入账。

【例 6-3】 无锡市弘毅股份有限公司为增值税一般纳税人,接受投资者投入一项非专利技术,取得的增值税专用发票上注明的价款为 900 000 元,税率 6%,增值税税额 54 000 元,公司给予相应股份。该公司应编制如下会计分录:

借:无形资产——非专利技术	900 000	
应交税费——应交增值税(进项税额)	54 000	
贷:股本		954 000

三、无形资产的后续计量

(一) 无形资产计提摊销

企业应当于取得无形资产时分析判断其使用寿命。使用寿命有限的无形资产应进行摊销。使用寿命不确定的无形资产不应摊销。

自可供使用(即其达到预定用途)当月起开始摊销,处置当月不再摊销。无形资产摊销方法包括年限平均法(即直线法)、生产总量法等。企业选择的无形资产摊销方法,应当反映与该项无形资产有关的经济利益的预期实现方式。无法可靠确定预期实现方式的,应当采用年限平均法(直线法)摊销。企业应当按月对无形资产进行摊销。

无形资产的摊销额一般应当计入当期损益。企业管理用的无形资产,其摊销金额计入管理费用;出租的无形资产,其摊销金额计入其他业务成本;某项无形资产包含的经济利益通过所生产的产品或其他资产实现的,其摊销金额应当计入相关资产成本。

企业对无形资产进行摊销时,借记"管理费用""其他业务成本""生产成本""制造费用"等科目,贷记"累计摊销"科目。

【例 6-4】 无锡市弘毅股份有限公司购买的一项管理用特许权,成本为 4 800 000 元,合同规定受益年限为 10 年,该公司采用年限平均法按月进行摊销。每月摊销时,该公司应作如下账务处理:

计算每月应摊销的金额=4 800 000÷10÷12=40 000(元)

编制会计分录:

借:管理费用　　40 000

　贷:累计摊销　　40 000

本例中,该无形资产属于企业管理用无形资产,其摊销金额应记入"管理费用"科目的借方。

【例 6-5】 2020 年 1 月 1 日,无锡市弘毅股份有限公司将其自行开发完成的非专利技术出租给丁公司,该非专利技术成本为 3 600 000 元,双方约定的租赁期限为 10 年,该公司采用年限平均法按月进行摊销。每月摊销时,该公司应作如下账务处理:

(1) 计算每月应摊销的金额=3 600 000÷10÷12=30 000(元)

(2) 编制会计分录:

借:其他业务成本　　30 000

　贷:累计摊销　　30 000

本例中,该无形资产属于出租的无形资产,其摊销金额应记入"其他业务成本"科目的借方。

知识点提示

无形资产使用寿命的确定:

(1) 源自合同性权利或其他法定权利取得的无形资产,其使用寿命通常不应超过合同性权利或其他法定权利的期限。例如,企业以支付土地出让金方式取得一块土地 50 年的使用权,如果企业准备持续持有,在 50 年期间内没有计划出售,该项土地使用权预期为企业带来未来经济利益的期间为50年。但如果企业使用资产的预期期限短于合同性权利或其他法定权利规定的期限的，则应当按照企业预期使用的期限来确定其使用寿命。例如，企业取得的某项实用新型专利权，法律规定的保护期限为10年，企业预计运用该项实用新型专利权所生产的产品在未来6年内会为企业带来经济利益，则该项专利权的预计使用寿命为6年。

如果合同性权利或其他法定权利能够在到期时因续约等延续，当有证据表明企业续约不需要付出重大成本时，续约期才能够包括在使用寿命的估计中。下列情况下，一般说明企业无须付出重大成本即可延续合同性权利或其他法定权利：①有证据表明合同性权利或法定权利将被重新延续，如果在延续之前需要第三方同意，则还需有第三方将会同意的证据；②有证据表明为获得重新延续所必需的所有条件将被满足，以及企业为延续持有无形资产所付出的成本相对于预期从重新延续中流入企业的未来经济利益相比不具有重要性。如果企业为延续无形资产持有期间而付出的成本与预期从重新延续中流入企业的未来经济利益相比具有重要性，则从本质上来看是企业获得了一项新的无形资产。

(2) 没有明确的合同或法律规定无形资产的使用寿命的，企业应当综合各方面因素判断，例如，聘请相关专家进行论证、与同行业的情况进行比较以及参考企业的历史经验等，来确定无形资产为企业带来未来经济利益的期限。

(3) 企业经过上述努力仍确实无法合理确定无形资产为企业带来经济利益的期限的，才能将其作为使用寿命不确定的无形资产。例如，企业取得了一项在过去几年中市场份额领先的畅销产品的商标，该商标按照法律规定还有5年的使用寿命，但是在保护期届满时，企业可每10年以较低的手续费申请延期，同时有证据表明企业有能力申请延期。此外，有关的调查表明，根据产品生命周期、市场竞争等方面情况综合判断，该商标将在不确定的期间内为企业带来现金流量综合各方面情况，该商标可视为使用寿命不确定的无形资产。又如，企业通过公开拍卖取得一项出租车运营许可，按照所在地的规定，以现有出租车运营许可权为限，不再授予新的运营许可权，而且在旧的出租车报废以后，有关的运营许可权可用于新的出租车。企业估计在有限的未来，将持续经营出租车行业。对于该运营许可权，由于其能为企业带来未来经济利益的期限从目前情况来看，无法可靠地估计，因而应将其视为使用寿命不确定的无形资产。

(二) 无形资产使用寿命的复核

企业至少应当于每年年度终了，对使用寿命有限的无形资产的使用寿命进行复核。如果有证据表明无形资产的使用寿命与以前估计不同的，应当改变其摊销期限，并按照会计估计变更进行处理。例如，企业使用的某项专利权，原预计使用寿命为10年，使用至第3年年末时，该企业计划再使用2年即不再使用，为此，在第3年年末，企业应当变更该项无形资产的使用寿命，并作为会计估计变更进行处理。又如，某项无形资产计提了减值准备，这可能表明企业原估计的摊销期限需要作出变更。

企业应当在每个会计期末对使用寿命不确定的无形资产的使用寿命进行复核。如果有证据表明该无形资产的使用寿命是有限的，应当作为会计估计变更进行处理，并按照使用寿命有限的无形资产的处理原则进行会计处理。

(三) 使用寿命不确定的无形资产会计处理问题

根据可获得的相关信息判断，有确凿证据表明无法合理估计其使用寿命的无形资产，才能作为使用寿命不确定的无形资产。对于使用寿命不确定的无形资产，在持有期间内不需要进行摊销,但应当至少在每个会计期末按照《企业会计准则第 8 号——资产减值》的有关规定进行减值测试。如经减值测试表明已发生减值,则需要计提相应的减值准备。具体账务处理为:借记“资产减值损失”科目,贷记“无形资产减值准备”科目。

四、处置无形资产的账务处理

无形资产的处置,主要是指无形资产对外出租、出售、对外捐赠,或者是无法为企业带来未来经济利益时,应予转销并终止确认。

(一) 无形资产出租

企业让渡无形资产使用权并收取租金,在满足收入确认条件的情况下,应确认相关的收入和费用。

出租无形资产取得租金收入时,借记“银行存款”等科目,贷记“其他业务收入”等科目;摊销出租无形资产的成本和发生与转让有关的各种费用支出时,借记“其他业务成本”“税金及附加”等科目,贷记“累计摊销”“应交税费”等科目。

【例 6-6】 2020 年 1 月 1 日,无锡市弘毅股份有限公司将某商标权出租给乙公司使用,租期为 4 年,每年收取不含税租金 150 000 元。无锡市弘毅股份有限公司为一般纳税人,应缴纳的增值税为 9 000 元(适用增值税税率为 6%)。在出租期间内无锡市弘毅股份有限公司不再使用该商标权。该商标权系该公司 2019 年 1 月 1 日购入的,初始入账价值为 1 800 000 元,预计使用年限为 15 年,采用直线法摊销。假定按年摊销商标权,且不考虑增值税以外的其他相关税费。

无锡市弘毅股份有限公司的账务处理为:

(1) 每年取得租金。

借:银行存款	159 000	
贷:其他业务收入——出租商标权		150 000
应交税费——应交增值税(销项税额)		9 000

(2) 按年对该商标权进行摊销。

借:其他业务成本——商标权摊销	120 000	
贷:累计摊销		120 000

(二) 无形资产的出售

企业出售无形资产,表明企业放弃该无形资产的所有权,应将所取得的价款与该无形资产账面价值的差额作为资产处置利得或损失,计入当期损益。但值得注意的是,企业出售无形资产确认其利得的时点,应按照收入确认中的相关原则进行确定。

出售无形资产时,应按实际收到的金额等,借记“银行存款”等科目;按已计提的累计摊销额,借记“累计摊销”科目;原已计提减值准备的,借记“无形资产减值准备”科目;按应支付的相关税费及其他费用,贷记“应交税费”“银行存款”等科目;按其账面余额,贷记“无形资产”科目;按其差额,贷记或借记“资产处置损益”科目。

【例 6-7】 无锡市弘毅股份有限公司为增值税一般纳税人,出售一项商标权,所得的不含税价款为 1 200 000 元,应缴纳的增值税为 72 000 元(适用增值税税率为 6%,不考虑其他税费)。该商标权成本为3 000 000元,出售时已摊销金额为1 800 000元,已计提的减值准备为300 000元。

该企业的账务处理为:

借:银行存款　　1 272 000
　　累计摊销　　1 800 000
　　无形资产减值准备——商标权　　300 000
　　贷:无形资产——商标权　　3 000 000
　　　　应交税费——应交增值税(销项税额)　　72 000
　　　　资产处置损益　　300 000

(三)无形资产的报废

如果无形资产预期不能为企业带来未来经济利益,例如,某无形资产已被其他新技术所替代或超过法律保护期,不能再为企业带来经济利益的,则不再符合无形资产的定义,应将其报废并予以转销,其账面价值转入当期损益。

【例6-8】 无锡市弘毅股份有限公司原拥有一项非专利技术,采用直线法进行摊销,预计使用期限为10年。现该项非专利技术已被内部研发成功的新技术所替代,并且根据市场调查,用该非专利技术生产的产品已没有市场,预期不能再为企业带来任何经济利益,故应当予以转销。转销时,该项非专利技术的成本为9 000 000元,已摊销6年,累计计提减值准备为2 400 000元,该项非专利技术的残值为0。假定不考虑其他相关因素。

该企业的账务处理为:

借:累计摊销　　5 400 000
　　无形资产减值准备——非专利技术　　2 400 000
　　营业外支出——处置非流动资产损失　　1 200 000
　　贷:无形资产　　9 000 000

五、无形资产减值处理

无形资产在资产负债表日存在可能发生减值的迹象时,其可收回金额低于账面价值的,企业应当将该无形资产的账面价值减记至可收回金额,减记的金额确认为减值损失,计入当期损益,同时计提相应的资产减值准备。

企业按照应减记的金额,借记"资产减值损失——计提的无形资产减值准备"科目,贷记"无形资产减值准备"科目。

需要强调的是,根据《企业会计准则第8号——资产减值》的规定,企业无形资产减值损失一经确认,在以后会计期间不得转回。

【例6-9】 2020年12月31日,市场上某项新技术生产的产品销售势头较好,已对无锡市弘毅股份有限公司产品的销售产生重大不利影响。无锡市弘毅股份有限公司外购的类似专利技术的账面价值为800 000元,剩余摊销年限为4年,经减值测试,该专利技术的可收回金额为750 000元。由于无锡市弘毅股份有限公司该专利技术在资产负债表日的账面价值为800 000元,可收回金额为750 000元,可收回金额低于账面价值,应按其差额50 000元(800 000−750 000)计提减值准备。该公司应编制如下会计分录:

借：资产减值损失——计提的无形资产减值准备　　50 000
　贷：无形资产减值准备　　50 000

任务二　长期待摊费用的核算

任务导入

今天公司准备对一台经营租赁的设备进行改造，王丽面对这笔特殊的业务无从下手，便请来师傅帮忙，师傅认真审阅了该笔业务后，让王丽作长期待摊费用处理。于是，针对长期待摊费用的账务处理，王丽开始了认真的学习。

任务要求

1. 了解长期待摊费用的概念
2. 熟悉长期待摊费用的会计账务处理

知识点介绍

一、长期待摊费用的概念

长期待摊费用是指企业已经发生但应由本期和以后各期负担的分摊期限在一年以上的各项费用，如已提足折旧的固定资产改良支出、经营性租入固定资产的改良支出、固定资产大修理费支出以及其他应当列入长期待摊费用核算的支出。

二、长期待摊费用的账务处理

企业应设置"长期待摊费用"科目对此类项目进行核算。"长期待摊费用"科目可按费用项目进行明细核算。

企业发生的长期待摊费用，借记"长期待摊费用"科目，取得可在当期抵扣的增值税进项税额，借记"应交税费——应交增值税（进项税额）"科目，贷记"原材料""银行存款"等科目。摊销长期待摊费用，借记"管理费用""销售费用"等科目，贷记"长期待摊费用"科目。"长期待摊费用"科目期末借方余额，反映企业尚未摊销完毕的长期待摊费用。具体账户结构如图表 6-3 所示。

借　　　　长期待摊费用	贷
期初余额 发生的长期待摊费用	摊销的长期待摊费用
期末余额：长期待摊费用的结存余额	

图表 6-3　"长期待摊费用"账户的结构

【例 6-10】　2020 年 4 月 1 日，无锡市弘毅股份有限公司对以经营租赁方式新租入的办公楼进行装修，发生有关支出：领用生产用材料 800 000 元，相关增值税税额为 136 000 元，有关人员工资等职工薪酬 400 000 元。

2020 年 11 月 30 日，该办公楼装修完毕，达到预定可使用状态并交付使用，按租赁期 10 年进行摊销。假设不考虑其他因素，该公司应编制如下会计分录：

（1）装修领用原材料时：

借：长期待摊费用　　800 000

　　贷：原材料　　800 000

（2）确认工程人员职工薪酬时：

借：长期待摊费用　　400 000

　　贷：应付职工薪酬　　400 000

（3）2021 年 12 月摊销装修支出时：

借：管理费用　　10 000

　　贷：长期待摊费用　　10 000

在本例中，无锡市弘毅股份有限公司发生的办公楼装修支出合计为 1 200 000 元（800 000＋400 000），2020 年 12 月份应分摊的装修支出为 10 000 元（1 200 000÷10÷12）。

课后练习　　项目实操

项目七

负债的核算

项目引领

项目目标

理论目标

（一）熟悉短期借款的概念及账务处理

（二）熟悉应付账款的概念、性质及账务处理

（三）熟悉应付票据的概念及账务处理

（四）熟悉预收账款的概念及账务处理

（五）熟悉应付职工薪酬的概念及账务处理

（六）熟悉应交税费的具体核算内容

（七）熟悉长期借款的概念及账务处理

（八）熟悉应付债券的概念及账务处理

实务目标

（一）掌握应付账款的账务处理

（二）掌握应付职工薪酬的账务处理

（三）了解应交税费的账务处理

任务一　短期借款的核算

任务导入

今天公司借入了一笔三个月的银行借款，王丽询问师傅应该怎么进行账务处理。师傅耐心地对王丽解答说按照短期借款进行账务处理。于是，在师傅的指导下，王丽对短期借款的账务处理进行了认真的学习。

任务要求

1. 熟悉短期借款的概念
2. 熟悉短期借款的会计账务处理

知识点介绍

一、短期借款的概念

短期借款是指企业向银行或其他金融机构等借入的期限在 1 年以下（含 1 年）的各种款项。短期借款一般是企业为了满足正常生产经营所需的资金或者是为了抵偿某项债务而借入的。短期借款的债权人不仅是银行，还包括其他非银行金融机构或其他单位和个人。

短期借款的特点是期限短，利息少，财务风险大。与长期借款相比，短期借款期限在一年及一年以内，借款期限在一年以上的借款应作为长期借款进行账务处理。

二、短期借款的账务处理

（一）借入短期借款

企业借入的短期借款，无论用于哪个方面，只要借入了这项资金，就构成了一项流动负债。企业应通过“短期借款”科目，核算短期借款的取得、偿还等情况。该科目的贷方登记取得借款本金的金额，借方登记偿还借款的本金金额，余额在贷方，反映企业尚未偿还的短期借款。本科目可按借款种类、贷款人和币种设置明细科目进行明细核算。其具体账户结构如图表 7-1 所示。

借　　　　短期借款	贷
偿还借款的本金数额	期初余额 取得借款本金的数额
	期末余额： 企业尚未偿还的短期借款

图表 7-1　“短期借款”账户的结构

企业从银行或其他金融机构取得短期借款时，借记“银行存款”科目，贷记“短期借款”

科目。

企业借入短期借款应支付利息。在实际工作中，如果短期借款利息是按期支付的，如按季度支付利息，或者利息是在借款到期时连同本金一起归还，并且其数额较大的，企业于月末应采用预提方式进行短期借款利息的核算。短期借款利息属于企业的筹资费用，应当在发生时作为财务费用直接计入当期损益。在资产负债表日，企业应当按照计算确定的短期借款利息费用，借记"财务费用"科目，贷记"应付利息"科目；实际支付利息时，借记"应付利息"科目，贷记"银行存款"或"库存现金"科目。

如果企业的短期借款利息是按月支付的，或者利息是在借款到期时连同本金一起归还，但是数额不大的，可以不采用预提的方法，而在实际支付或收到银行的计息通知时，直接计入当期损益，借记"财务费用"科目，贷记"银行存款"科目。

(二) 归还短期借款

短期借款到期时，应及时归还。短期借款到期偿还本金时，企业应借记"短期借款"科目，贷记"银行存款"科目。如果利息是在借款到期时连同本金一起归还的，企业应将归还的利息通过"应付利息"或"财务费用"科目核算。

【例 7-1】 2020 年 1 月 1 日，无锡市弘毅股份有限公司向银行借入一笔生产经营用短期借款，共计 1 200 000 元，期限为 9 个月，年利率为 4%。根据与银行签署的借款协议，该项借款的本金到期后一次归还，利息按季支付。该公司应编制如下会计分录：

(1) 1 月 1 日借入短期借款：

借：银行存款	1 200 000	
贷：短期借款		1 200 000

(2) 1 月末，计提 1 月份应利利息：

借：财务费用	4 000	
贷：应付利息		4 000

本月应计提的利息金额＝1 200 000×4%÷12＝4 000(元)

2 月末计提 2 月份利息费用的处理与 1 月份相同。

(3) 3 月末，支付第一季度银行借款利息：

借：财务费用	4 000	
应付利息	8 000	
贷：银行存款		12 000

第二、第三季度的会计处理同上：

(4) 10 月 1 日偿还银行借款本金：

借：短期借款	1 200 000	
贷：银行存款		1 200 000

如果上述借款期限是 8 个月，则到期日为 9 月 1 日，8 月末之前的会计处理与上述相同。9 月 1 日偿还银行借款本金，同时支付 7 月和 8 月已提未付利息。该公司应编制如下会计分录：

借：短期借款	1 200 000	
应付利息	8 000	
贷：银行存款		1 208 000

知识点提示

短期借款计提利息时，一定要看清楚是按月计提还是按季度计提，如果是按月计提并支付利息，则统一通过“财务费用”科目进行会计核算；如果是按季度计提利息，则应先通过“应付利息”科目汇总前期已经计提的利息，计息期最后一个月的利息则直接通过“财务费用”科目进行会计处理。

任务二 应付账款的核算

任务导入

在了解了企业的短期借款后，王丽收到了一张采购发票，经过审核相关原始凭证后发现款项尚未支付，师傅指导将其作为应付账款进行账务处理，于是，针对应付账款的会计核算，王丽开始了认真的学习。

任务要求

1. 熟悉应付账款的概念及账户结构
2. 熟悉应付账款的会计账务处理

知识点介绍

一、应付账款的概念及账户结构

（一）应付账款的概念

应付账款是指企业因购买材料、商品或接受劳务供应等经营活动而应付给供应单位的款项。实务中，为了使所购入材料、商品的金额、品种、数量和质量等与合同规定的条款相符，避免因验收时发现所购材料、商品的数量或质量存在问题而对入账的材料、商品或应付账款金额进行改动。在材料、商品和发票账单同时到达的情况下，一般在所购材料、商品验收入库后，根据发票账单登记入账，确认应付账款。在所购材料、商品已经验收入库，但是发票账单未能同时到达的情况下，企业应付材料、商品供应单位的债务已经成立，在会计期末，为了反映企业的负债情况，需要将所购材料、商品和相关的应付账款暂估入账，待下月初用红字将上月末暂估入账的应付账款予以冲销。

（二）应付账款账户的结构

企业应通过“应付账款”科目，核算应付账款的发生、偿还、转销等情况。该科目贷方登记企业购买材料、商品和接受劳务等而发生的应付账款，借方登记偿还的应付账款，或开出商业汇票抵付应付账款的款项，或冲销无法支付的应付账款。余额一般在贷方，反映企业尚未支付的应付账款余额。本科目应按照债权人设置明细科目进行明细核算。其具体账户结构如图表 7-2 所示。

借 应付账款	贷
① 偿还的应付账款 ② 开出商业汇票抵付应付账款的款项 ③ 冲销无法支付的应付账款	期初余额 企业购买材料、商品和接受劳务等而发生的应付账款
	期末余额： 企业尚未支付的应付账款余额

图表 7-2 “应付账款”科目账户的结构

二、应付账款的账务处理

企业购入材料、商品或接受劳务等所产生的应付账款，应按应付金额入账。购入材料、商品等验收入库，但货款尚未支付，根据有关凭证（发票账单、随货同行发票上记载的实际价款或暂估价值），借记“材料采购”“在途物资”“原材料”“库存商品”等科目，按照可抵扣的增值税进项税额，借记“应交税费——应交增值税（进项税额）”科目，按应付的款项，贷记“应付账款”科目。企业接受供应单位提供劳务而发生的应付未付款项，根据供应单位的发票账单所列金额，借记“生产成本”“管理费用”等科目，按照增值税专用发票上注明的可抵扣的增值税进项税额，借记“应交税费——应交增值税（进项税额）”科目，贷记“应付账款”科目。

企业偿还应付账款或开出商业汇票抵付应付账款时，借记“应付账款”科目，贷记“银行存款”“应付票据”等科目。

【例 7-2】 无锡市弘毅股份有限公司为增值税一般纳税人。2020 年 3 月 1 日，从 A 公司购入一批材料，增值税专用发票上注明的价款为 100 000 元，增值税税额为 13 000 元；同时，对方代垫运费 1 000 元、增值税税额 90 元，已收到对方转来增值税专用发票。材料验收入库（该企业材料按实际成本进行日常核算），款项尚未支付。4 月 10 日，该企业以银行存款支付购入材料相关款项 114 090 元。该企业应编制如下会计分录：

（1）确认应付账款：

借：原材料　　101 000
　　应交税费——应交增值税（进项税额）　　13 090
　　贷：应付账款——A 公司　　114 090

（2）偿还应付账款：

借：应付账款——A 公司　　114 090
　　贷：银行存款　　114 090

应付账款附有现金折扣的，企业应按照扣除现金折扣前的应付款总额入账。因在折扣期限内付款而获得的现金折扣，应在偿付应付账款时冲减财务费用。

【例 7-3】 2020 年 4 月 2 日，乙百货商场从 B 公司购入一批家电产品并验收入库。增值税专用发票上注明的该批家电的价款为 1 000 000 元，增值税税额为 130 000 元。按照购货协议的规定，乙百货商场如在15天内付清货款，将获得1%的现金折扣(假定计算现金折扣时需考虑增值税)。2020年4月10日，乙百货商场按照扣除现金折扣后的金额，用银行存款付清了所欠B公司货款。乙百货商场采用实际成本核算库存商品，应编制如下会计分录：

(1) 4月2日确认应付账款：

借：库存商品　　1 000 000
　　应交税费——应交增值税(进项税额)　　130 000
　　贷：应付账款——B公司　　1 130 000

(2) 4月10日付清货款：

借：应付账款——B公司　　1 130 000
　　贷：银行存款　　1 118 700
　　　　财务费用　　11 300

本例中，乙百货商场在4月10日(即购货后的第8天)付清所欠B公司的货款，按照购货协议可以获得现金折扣。乙百货商场获得的现金折扣＝1 130 000×1%＝11 300(元)，实际支付的货款＝1 130 000－1 130 000×1%＝1 118 700(元)

【例7-4】 2020年5月20日，丙企业收到银行转来供电部门开具的增值税专用发票，发票上注明的电费为38 400元、增值税税额为4 992元，企业以银行存款付讫，月末，该企业经计算，本月应付电费38 400元，其中生产车间电费25 600元，企业行政管理部门电费12 800元。丙企业应编制如下会计分录：

(1) 支付外购动力费：

借：应付账款——××电力公司　　38 400
　　应交税费——应交增值税(进项税额)　　4 992
　　贷：银行存款　　43 392

(2) 月末分配外购动力费：

借：制造费用　　25 600
　　管理费用　　12 800
　　贷：应付账款——××电力公司　　38 400

应付账款一般在较短期限内支付，但有时由于债权单位撤销或其他原因而使应付账款无法清偿。企业对于确实无法支付的应付账款应予以转销，按其账面余额计入营业外收入，借记"应付账款"科目，贷记"营业外收入"科目。

【例7-5】 2020年12月31日，无锡市弘毅股份有限公司确认一笔应付某公司货款50 000元为无法支付的款项，对此予以转销。该企业应编制如下会计分录：

借：应付账款　　50 000
　　贷：营业外收入　　50 000

知识点提示

不单独设置"预付账款"科目的企业可以用"应付账款"科目来替换"预付账款"科目进行会计核算。

任务三 应付票据的核算

任务导入

今天采购员催促财务支付一笔款项，师傅开出一张银行承兑汇票给对方单位并吩咐王丽进行会计处理，王丽不知道如何操作，师傅指导王丽使用应付票据科目进行账务处理，于是，王丽开始对应付票据的会计处理进行认真的学习。

任务要求

1. 熟悉应付票据的概念及账户结构
2. 熟悉应付票据的会计账务处理

知识点介绍

一、应付票据的概念及账户结构

(一) 应付票据的概念

应付票据是指企业购买材料、商品和接受劳务供应等而开出、承兑的商业汇票，包括商业承兑汇票和银行承兑汇票。

(二) 应付票据账户的结构

企业应通过“应付票据”科目，核算应付票据的发生、偿付等情况该科目贷方登记开出、承兑汇票的面值，借方登记支付票据的金额，余额在贷方，反映企业尚未到期的商业汇票的票面金额。具体账户结构如图表 7-3 所示。

借　　应付票据	贷
支付票据的金额	期初余额 开出、承兑汇票的面值
	期末余额： 企业尚未到期的商业汇票的票面金额

图表 7-3 “应付票据”账户的结构

企业应当设置“应付票据备查簿”，详细登记商业汇票的种类、号数和出票日期、到期日、票面余额、交易合同号和收款人姓名或单位名称以及付款日期和金额等资料。应付票据到期结清时，上述内容应当在备查簿内予以注销。

我国商业汇票的付款期限不超过 6 个月，电子商业汇票的付款期限不超过一年。因此，企业应将应付票据作为流动负债管理和核算。同时，由于应付票据的偿付时间较短，在会计实务中，一般均按照开出、承兑的应付票据的面值入账。

二、应付票据的账务处理

企业因购买材料、商品和接受劳务供应等而开出、承兑的商业汇票，应当按其票面金额作为应付票据的入账金额，借记“材料采购”“在途物资”“原材料”“库存商品”“应付账款”“应交税费——应交增值税(进项税额)”等科目，贷记“应付票据”科目。

企业因开出银行承兑汇票而支付银行的承兑汇票手续费，应当计入当期财务费用，借记“财务费用”科目，贷记“银行存款”科目。

企业开具的商业汇票到期支付票据款时，根据开户银行的付款通知，借记“应付票据”科目，贷记“银行存款”科目。

【例 7-6】 无锡市弘毅股份有限公司为增值税一般纳税人，原材料按计划成本核算。2020 年 2 月 6 日购入原材料一批，增值税专用发票上注明的价款为 60 000 元，增值税税额为 7 800 元，原材料验收入库。该企业开出并经开户银行承兑的商业汇票一张，面值为 67 800 元、期限 5 个月，交纳银行承兑手续费 35.10 元，其中增值税额 1.99 元。7 月 6 日商业汇票到期，该企业通知其开户银行以银行存款支付票款。该企业应编制如下会计分录：

(1) 开出并承兑商业汇票购入材料：

借：材料采购　　60 000
　　应交税费——应交增值税(进项税额)　　7 800
　贷：应付票据　　67 800

(2) 支付商业汇票承兑手续费：

借：财务费用　　33.11
　　应交税费——应交增值税(进项税额)　　1.99
　贷：银行存款　　35.10

(3) 支付商业汇票款：

借：应付票据　　67 800
　贷：银行存款　　67 800

应付商业承兑汇票到期，如企业无力支付票款，由于商业汇票已经失效，企业应将应付票据按账面余额转作应付账款，借记“应付票据”科目，贷记“应付账款”科目。应付银行承兑汇票到期，如企业无力支付票款，则由承兑银行代为支付并作为对付款企业的贷款处理，企业应将应付票据的账面余额转作短期借款，借记“应付票据”科目，贷记“短期借款”科目。

【例 7-7】 承[例 7-6]，假设上述银行承兑汇票到期时无锡市弘毅股份有限公司无力支付票款。该企业应编制如下会计分录：

借：应付票据　　67 800
　贷：短期借款　　67 800

任务四 预收款项的核算

任务导入

今天公司在没有与客户签订合同的情况下预收了对方的货款，王丽拿着相关原始单据不知道如何进行账务处理。师傅指导其记入“预收账款”科目，这样，王丽就开始对预收账款的账务处理进行认真的学习。

任务要求

1. 熟悉预收账款的概念及账户结构
2. 熟悉预收账款的账务处理

知识点介绍

一、预收账款的概念及账户结构

（一）预收账款的概念

预收账款是指企业向购货单位预收的款项。预收账款与应付账款同为企业短期债务，但与应付账款不同的是，预收账款所形成的负债不是以货币偿付，而是以货物清偿。

如果在收到对方预收款之前已经跟对方签订好相关预收款合同的话，则在正式收到客户预收款时应该将预收款记入“合同负债”科目；否则应该记入“预收账款”科目。

（二）预收账款的账务处理

企业应通过“预收账款”科目，核算预收账款的取得、偿付等情况。该科目贷方登记发生的预收账款金额和购货单位补付账款的金额，借方登记企业向购货方发货后冲销的预收账款金额和退回购货方多付账款的金额；期末贷方余额，反映企业预收的款项，如为借方余额，反映企业尚未转销的款项。本科目一般应当按照购货单位设置明细科目进行明细核算。该账户具体结构如图表 7-4 所示。

借 预收账款	贷
企业向购货方发货后冲销的预收账款数额 退回购货方多付账款的数额	发生的预收账款数额 购货单位补付账款的数额
期末余额：企业应收的款项	期末余额：企业向购货单位预收的款项但尚未向购货方发货的数额

图表 7-4 “预收账款”科目的账户结构

企业预收购货单位的款项时，借记“银行存款”科目，贷记“预收账款”科目；销售实现时，按实现的收入和应交的增值税销项税额，借记“预收账款”科目，按照实现的营业收入，贷记“主营业务收入”科目，按照增值税专用发票上注明的增值税额，贷记“应交税费——应交增值税（销项税额）”等科目；企业收到购货单位补付的款项，借记“银行存款”科目，贷记“预收账款”科目；向购货单位退回其多付的款项，借记“预收账款”科目，贷记“银行存款”科目。

预收货款业务不多的企业，可以不单独设置“预收账款”科目，其所发生的预收货款，可通过“应收账款”科目核算。

【例 7-8】 无锡市弘毅股份有限公司为增值税一般纳税人。2020 年 6 月 9 日，无锡市弘毅股份有限公司收到乙公司预付货款 120 000 元存入银行，6 月 19 日无锡市弘毅股份有限公司将货物发运到乙公司并开具增值税专用发票，注明货款 200 000 元，增值税额26 000 元，乙公司验收货物后付清了剩余货款。应编制如下会计分录：

（1）收到乙公司预付的货款：

借：银行存款	120 000	
贷：预收账款——乙公司		120 000

（2）向乙公司发出货物：

借：预收账款——乙公司	226 000	
贷：主营业务收入		200 000
应交税费——应交增值税（销项税额）		26 000

（3）收到乙公司补付的货款：

借：银行存款	106 000	
贷：预收账款——乙公司		106 000

【例 7-9】 承接[例 7-8]，假设无锡市弘毅股份有限公司不设置“预收账款”科目，其预收的款项通过“应收账款”科目核算。应编制如下会计分录：

（1）收到乙公司预付的货款：

借：银行存款	120 000	
贷：应收账款——乙公司		120 000

（2）向乙公司发出货物：

借：应收账款——乙公司	226 000	
贷：主营业务收入		200 000
应交税费——应交增值税（销项税额）		26 000

（3）收到乙公司补付的货款：

借：银行存款	106 000	
贷：应收账款——乙公司		106 000

任务五 应付职工薪酬的核算

任务导入

马上要发工资了，这可是全公司最关心的事情。王丽拿着总经理签过字的工资表主动去询问师傅关于公司工资的核算问题，师傅耐心地向王丽进行了解答。于是，王丽开始对公司关于工资的核算进行认真细致的学习。

任务要求

1. 了解职工薪酬的内容
2. 熟悉"应付职工薪酬"科目的账户结构及相关的账务处理

知识点介绍

一、职工薪酬的内容

职工薪酬，是指企业为获得职工提供的服务或解除劳动关系而给予的各种形式的报酬或补偿，职工薪酬包括短期薪酬、离职后福利、辞退福利和其他长期职工福利。

这里所称的"职工"，主要包括三类人员：一是与企业订立劳动合同的所有人员，含全职、兼职和临时职工；二是未与企业订立劳动合同，但由企业正式任命的企业治理层和管理层人员，如董事会成员、监事会成员等；三是在企业的计划和控制下，虽未与企业订立劳动合同或未由其正式任命，但向企业所提供服务与职工所提供服务类似的人员，也属于职工的范畴，包括通过企业与劳务中介公司签订用工合同而向企业提供服务的人员。

（一）短期薪酬

短期薪酬，是指企业在职工提供相关服务的年度报告期间结束后12个月内需要全部予以支付的职工薪酬，因解除与职工的劳动关系给予的补偿除外。短期薪酬具体包括以下内容：

（1）职工工资、奖金、津贴和补贴，是指按照构成工资总额的计时工资、计件工资、支付给职工的超额劳动报酬和增收节支的劳动报酬、为补偿职工特殊或额外的劳动消耗和因其他特殊原因支付给职工的津贴，以及为保证职工工资水平不受物价影响支付给职工的物价补贴等。其中，企业按照短期奖金计划向职工发放的奖金属于短期薪酬，按照长期奖金计划向职工发放的奖金属于其他长期职工福利。

（2）职工福利费，是指企业向职工提供的生活困难补助、丧葬补助费、抚恤费、职工异地安家费、防暑降温费等职工福利支出。企业提供给职工配偶、子女、受赡养人、已故员工遗属及其他受益人的福利，也属于职工薪酬。

（3）医疗保险费、工伤保险费和生育保险费等社会保险费，是指企业按照国家规定的基准和比例计算，向社会保险经办机构缴纳的医疗保险费、工伤保险费和生育保险费。企业为职工缴纳的补充养老保险费、商业保险属于职工薪酬，职工本人缴纳的保险费不属于职工薪酬。

(4) 住房公积金，是指企业按照国家规定的基准和比例计算，向住房公积金管理机构缴存的住房公积金。

(5) 工会经费和职工教育经费，是指企业为了改善职工文化生活、为职工学习先进技术和提高文化水平和业务素质，用于开展工会活动和职工教育及职业技能培训等相关支出。

(6) 短期带薪缺勤，是指职工虽然缺勤但企业仍向其支付报酬的安排，包括年休假、病假、婚假、产假、丧假、探亲假等。长期带薪缺勤属于其他长期职工福利。

(7) 短期利润分享计划，是指因职工提供服务而与职工达成的基于利润或其他经营成果提供薪酬的协议。长期利润分享计划属于其他长期职工福利。

(8) 其他短期薪酬，是指除上述薪酬以外的其他为获得职工提供的服务而给予的短期薪酬。非货币性福利也属于职工薪酬，包括企业以自产产品或外购商品发放给职工作为福利、将企业拥有的资产或租赁资产无偿提供给职工使用，或以低于成本的价格向职工出售住房等。

(二) 离职后福利

离职后福利，是指企业为获得职工提供的服务而在职工退休或与企业解除劳动关系后，提供的各种形式的报酬和福利，短期薪酬和辞退福利除外。企业应当将离职后福利计划分类为设定提存计划和设定受益计划。

离职后福利计划，是指企业与职工就离职后福利达成的协议，或者企业为向职工提供离职后福利制定的规章或办法等。其中，设定提存计划，是指向独立的基金缴存固定费用后，企业不再承担进一步支付义务的离职后福利计划；设定受益计划，是指除设定提存计划以外的离职后福利计划。

(三) 辞退福利

辞退福利，是指企业在职工劳动合同到期之前解除与职工的劳动关系，或者为鼓励职工自愿接受裁减而给予职工的补偿。

(四) 其他长期职工福利

其他长期职工福利是指除短期薪酬、离职后福利、辞退福利之外所有的职工薪酬，包括长期带薪缺勤、长期残疾福利、长期利润分享计划等。

二、"应付职工薪酬"科目的账户结构

企业应当设置"应付职工薪酬"科目，核算应付职工薪酬的计提、结算、使用等情况。该科目的贷方登记已分配计入有关成本费用项目的职工薪酬的数额，借方登记实际发放职工薪酬的数额，包括扣还的款项等；该科目期末贷方余额，反映企业应付未付的职工薪酬。

"应付职工薪酬"科目应当设置"工资、奖金、津贴和补贴""职工福利费""非货币性福利""社会保险费""住房公积金""工会经费""职工教育经费""带薪缺勤""利润分享计划""设定提存计划""设定受益计划义务""辞退福利"等明细科目进行明细核算。其具体账户结构如

图表 7-5 所示。

借	应付职工薪酬 贷
实际发放职工薪酬的数额 (包括扣还的款项等)	期初余额 已分配计入有关成本费用项目的职工薪酬的数额
	期末余额： 企业应付未付的职工薪酬

图表 7-5 “应付职工薪酬”科目的账户结构

三、应付职工薪酬相关的账务处理

(一) 短期薪酬的核算

企业应当在职工为其提供服务的会计期间，将实际发生的短期薪酬确认为负债，并计入当期损益，其他会计准则要求或允许计入资产成本的除外。

1. 货币性职工薪酬

1) 职工工资、奖金、津贴和补贴

对于职工工资、奖金、津贴和补贴等货币性职工薪酬，企业应当在职工为其提供服务的会计期间，将实际发生的职工工资、奖金、津贴和补贴等，根据职工提供服务的受益对象，将应确认的职工薪酬，借记“生产成本”“制造费用”“劳务成本”等科目，贷记“应付职工薪酬——工资、奖金、津贴和补贴”科目。

企业应当在职工为其提供服务的会计期间，将职工薪酬确认为负债，并根据职工提供服务的受益对象，分别计入相关资产成本或当期损益。其账务处理具体归纳如下：

借：生产成本(生产车间生产工人的薪酬)
　　制造费用(生产车间管理人员的薪酬)
　　劳务成本(对外提供劳务人员的薪酬)
　　管理费用(行政人员的薪酬)
　　销售费用(销售人员的薪酬)
　　研发支出(从事研发活动人员的薪酬)
　　在建工程(从事工程建设人员的薪酬)
　　贷：应付职工薪酬——工资、奖金、津贴和补贴
　　　　　　　　　　——职工福利费
　　　　　　　　　　——工会经费
　　　　　　　　　　——职工教育经费
　　　　　　　　　　——社会保险费(企业承担部分)
　　　　　　　　　　——住房公积金(企业承担部分)

【例 7-10】 无锡市弘毅股份有限公司 2020 年 7 月应付工资总额 693 000 元，“工资费用分配汇总表”中列示的产品生产人员工资为 480 000 元，车间管理人员工资为 105 000 元，企业行政管理人员工资为 90 600 元，专设销售机构人员工资为 17 400 元。应编制如下会计分录：

借：生产成本——基本生产成本　　480 000
　　制造费用　　105 000
　　管理费用　　90 600
　　销售费用　　17 400
　　贷：应付职工薪酬——职工工资、奖金、津贴和补贴　　693 000

实务中，企业一般在每月发放工资前，根据“工资费用分配汇总表”中的“实发金额”栏的合计数，通过开户银行支付给职工或从开户银行提取现金，然后再向职工发放。企业按照有关规定向职工支付工资、奖金、津贴、补贴等，借记“应付职工薪酬——工资、奖金、津贴和补贴”科目，贷记“银行存款”“库存现金”等科目；企业从应付职工薪酬中扣还的各种款项（代垫的家属药费、个人所得税等），借记“应付职工薪酬”科目，贷记“银行存款”“库存现金”“其他应收款”“应交税费——应交个人所得税”等科目。

【例 7-11】 承[例 7-10]，无锡市弘毅股份有限公司根据“工资费用分配汇总表”结算本月应付职工工资总额 693 000 元，其中企业代扣职工房租 32 000 元、代垫职工家属医药费 8 000 元，实发工资 653 000 元。应编制如下会计分录：

向银行提取现金：

借：库存现金　　653 000
　　贷：银行存款　　653 000

用现金发放工资：

借：应付职工薪酬——工资、奖金、津贴和补贴　　653 000
　　贷：库存现金　　653 000

注：如果通过银行发放工资，应编制如下会计分录：

借：应付职工薪酬——工资、奖金、津贴和补贴　　653 000
　　贷：银行存款　　653 000

代扣款项：

借：应付职工薪酬——工资、奖金、津贴和补贴　　40 000
　　贷：其他应收款——职工房租　　32 000
　　　　　　　　——代垫医药费　　8 000

2）职工福利费

对于职工福利费，企业应当在实际发生时根据实际发生额计入当期损益或相关资产成本，借记“生产成本”“制造费用”“管理费用”“销售费用”等科目，贷记“应付职工薪酬——职工福利费”科目。

【例 7-12】 无锡市弘毅股份有限公司下设一所职工食堂，每月根据在岗职工数量及岗位分布情况、相关历史经验数据等计算需要补贴食堂的金额，从而确定公司每期因补贴职工食堂需要承担的福利费金额。2020 年 9 月，公司在岗职工共计 200 人，其中，管理部门 30 人，生产车间 170 人，公司的历史经验数据表明，每个职工每月需补贴食堂 150 元。应编制如下会计分录：

借：生产成本　　25 500
　　管理费用　　4 500
　　贷：应付职工薪酬——职工福利费　　30 000

本例中，无锡市弘毅股份有限公司应当计提的职工福利费＝150×200＝30 000(元)

【例 7-13】 承[例 7-12]，2020 年 10 月，无锡市弘毅股份有限公司支付 30 000 元补贴给食堂。应编制如下会计分录：

借：应付职工薪酬——职工福利费	30 000	
贷：银行存款		30 000

3）国家规定计提标准的职工薪酬

对于国家规定了计提基础和计提比例的医疗保险费、工伤保险费、生育保险费等社会保险费和住房公积金，以及按规定提取的工会经费和职工教育经费，企业应当在职工为其提供服务的会计期间，根据规定的计提基础和计提比例计算确定相应的职工薪酬金额，并确认相关负债，按照受益对象计入当期损益或相关资产成本，借记“生产成本”“制造费用”“管理费用”等科目，贷记“应付职工薪酬”科目。

【例 7-14】 承[例 7-10]，2020 年 7 月份，无锡市弘毅股份有限公司根据相关规定，分别按照职工工资总额的 2%和 8%的计提标准，确认应付工会经费和职工教育经费。应编制如下会计分录：

借：生产成本——基本生产成本	48 000	
制造费用	10 500	
管理费用	9 060	
销售费用	1 740	
贷：应付职工薪酬——工会经费和职工教育经费——工会经费		13 860
——职工教育经费		55 440

本例中，应确认的应付职工薪酬＝(480 000＋105 000＋90 600＋17 400)×(2%＋8%)＝69 300(元)，其中，工会经费为 13 860 元、职工教育经费为 55 440 元。

本例中，应记入“生产成本”科目的金额＝480 000×(2%＋8%)＝48 000(元)；应记入“制造费用”科目的金额＝105 000×(2%＋8%)＝10 500(元)；应记入“管理费用”科目的金额＝90 600×(2%＋8%)＝9 060(元)；应记入“销售费用”科目的金额＝17 400×(2%＋8%)＝1 740(元)。

【例 7-15】 2020 年 12 月，无锡市弘毅股份有限公司根据国家规定的计提标准，计算应向社会保险经办机构缴纳职工基本医疗保险费共计 97 020 元，其中，应计入基本生产车间生产成本的金额为 67 200 元，应计入制造费用的金额为 14 700 元，应计入管理费用的金额为 15 120 元。应编制如下会计分录：

借：生产成本——基本生产成本	67 200	
制造费用	14 700	
管理费用	15 120	
贷：应付职工薪酬——社会保险费——基本医疗保险		97 020

4）短期带薪缺勤

企业应当根据其性质及职工享有的权利，分为累积带薪缺勤和非累积带薪缺勤两类。

(1) 累积带薪缺勤，是指带薪权利可结转下期的带薪缺勤，本期尚未用完的带薪缺勤权利可以在未来期间使用。企业应当在职工提供了服务从而增加了其未来享有的带薪缺勤权利时，确认与累积带薪缺勤相关的职工薪酬，并以累积未行使权利而增加的预期支付金额计量。

【例 7-16】 无锡市弘毅股份有限公司共有 2 000 名职工，从 2021 年 1 月 1 日起，该企业实行累积带薪制度。该制度规定，每个职工每年可享受 5 个工作日带薪休假。未使用的年休假只能向后结转一个公历年度，超过 1 年未使用的权利作废，在职工离开企业时也无权获得现金支付；职工休年假时，先使用当年可享受的权利，再从上年结转的带薪年休假中扣除。

2021 年 12 月 31 日，无锡市弘毅股份有限公司预计 2022 年有 1 900 名职工将享受不超过 5 天的带薪年休假，剩余 100 名职工每人将平均享受 6 天半年休假，假定这 100 名职工全部为总部各部门经理，该企业平均每名职工每个工作日工资为 300 元。不考虑其他相关因素。

无锡市弘毅股份有限公司在 2021 年 12 月 31 日应当预计由于职工累积未使用的带薪年休假权利而导致的预期支付的金额，即相当于 150 天[100×(6.5—5)]的年休假工资金额 45 000 元(150×300)。

应编制的会计分录为：

借：管理费用	45 000	
贷：应付职工薪酬——带薪缺勤——短期带薪缺勤——累积带薪缺勤		45 000

(2) 非累积带薪缺勤，是指带薪权利不能结转下期的带薪缺勤，本期尚未用完的带薪缺勤权利将予以取消，并且职工离开企业时也无权获得现金支付。我国企业职工休婚假、产假、丧假、探亲假、病假期间的工资通常属于非累积带薪缺勤。由于职工提供服务本身不能增加其能够享受的福利金额，企业在职工未缺勤时不应当计提相关费用和负债。

知识点提示

企业确认职工享有的与非累积带薪缺勤权利相关的薪酬，视同职工出勤确认的当期损益或相关资产成本。通常情况下，与非累积带薪缺勤相关的职工薪酬已经包括在企业每期向职工发放的工资等薪酬中，因此，不必额外作相应的账务处理。

2. 非货币性职工薪酬

企业以其自产产品作为非货币性福利发放给职工的，应当根据受益对象，按照该产品的含税公允价值计入相关资产成本或当期损益，同时确认应付职工薪酬，借记“管理费用”“生产成本”“制造费用”等科目，贷记“应付职工薪酬——非货币性福利”科目。将企业拥有的房屋等资产无偿提供给职工使用的，应当根据受益对象，将该住房每期应计提的折旧计入相关资产成本或当期损益，同时确认应付职工薪酬，借记“管理费用”“生产成本”“制造费用”等科目，贷记“应付职工薪酬——非货币性福利”科目，同时借记“应付职工薪酬——非货币性福利”科目，贷记“累计折旧”科目。租赁住房等资产供职工无偿使用的，应当根据受益对象，将每期应付的租金计入相关资产成本或当期损益，并确认应付职工薪酬，借记“管理费用”“生产成本”“制造费用”等科目，贷记“应付职工薪酬——非货币性福利”科目。难以认定受益对象的非货币性福利，直接计入当期损益和应付职工薪酬。

【例 7-17】 无锡市弘毅股份有限公司共有职工 200 名，其中 170 名为直接参加生产的职工，30 名为总部管理人员。2020 年 12 月，无锡市弘毅股份有限公司以其生产的每台成本为 900 元的电暖器作为春节福利发放给公司每名职工。该型号的电暖器市场售价为每台 1 000 元，无锡市弘毅股份有限公司适用的增值税税率为 13%，应编制如下会计分录：

借：生产成本	192 100	
管理费用	33 900	
贷：应付职工薪酬——非货币性福利		226 000

本例中，应确认的应付职工薪酬＝200×1 000＋200×1 000×13%＝226 000(元)。其中，应记入“生产成本”科目的金额＝170×1 000＋170×1 000×13%＝192 100(元)；应记入“管理费用”科目的金额＝30×1 000＋30×1 000×13%＝33 900(元)。

【例 7-18】 承[例 7-17]，无锡市弘毅股份有限公司向职工发放电暖器作为福利，应确认主营业务收入，同时根据现行增值税制度规定，计算增值税销项税额。应编制如下会计分录：

借：应付职工薪酬——非货币性福利	226 000	
贷：主营业务收入		200 000
应交税费——应交增值税(销项税额)		26 000
借：主营业务成本	180 000	
贷：库存商品——电暖器		180 000

该公司应确认的主营业务收入＝200×1 000＝200 000(元)

该公司应确认的增值税销项税额＝200×1 000×13%＝26 000(元)

该公司应结转的销售成本＝200×900＝180 000(元)

(二) 设定提存计划的核算

对于设定提存计划，企业应当根据在资产负债表日为换取职工在会计期间提供的服务而应向单独主体缴存的提存金，确认为应付职工薪酬，并计入当期损益或相关资产成本，借记“生产成本”“制造费用”“管理费用”“销售费用”等科目，贷记“应付职工薪酬——设定提存计划”科目。

【例 7-19】 承[例 7-10]，无锡市弘毅股份有限公司根据所在地政府规定，按照职工工资总额的 12%计提基本养老保险费，缴存当地社会保险经办机构。2020 年 7 月份，该公司缴存的基本养老保险费，应计入生产成本的金额为 57 600 元，应计入制造费用的金额为 12 600 元，应计入管理费用的金额为 10 872 元，应计入销售费用的金额为 2 088 元。

编制如下会计分录：

借：生产成本——基本生产成本	57 600	
制造费用	12 600	
管理费用	10 872	
销售费用	2 088	
贷：应付职工薪酬——设定提存计划——基本养老保险费		83 160

任务六 应交税费的核算

任务导入

每个月会计都要进行相应的纳税申报，为了提前做好准备，今天师傅拿来了一张应交税费的申报表，王丽在师傅的指导下认真地对应交税费进行了基础性的学习。

任务要求

1. 了解应交税费的内容
2. 熟悉应交增值税的核算内容及其账务处理
3. 熟悉应交消费税的核算内容及其账务处理
4. 熟悉其他应交税费的核算内容及其账务处理

知识点介绍

一、应交税费概述

在我国，企业当前根据税法规定应交纳的各种税费包括：增值税、消费税、城市维护建设税、环境保护税、资源税、企业所得税、土地增值税、房产税、车船税、土地使用税、教育费附加、矿产资源补偿费、印花税、耕地占用税、契税等。

企业应交纳的税费除印花税、耕地占用税、车辆购置税、契税外，一般应通过“应交税费”科目核算。“应交税费”科目总括反映企业各种税费交纳情况。该科目贷方登记应交纳的各种税费，借方登记实际交纳的税费；期末余额一般在贷方，反映企业尚未交纳的税费，期末余额如在借方，反映企业多交或尚未抵扣的税费。本科目按应交税费项目设置明细科目进行明细核算。

企业代扣代交的个人所得税，也通过“应交税费”科目进行核算，而企业交纳的印花税、耕地占用税等不需要预计应交数的税金，不通过“应交税费”科目核算。

二、应交增值税的核算内容及其账务处理

(一) 增值税概述

增值税是以商品(含应税劳务、应税行为)在流转过程中实现的增值额作为计税依据而征收的一种流转税。按照我国现行增值税制度的规定，在我国境内销售货物、提供加工修理修配劳务、销售服务、出售无形资产和不动产以及进口货物的企业、单位和个人为增值税的纳税人。其中，“服务”是指提供交通运输服务、建筑服务、邮政服务、电信服务、金融服务、现代服务、生活服务。

根据经营规模大小及会计核算水平的健全程度，增值税纳税人分为一般纳税人和小规模纳税人。计算增值税的方法分为一般计税方法和简易计税方法。

一般纳税人是指年应税销售额超过财政部、国家税务总局规定标准的增值税纳税人。小规模纳税人是指年税销售额未超过规定标准，并且会计核算不健全，不能够提供准确税务资料的增值税纳税人。

增值税的一般计税方法，是先按当期销售额和适用的税率计算出销项税额，然后以该销项税额对当期购进项目支付的税款（即进项税额）进行抵扣，从而间接算出当期的应纳税额。应纳税额的计算公式：

应纳税额＝当期销项税额－当期进项税额

公式中的"当期销项税额"是指纳税人当期销售货物、加工修理修配劳务、服务、无形资产和不动产时，按照销售额和增值税税率计算并收取的增值税额。其中，销售额是指纳税人销售货物、加工修理修配劳务、服务、无形资产和不动产向购买方收取的全部价款和价外费用，但是不包括收取的销项税额。当期销项税额的计算公式：

销项税额＝销售额×增值税税率

公式中的"当期进项税额"是指纳税人购进货物、加工修理修配劳务、应税服务、无形资产或者不动产，支付或者负担的增值税额。下列进项税额准予从销项税额中抵扣：①从销售方取得的增值税专用发票（含税控机动车销售统一发票，下同）上注明的增值税额；②从海关进口增值税专用缴款书上注明的增值税额；③购进农产品，除取得增值税专用发票或者海关进口增值税专用缴款书外，如用于生产税率为9%的产品，按照农产品收购发票或者销售发票上注明的农产品买价和9%的扣除率计算进项税额；如用于生产税率为13%的产品，按照农产品收购发票或者销售发票上注明的农产品买价和10%的扣除率计算进项税额；④从境外单位或者个人购进服务、无形资产或者不动产，自税务机关或者扣缴义务人取得的解缴税款的完税凭证上注明的增值税额；⑤一般纳税人支付的道路、桥、闸通行费，凭取得的通行费发票上注明的收费金额和规定的方法计算的可抵扣的增值税进项税额。

当期销项税额小于当期进项税额不足抵扣时，其不足部分可以结转下期继续抵扣。

一般纳税人通常采用的增值税税率分别有13%、9%、6%和零税率。其中基本税率为13%。

一般纳税人销售或者进口货物、加工修理修配劳务、提供有形动产租赁服务，税率为13%。

一般纳税人销售或者进口粮食、食用植物油、自来水、暖气、冷气、热水、煤气、石油液化气、天然气、沼气、居民用煤炭制品、图书、报纸、杂志、饲料、化肥、农药、农机、农膜以及国务院及其有关部门规定的其他货物，税率为9%；提供交通运输、邮政、基础电信、建筑、不动产租赁服务，销售不动产，转让土地使用权，税率为9%；其他应税行为，税率为6%。

一般纳税人出口货物，税率为零；但是，国务院另有规定的除外。境内单位和个人发生的跨境应税行为税率为零，具体范围由财政部和国家税务总局另行规定。

增值税的简易计税方法是按照销售额与征收率的乘积计算应纳税额，不得抵扣进项税额。应纳税额的计算公式：

应纳税额＝销售额×征收率

公式中的销售额不包括其应纳税额。如果纳税人采用销售额和应纳税额合并定价方法的，应按照公式“销售额＝含税销售额＋(1＋征收率)”还原为不含税销售额计算。

增值税一般纳税人计算增值税大多采用一般计税方法；小规模纳税人一般采用简易计税方法；一般纳税人销售服务、无形资产或者不动产，符合规定的，可以采用简易计税办法。

采用简易计税方法的增值税征收率为3%，财政部和国家税务总局另有规定的除外。

(二) 增值税一般纳税人账户设置

增值税一般纳税人应当在“应交税费”科目下设置“应交增值税”“未交增值税”“预交增值税”“待抵扣进项税额”“待认证进项税额”“待转销项税额”“增值税留抵税额”“简易计税”“转让金融商品应交增值税”“代扣代交增值税”等明细科目。

(1)“应交增值税”明细科目，核算一般纳税人“进项税额”“销项税额抵减”“已交税金”“转出未交增值税”“减免税款”“出口抵减内销产品应纳税额”“销项税额”“出口退税”“进项税额转出”“转出多交增值税”等专栏。其中：

①“进项税额”专栏，记录一般纳税人购进货物、加工修理修配劳务、服务、无形资产或不动产而支付或负担的、准予从当期销项税额中抵扣的增值税额；

②“销项税额抵减”专栏，记录一般纳税人按照现行增值税制度规定因扣减销售额而减少的销项税额；

③“已交税金”专栏，记录一般纳税人当月已交纳的应交增值税额；

④“转出未交增值税”和“转出多交增值税”专栏，分别记录一般纳税人月度终了转出当月应交未交或多交的增值税额；

⑤“减免税款”专栏，记录一般纳税人按现行增值税制度规定准予减免的增值税额；

⑥“出口抵减内销产品应纳税额”专栏，记录实行“免、抵、退”办法的一般纳税人按规定计算的出口货物的进项税抵减内销产品的应纳税额；

⑦“销项税额”专栏，记录一般纳税人销售货物、加工修理修配劳务、服务、无形资产或不动产应收取的增值税额；

⑧“出口退税”专栏，记录一般纳税人出口货物、加工修理修配劳务、服务、无形资产按规定退回的增值税额；

⑨“进项税额转出”专栏，记录一般纳税人购进货物、加工修理修配劳务、服务、无形资产或不动产等因发生非正常损失以及其他原因而不应从销项税额中抵扣、按规定转出的进项税额。

知识点提示

图表7-6　“应交税费——应交增值税”明细科目

借方专栏	贷方专栏
① 进项税额	① 销项税额
② 已交税金	② 进项税额转出
③ 减免税款	③ 出口退税
④ 出口抵减内销产品应纳税额	④ 转出多交增值税
⑤ 销项税额抵减	
⑥ 转出未交增值税	

(2)“未交增值税”明细科目，核算一般纳税人月度终了从“应交增值税”或“预交增值税”明细科目转入当月应交未交、多交或预交的增值税额，以及当月交纳以前期间未交的增值税额。

(3)“预交增值税”明细科目，核算一般纳税人转让不动产、提供不动产经营租赁服务、提供建筑服务、采用预收款方式销售自行开发的房地产项目等，以及其他按现行增值税制度规定应预交的增值税额。

(4)“待抵扣进项税额”明细科目，核算一般纳税人已取得增值税扣税凭证并经税务机关认证，按照现行增值税制度规定准予以后期间从销项税额中抵扣的进项税额。

(5)“待认证进项税额”明细科目，核算一般纳税人由于未经税务机关认证而不得从当期销项税额中抵扣的进项税额。包括：一般纳税人已取得增值税扣税凭证、按照现行增值税制度规定准予从销项税额中抵扣，但尚未经税务机关认证的进项税额；一般纳税人已申请稽核但尚未取得稽核相符结果的海关缴款书进项税额。

(6)“待转销项税额”明细科目，核算一般纳税人销售货物、加工修理修配劳务、服务、无形资产或不动产，已确认相关收入(或利得)但尚未发生增值税纳税义务而需于以后期间确认为销项税额的增值税额。

(7)“增值税留抵税额”明细科目，核算兼有销售服务、无形资产或者不动产的原增值税一般纳税人，截止到纳入“营改增”试点之日前的增值税期末留抵税额按照现行增值税制度规定不得从销售服务、无形资产或不动产的销项税额中抵扣的增值税留抵税额。

(8)“简易计税”明细科目，核算一般纳税人采用简易计税方法发生的增值税计提、扣减、预缴、缴纳等业务。

(9)“转让金融商品应交增值税”明细科目，核算增值税纳税人转让金融商品发生的增值税税额。

(10)“代扣代交增值税”明细科目，核算纳税人购进在境内未设经营机构的境外单位或个人在境内的应税行为代扣代缴的增值税。

知识点提示

如何区分“应交税费——待抵扣进项税额”明细科目、“应交税费——待认证进项税额”明细科目、“应交税费——应交增值税(进项税额)”明细科目、“应交税费——应交增值税(进项税额转出)”明细科目？

(1)“应交税费——待抵扣进项税额”明细科目，核算的是已经认证了，但是按规定以后期间才能抵扣的进项税额。

(2)“应交税费——待认证进项税额”明细科目，核算的还没有认证，但是以后期间可以认证的进项税额。

(3)“应交税费——应交增值税(进项税额)”明细科目，核算认证通过或不需要认证当期准予抵扣的进项税额，以及认证通过或不需要认证的、不得从当期销项税额中抵扣的将要转出的进项税额。

(4)“应交税费——应交增值税(进项税费转出)”明细科目，核算认证通过或不需要认证的、不得从当期销项税额中抵扣而需要转出的进项税额，以及认证通过或不需要认证而已经从销项税额中抵扣，但由于后来改变用途或发生非正常损失等原因，而不应从销项税额中抵扣、按规定需要转出的进项税额。

(三) 增值税一般纳税人账务处理

1. 一般纳税人取得资产、接受劳务等的核算

(1) 一般纳税人购进货物、加工修理修配劳务、服务、无形资产或者不动产,按应计入相关成本费用或资产的金额,借记"材料采购""在途物资""原材料""库存商品""固定资产""生产成本""无形资产"等科目,按照当月已认证的可抵扣增值税额,借记"应交税费——应交增值税(进项税额)"科目,按照当月未认证的可抵扣的增值税额,借记"应交税费——待认证进项税额"科目,按应付或者实际支付的金额,贷记"银行存款""应付账款""应付票据"等科目。购进货物所发生的相关退货,应根据税务机关开具的红字增值税专用发票上注明的金额编制相反的会计分录。原增值税专用发票如果没有认证,则应将发票退回并做相反的会计分录。

企业购进农产品,除取得增值税专用发票或者海关进口增值税专用缴款书外,如用于生产税率为9%的产品,按照农产品收购发票或者销售发票上注明的农产品买价和9%的扣除率计算的进项税额;如用于生产或委托加工生产税率为13%的产品,按照农产品收购发票或者销售发票上注明的农产品买价和10%的扣除率计算的进项税额,借记"应交税费——应交增值税(进项税额)"科目,按农产品买价扣除进项税额后的差额,借记"材料采购""在途物资""原材料""库存商品"等科目,按照应付或实际支付的价款,贷记"应付账款""应付票据""银行存款"等科目。

【例7-20】 无锡市弘毅股份有限公司为增值税一般纳税人,适用的增值税税率为13%,原材料按实际成本核算,销售商品价格为不含增值税的公允价格。2020年6月份发生交易或事项以及相关的会计分录如下:

① 5日,购入原材料一批,增值税专用发票上注明的价款为120 000元,增值税额为15 600元,材料尚未到达,全部款项已用银行存款支付。

借:在途物资	120 000	
应交税费——应交增值税(进项税额)	15 600	
贷:银行存款		135 600

② 10日,收到5日购入的原材料并验收入库,实际成本总额为120 000元。同日与运输公司结清运输费用,增值税专用发票上注明的运输费用为5 000元,增值税额为450元,运输费用和增值税额已用转账支票付讫。

借:原材料	125 000	
应交税费——应交增值税(进项税额)	450	
贷:银行存款		5 450
在途物资		120 000

③ 15日,购入不需要安装的生产设备一台,增值税专用发票上注明的价款为30 000元,增值税额为3 900元,款项尚未支付。

借:固定资产	30 000	
应交税费——应交增值税(进项税额)	3 900	
贷:应付账款		33 900

④ 20日，购入农产品一批，农产品收购发票上注明的买价为200 000元，规定的扣除率为9%，货物尚未到达，价款已用银行存款支付。

借：在途物资　　182 000
　　应交税费——应交增值税(进项税额)　　18 000
　　贷：银行存款　　200 000

进项税额=购买价款×扣除率=200 000×9%=18 000(元)

⑤ 25日，企业管理部门委托外单位修理机器设备，取得对方开具的增值税专用发票上注明的修理费用为20 000元，增值税额为2 600元，款项已用银行存款支付。

借：管理费用　　20 000
　　应交税费——应交增值税(进项税额)　　2 600
　　贷：银行存款　　22 600

知识点提示

2019年4月1日起，一般纳税人购买农产品时如果取得由增值税小规模纳税人自开或由税务机关代开的3%的增值税专用发票的，也可以按照票面金额按照9%计算进项税额，不再按照增值税发票上注明的增值税额进行进项税额抵扣。

(2) 购进不动产或不动产在建工程的进项税额的分年抵扣政策已于2020年1月全面结束。根据财政部、税务总局、海关总署公告2019年第39号第五条规定，自2019年4月1日起，纳税人取得不动产或者不动产在建工程的进项税额不再分2年抵扣。此前按照上述规定尚未抵扣完毕的待抵扣进项税额，可自2019年4月税款所属期起从销项税额中一次性抵扣。

【例7-21】 承[例7-20]，2020年6月10日，该公司购进一幢简易办公楼作为固定资产核算，并于当月投入使用。取得增值税专用发票并通过认证，增值税专用发票上注明的价款为3 000 000元，增值税额为270 000元，款项已用银行存款支付。不考虑其他相关因素。

借：固定资产　　3 000 000
　　应交税费——应交增值税(进项税额)　　270 000
　　贷：银行存款　　3 270 000

(3) 货物等已验收入库但尚未取得增值税扣税凭证。企业购进的货物等已到达并验收入库，但尚未收到增值税扣税凭证并未付款的，应在月末按货物清单或相关合同协议上的价格暂估入账，不需要将增值税的进项税额暂估入账。下月初，用红字冲销原暂估入账金额，待取得相关增值税扣税凭证并经认证后，按应计入相关成本费用或资产的金额，借记“原材料”“库存商品”“固定资产”“无形资产”等科目，按可抵扣的增值税额，借记“应交税费——应交增值税(进项税额)”科目，按应付或实际支付的金额，贷记“应付账款”“应付票据”“银行存款”等科目。

【例7-22】 承[例7-20]，2020年6月30日，无锡市弘毅股份有限公司购进原材料一批已验收入库，但尚未收到增值税扣税凭证，款项也未支付。随货同行的材料清单列明的原材料销售价格为260 000元。应编制如下会计分录：

借：原材料　　260 000
　　贷：应付账款　　260 000

下月初，用红字冲销原暂估入账金额：

借：原材料　　[260 000]
　　贷：应付账款　　[260 000]

7 月 10 日，取得相关增值税专用发票上注明的价款为 260 000 元，增值税额为 33 800 元，增值税专用发票已经认证。全部款项以银行存款支付。应编制如下会计分录：

借：原材料　　260 000
　　应交税费——应交增值税(进项税额)　　33 800
　　贷：银行存款　　293 800

(4) 进项税额转出。企业已单独确认进项税额的购进货物、加工修理修配劳务或者服务、无形资产或者不动产但其事后改变用途(如用于简易计税方法计税项目、免征增值税项目、非增值税应税项目等)，或发生非正常损失，原已计入进项税额、待抵扣进项税额或待认证进项税额，按照现行增值税制度规定不得从销项税额中抵扣。这里所说的"非正常损失"，根据现行增值税制度规定，是指因管理不善造成货物被盗、丢失、霉烂变质，以及因违反法律法规造成货物或者不动产被依法没收、销毁、拆除的情形。

进项税额转出的账务处理为：借记"待处理财产损溢""应付职工薪酬""固定资产""无形资产"等科目，贷记"应交税费——应交增值税(进项税额转出)""应交税费——待抵扣进项税额"或"应交税费——待认证进项税额"科目。属于转作待处理财产损失的进项税额，应与非正常损失购进货物、在产品或库存商品、固定资产和无形资产的成本一并处理。

【例 7-23】 承[例 7-20]，2020 年 6 月份，无锡市弘毅股份有限公司发生进项税额转出事项如下：

(1) 10 日，库存材料因管理不善发生火灾损失，材料实际成本为 20 000 元，相关增值税专用发票上注明的增值税额为 2 600 元，该公司将毁损库存材料作为待处理财产损溢入账。

借：待处理财产损溢——待处理流动资产损溢　　22 600
　　贷：原材料　　20 000
　　　　应交税费——应交增值税(进项税额转出)　　2 600

(2) 18 日，领用一批外购原材料用于集体福利，该批原材料的实际成本为 60 000 元，相关增值税专用发票上注明的增值税额为 7 800 元。

借：应付职工薪酬——职工福利费　　67 800
　　贷：原材料　　60 000
　　　　应交税费——应交增值税(进项税额转出)　　7 800

需要说明的是，一般纳税人购进货物、加工修理修配劳务、服务、无形资产或不动产，用于简易计税方法计税项目、免征增值税项目、集体福利或个人消费等，即使取得的增值税专用发票上已注明增值税进项税额，该税额按照现行增值税制度规定也不得从销项税额中抵扣的，取得增值税专用发票时，应将待认证的目前不可抵扣的增值税进项税额，借记"应交税费——待认证进项税额"科目，贷记"银行存款""应付账款"等科目。经税务机关认证为不可抵扣的增值税进项税额时，借记“应交税费——应交增值税(进项税额)”科目，贷记“应交税费——待认证进项税额”科目；同时，将增值税进项税额转出，借记相关成本费用或资产科目，贷记“应交税费——应交增值税(进项税额转出)”科目。

【例 7-24】 承[例 7-20]，2020 年 6 月 28 日，无锡市弘毅股份有限公司外购空调扇 300 台作为福利发放给直接从事生产的职工，取得的增值税专用发票上注明的价款为 150 000 元、增值税额为 19 500 元，以银行存款支付了购买空调扇的价款和增值税进项税额，增值税专用发票尚未经税务机关认证。应编制如下会计分录：

(1) 购入时：

借：库存商品——空调扇　　150 000
　　应交税费——待认证进项税额　　19 500
　　贷：银行存款　　169 500

(2) 经税务机关认证不可抵扣时：

借：应交税费——应交增值税(进项税领)　　19 500
　　贷：应交税费——待认证进项税额　　19 500

同时，

借：库存商品——空调扇　　19 500
　　贷：应交税费——应交增值税(进项税额转出)　　19 500

(3) 实际发放时：

借：应付职工薪酬——非货币性福利　　169 500
　　贷：库存商品——空调扇　　169 500

2. 一般纳税人销售货物等业务的账务处理

(1) 企业销售货物、加工修理修配劳务、服务、无形资产或不动产，应当按应收或已收的金额，借记“应收账款”“应收票据”“银行存款”等科目，按取得的收益金额，贷记“主营业务收入”“其他业务收入”“固定资产清理”“工程结算”等科目。按现行增值税制度规定计算的销项税额(或采用简易计税方法计算的应纳增值税额)，贷记“应交税费——应交增值税(销项税额)”或“应交税费——简易计税”科目。

企业销售货物等发生销售退回的，应根据税务机关开具的红字增值税专用发票作相反的会计分录。按照国家统一的会计制度确认收入或利得确认时点早于按照现行增值税制度确认增值税纳税义务发生时点的，应将相关销项税额记入“应交税费——待转销项税额”科目，待实际发生纳税义务时再转入“应交税费——应交增值税(销项税额)”或“应交税费——简易计税”科目。按照增值税制度确认增值税纳税义务发生时点早于按照国家统一的会计制度确认收入或利得的时点的，应将应纳增值税额，借记“应收账款”科目，贷记“应交税费——应交增值税(销项税额)”或“应交税费——简易计税”科目，按照国家统一的会计制度确认收入或利得时，应按扣除增值税销项税额后的金额确认收入。

【例 7-25】 承[例 7-20]，2020 年 6 月份，无锡市弘毅股份有限公司发生与销售相关的交易或事项如下：

(1) 15 日，销售产品一批，开具增值税专用发票上注明的价款为 500 000 元，增值税额为 65 000 元，提货单和增值税专用发票已交给买方，款项尚未收到。

借：应收账款　　565 000
　　贷：主营业务收入　　500 000
　　　　应交税费——应交增值税(销项税额)　　65 000

(2) 28日，为外单位代加工电脑桌500个，每个收取加工费80元，已加工完成。开具增值税专用发票上注明的价款为40 000元，增值税额为5 200元，款项已收到并存入银行。

借：银行存款　　45 200
　　贷：主营业务收入　　40 000
　　　　应交税费——应交增值税(销项税额)　　5 200

(2) 一般纳税人视同销售的会计核算。企业有些交易和事项按照现行增值税制度规定，应视同对外销售处理，计算应交增值税，视同销售需要交纳增值税的事项有：企业将自产或委托加工的货物用于集体福利或个人消费，将自产、委托加工或购买的货物作为投资、提供给其他单位或个体工商户、分配给股东或投资者、对外捐赠等。在这些情况下，企业应当根据视同销售的具体内容，按照现行增值税制度规定计算的销项税额(或采用简易计税方法计算的应纳增值税额)，借记"长期股权投资""应付职工薪酬""利润分配""营业外支出"等科目，贷记"应交税费——应交增值税(销项税额)"或"应交税费——简易计税"科目。

【例7-26】 承[例7-20]，2020年6月份，无锡市弘毅股份有限公司发生的视同销售交易或事项如下：

(1) 10日，以公司生产的产品对外捐赠，该批产品的实际成本为200 000元，售价为250 000元，开具的增值税专用发票上注明的增值税额为32 500元。

借：营业外支出　　232 500
　　贷：库存商品　　200 000
　　　　应交税费——应交增值税(销项税额)　　32 500

公司以自产产品对外捐赠应交的增值税销项税额＝250 000×13%＝32 500(元)

(2) 25日，无锡市弘毅股份有限公司用一批原材料对外进行长期股权投资，该批原材料实际成本为600 000元，双方协商不含税价值为750 000元，开具的增值税专用发票上注明的增值税额为97 500元。

借：长期股权投资　　847 500
　　贷：其他业务收入　　750 000
　　　　应交税费——应交增值税(销项税额)　　97 500

同时，

借：其他业务成本　　600 000
　　贷：原材料　　600 000

公司对外投资原材料应交的增值税销项税额＝750 000×13%＝97 500(元)。

3. 交纳增值税的账务处理

企业交纳当月应交的增值税，借记"应交税费——应交增值税(已交税金)"科目。贷记"银行存款"科目；企业交纳以前期间未交的增值税，借记"应交税费——未交增值税"科目，贷记"银行存款"科目。

【例 7-27】 2020 年 6 月，无锡市弘毅股份有限公司当月发生增值税销项税额合计为 261 800 元，增值税进项税额转出合计为 39 100 元，增值税进项税额合计为 278 950 元。该公司当月应交增值税计算结果如下：

当月应交增值税＝261 800＋39 100－278 950＝21 950(元)

6 月 30 日，假设无锡市弘毅股份有限公司用银行存款实际交纳当月增值税税款 10 000 元，应编制如下会计分录：

借：应交税费——应交增值税(已交税金)　　10 000

　贷：银行存款　　10 000

4. 转出多交增值税和未交增值税的账务处理

为了反映增值税一般纳税人欠交增值税的情况，确保企业及时足额上缴增值税，企业应在“应交税费”科目下设置“未交增值税”明细科目。核算企业月末终了从“应交税费——应交增值税”科目转入的当月未交或多交的增值税，同时在“应交税费——应交增值税”科目下设置“转出未交增值税”和“转出多交增值税”专栏，月份终了，企业计算出当月应交未交的增值税，借记“应交税费——应交增值税(转出未交增值税)”科目，贷记“应交税费——未交增值税”科目；根据当月多交的增值税，借记“应交税费——未交增值税”科目，贷记“应交税费——应交增值税(转出多交增值税)”科目。经过结转后，月份终了，“应交税费——应交增值税”科目的余额反映企业尚未抵扣的增值税。

知识点提示

(1) 企业当月交纳当月的增值税，通过“应交税费——应交增值税(已交税金)”科目核算；当月交纳以前各期未交的增值税，则通过“应交税费——未交增值税”科目核算，不通过“应交税费——应交增值税(已交税金)”科目核算。

(2) “应交税费——应交增值税”月末无贷方余额；“应交税费——应交增值税”月末借方余额代表留抵税额；“应交税费——未交增值税”贷方余额代表期末结转下期应交的增值税；“应交税费——未交增值税”借方余额代表多交的增值税。

【例 7-28】 2020 年 6 月 30 日，无锡市弘毅股份有限公司将尚未交纳的其余增值税税款 11 950 元进行转出。应编制如下会计分录：

借：应交税费——应交增值税(转出未交增值税)　　11 950

　贷：应交税费——未交增值税　　11 950

7 月份，该公司交纳 6 月份未交增值税 11 950 元时，应编制如下会计分录：

借：应交税费——未交增值税　　11 950

　贷：银行存款　　11 950

需要说明的是，企业购入材料、商品等不能取得增值税专用发票的，发生的增值税应计入材料采购成本，借记“材料采购”“在途物资”“原材料”“库存商品”等科目，贷记“银行存款”等科目。

【例 7-29】 2020 年 7 月 1 日，无锡市弘毅股份有限公司购入原材料一批，增值税普通发票上注明的价款为 120 000 元，增值税额为 15 600 元，材料尚未到达，全部款项已用银行存款支付。

借：在途物资　　135 600

　　贷：银行存款　　135 600

(四) 增值税小规模纳税人的会计核算

小规模纳税人核算增值税采用简化的方法，即购进货物、应税劳务或应税行为，取得增值税专用发票上注明的增值税，一律不予抵扣，直接计入相关成本费用或资产。小规模纳税人销售货物、应税劳务或应税行为时，按照不含税的销售额和规定的增值税征收率计算应交纳的增值税(即应纳税额)，某些行业(如住宿业、建筑业等)小规模纳税人可以自行开具增值税专用发票，但取得增值税专用发票不能抵扣增值税。

一般来说，小规模纳税人采用销售额和应纳税额合并定价的方法并向客户结算款项，销售货物、应税劳务或应税行为后，应进行价税分离，确定不含税的销售额。不含税的销售额计算公式：

不含税销售额＝含税销售额＋(1＋征收率)

应纳税额＝不含税销售额×征收率

小规模纳税人进行账务处理时，只需在“应交税费”科目下设置“应交增值税”明细科目，该明细科目不再设置增值税专栏。“应交税费——应交增值税”科目贷方登记应交纳的增值税，借方登记已交纳的增值税；期末贷方余额，反映小规模纳税人尚未交纳的增值税，期末借方余额，反映小规模纳税人多交纳的增值税。

小规模纳税人购进货物、服务、无形资产或不动产，按照应付或实际支付的全部款项(包括支付的增值税额)，借记“材料采购”“在途物资”“原材料”“库存商品”等科目，贷记“应付账款”“应付票据”“银行存款”等科目；销售货物、服务、无形资产或不动产，应按全部价款(包括应交的增值税额)，借记“银行存款”等科目，按不含税的销售额，贷记“主营业务收入”等科目，按应交增值税额，贷记“应交税费——应交增值税”科目。

【例 7-30】 某企业为增值税小规模纳税人，适用增值税征收率为 3%，原材料按实际成本核算。该企业发生经济交易如下：购入原材料一批，取得增值税专用发票上注明的价款为 30 000 元，材料已验收入库，销售产品一批，开具的普通发票上注明的货款(含税)为 51 500 元，款项已存入银行，用银行存款交纳增值税 1 500 元，应编制如下会计分录：

(1) 购入原材料：

借：原材料　　35 100

　　贷：银行存款　　35 100

(2) 销售产品：

借：银行存款　　51 500

　　贷：主营业务收入　　50 000

　　　　应交税费——应交增值税　　1 500

不含税销售额＝含税销售额＋(1＋征收率)＝51 500＋(1＋3%)＝50 000(元)

应纳增值税＝不含税销售额×征收率＝50 000×3%＝1 500(元)

(3) 交纳增值税：

借：应交税费——应交增值税　　1 500
　　贷：银行存款　　1 500

（五）差额征税的账务处理

根据财政部和国家税务总局营改增试点政策的规定，对于企业发生的某些业务（金融商品转让、经纪代理服务、融资租赁和融资性售后回租业务、一般纳税人提供客运场站服务、试点纳税人提供旅游服务、选择简易计税方法提供建筑服务等）无法通过抵扣机制避免重复征税的，应采用差额征税方式计算交纳增值税。

按现行增值税制度规定，企业发生相关成本费用允许扣减销售额的，发生成本费用时，按应付或实际支付的金额，借记“主营业务成本”等科目，贷记“应付账款”“应付票据”“银行存款”等科目。待取得合规增值税扣税凭证且纳税义务发生时，按照允许抵扣的税额，借记“应交税费——应交增值税（销项税额抵减）”或“应交税费——简易计税”科目（小规模纳税人应借记“应交税费——应交增值税”科目），贷记“主营业务成本”“工程施工”等科目。

【例 7-31】 某旅行社为增值税一般纳税人，应交增值税采用差额征税方式核算，2020 年 7 月份，该旅行社为乙公司提供职工境内旅游服务，向乙公司收取含税价款 318 000 元，其中增值税 18 000 元，全部款项已收妥入账。旅行社以银行存款支付其他接团旅游企业的旅游费用和其他单位相关费用共计 254 400 元，其中，因允许扣减销售额而减少的销项税额 14 400 元。该旅行社应编制如下会计分录：

（1）支付住宿费等旅游费用：

借：主营业务成本　　254 400
　　贷：银行存款　　254 400

（2）根据增值税扣税凭证抵减销项税额，并调整成本：

借：应交税费——应交增值税（销项税额抵减）　　14 400
　　贷：主营业务成本　　14 400

上述分录(1)(2)可合并编制如下会计分录：

借：主营业务成本　　240 000
　　应交税费——应交增值税（销项税额抵减）　　14 400
　　贷：银行存款　　254 400

（3）确认旅游服务收入：

借：银行存款　　318 000
　　贷：主营业务收入　　300 000
　　　　应交税费——应交增值税（销项税额）　　18 000

（六）增值税税控系统专用设备和技术维护费用抵减增值税额的账务处理

按现行增值税制度规定，企业初次购买增值税税控系统专用设备支付的费用以及缴纳的技术维护费允许在增值税应纳税额中全额抵减。增值税税控系统专用设备，包括增值税防伪税控系统设备（如金税卡、IC 卡、读卡器或金税盘和报税盘）、货物运输业增值税专用发票税控系统设备（如税控盘和报税盘）、机动车销售统一发票税控系统和公路、内河货物运输业发票税控系统的设备(如税控盘和传输盘)。

企业初次购入增值税税控系统专用设备,按实际支付或应付的金额,借记"固定资产"科目,贷记"银行存款""应付账款"等科目。按规定抵减的增值税应纳税额,借记"应交税费——应交增值税(减免税额)"科目(小规模纳税人应借记"应交税费——应交增值税"科目),贷记"管理费用"等科目。

企业发生增值税税控系统专用设备技术维修费,应按实际支付或应付的金额,借记"管理费用"科目,贷记"银行存款"等科目。按规定抵减的增值税应纳税额,借记"应纳税额——应交增值税(减免税额)"科目(小规模纳税人应借记"应交税费——应交增值税"科目),贷记"管理费用"等科目。

【例 7-32】 某公司为增值税一般纳税人,初次购买数台增值税税控系统专用设备作为固定资产核算,取得增值税专用发票上注明的价款 38 000 元,增值税额为 4 940 元,价款和税款以银行存款支付。该公司应编制如下会计分录:

(1) 取得设备,支付价款和税款时:

借:固定资产	42 940	
贷:银行存款		42 940

(2) 按规定抵减增值税应纳税额时:

借:应交税费——应交增值税(减免税额)	42 940	
贷:管理费用		42 940

三、应交消费税的核算内容及其账务处理

(一) 消费税概述

消费税是指在我国境内生产、委托加工和进口应税消费品的单位和个人,按其流转额交纳的一种税。消费税有从价定率、从量定额、从价定率和从量定额复合计税(简称复合计税)三种征收方法。采取从价定率方法征收的消费税,以不含增值税的销售额为税基,按照税法规定的税率计算。企业的销售收入包含增值税的,应将其换算为不含增值税的销售额。采取从量定额计征的消费税,按税法确定的企业应税消费品的数量和单位应税消费品应缴纳的消费税计算确定。采取复合计税计征的消费税,由以不含增值税的销售额为税基,按照税法规定的税率计算的消费税和根据按税法确定的企业应税消费品的数量和单位应税消费品应缴纳的消费税计算的消费税合计确定。

消费税的征收方式有从价定率、从量定额、从价定率和从量定额复合计税(简称复合计税)三种,而消费税的税率只有比例税率和定额税率两种。

(二) 应交消费税的账务处理

企业应在"应交税费"科目下设置"应交消费税"明细科目,核算应交消费税的发生、交纳情况。该科目贷方登记应交纳的消费税,借方登记已交纳的消费税,期末贷方余额,反映企业尚未交纳的消费税,期末借方余额,反映企业多交纳的消费税。其账户结构如图表 7-7 所示。

借	应交税费——应交消费税 贷
已交纳的消费税	期初余额 应交纳的消费税
期末余额：企业多交纳的消费税	期末余额：企业尚未交纳的消费税

图表 7-7 “应交税费——应交消费税”科目的账户结构

1. 销售应税消费品

企业销售应税消费品应交的消费税，应借记“税金及附加”科目，贷记“应交税费——应交消费税”科目。

【例 7-33】 无锡市弘毅股份有限公司销售所生产的化妆品，价款 1 000 000 元(不含增值税)，开具的增值税专用发票上注明的增值税额为 130 000 元，适用的消费税税率为 15%，款项已存入银行。应编制如下会计分录：

(1) 取得价款和税款时：

借：银行存款　　1 130 000
　　贷：主营业务收入　　1 000 000
　　　　应交税费——应交增值税(销项税额)　　130 000

(2) 计算应交纳的消费税：

应纳消费税额＝1 000 000×15%＝150 000(元)

借：税金及附加　　150 000
　　贷：应交税费——应交消费税　　150 000

2. 销售应税消费品

企业将生产的应税消费品用于在建工程等非生产机构时，按规定应交纳的消费税，借记“在建工程”等科目，贷记“应交税费——应交消费税”科目。

【例 7-34】 无锡市弘毅股份有限公司在建工程领用自产柴油，成本为 50 000 元，应纳消费税 6 000 元，不考虑其他相关税费，应编制如下会计分录：

借：在建工程　　56 000
　　贷：库存商品　　50 000
　　　　应交税费——应交消费税　　6 000

【例 7-35】 无锡市弘毅股份有限公司下设的职工食堂享受企业提供的补贴，本月领用自产产品一批，该产品的账面成本 20 000 元，市场价格 30 000 元，适用的增值税税率为 13%、消费税税率为 10%，应编制如下会计分录：

借：应付职工薪酬——职工福利费　　33 900
　　税金及附加　　3 000
　　贷：主营业务收入　　30 000
　　　　应交税费——应交增值税(销项税额)　　3 900
　　　　　　　　——应交消费税　　3 000

同时：

借：主营业务成本　　20 000

　贷：库存商品　　20 000

3. 委托加工应税消费品

企业如有应交消费税的委托加工物资，一般应由受托方代收代缴税款。委托加工物资收回后，直接用于销售的，应将受托方代收代缴的消费税计入委托加工物资的成本，借记"委托加工物资"等科目，贷记"应付账款""银行存款"等科目；委托加工物资收回后用于连续生产应税消费品的，按规定准予抵扣的，应按已由受托方代收代缴的消费税，借记"应交税费——应交消费税"科目，贷记"应付账款""银行存款"等科目，待用委托加工的应税消费品生产出应纳消费税的产品销售时，再交纳消费税。

【例 7-36】 无锡市弘毅股份有限公司委托乙企业代为加工一批应交消费税的材料（非金银首饰）。无锡市弘毅股份有限公司的材料成本为 2 000 000 元，加工费为 400 000 元，增值税税率为 13%，由乙企业代收代缴的消费税为 160 000 元。材料已经加工完成，并由该企业收回验收入库，加工费尚未支付。无锡市弘毅股份有限公司采用实际成本法进行原材料的核算，应编制如下会计分录：

（1）如果委托加工物资收回继续用于生产应税消费品：

借：委托加工物资　　2 000 000

　贷：原材料　　2 000 000

借：委托加工物资　　400 000

　应交税费——应交增值税（进项税额）　　52 000

　　　　——应交消费税　　160 000

　贷：应付账款　　612 000

借：原材料　　2 400 000

　贷：委托加工物资　　2 400 000

（2）如果委托加工物资收回直接对外销售：

借：委托加工物资　　2 000 000

　贷：原材料　　2 000 000

借：委托加工物资　　560 000

　应交税费——应交增值税（进项税额）　　52 000

　贷：应付账款　　612 000

借：原材料　　2 560 000

　贷：委托加工物资　　2 560 000

知识点提示

如果委托方后期按照高于受托方预计的销售价格将应税消费品收回后直接出售的话，则原先受托方代收代缴的消费税也是通过"应交税费——应交消费税"进行账务处理，委托方后期将应税消费品售出后可以将应缴消费税递减实际受托方已经代收代缴的消费税作为实际需要缴纳的消费税。

4. 进口应税消费品

企业进口应税物资在进口环节应交的消费税，计入该项物资的成本，借记"材料采购"

“固定资产”等科目，贷记“银行存款”科目。

【例 7-37】 无锡市弘毅股份有限公司从国外进口一批需要交纳消费税的商品，商品价值 1 000 000 元（不含增值税），进口环节需要交纳的消费税为 200 000 元，采购的商品已经验收入库，货款和税款已经用银行存款支付。对该批商品的消费税应编制如下会计分录：

借：库存商品　　1 200 000
　　贷：银行存款　　1 200 000

四、其他应交税费的核算内容及其账务处理

其他应交税费是指除上述应交税费以外的其他各种应上交国家的税费，包括应交资源税、应交城市维护建设税、应交土地增值税、应交所得税、应交房产税、应交土地使用税、应交车船税、应交教育费附加、应交矿产资源补偿费、应交个人所得税等。企业应当在“应交税费”科目下设置相应的明细科目进行核算，贷方登记应交纳的有关税费，借方登记已交纳的有关税费，期末贷方余额，反映企业尚未交纳的有关税费。

（一）应交资源税

资源税是对在我国境内开采矿产品或者生产盐的单位和个人征收的税。对外销售应税产品应交纳的资源税应记入“税金及附加”科目，借记“税金及附加”科目，贷记“应交税费——应交资源税”科目；自产自用应税产品应交纳的资源税应记入“生产成本”“制造费用”等科目，借记“生产成本”“制造费用”等科目，贷记“应交税费——应交资源税”科目。

【例 7-38】 无锡市弘毅股份有限公司本期对外销售资源税应税矿产品 3 600 吨、将自产资源税应税矿产品 800 吨用于其产品生产，税法规定每吨矿产品应交资源税 5 元。应编制如下会计分录：

（1）计算对外销售应税矿产品应交资源税时：

借：税金及附加　　18 000
　　贷：应交税费——应交资源税　　18 000

企业对外销售应税产品而应交的资源税＝3 600×5＝18 000（元）

（2）计算自用应税矿产品应交资源税时：

借：生产成本　　4 000
　　贷：应交税费——应交资源税　　4 000

企业自产自用应税矿产品而应交纳的资源税＝800×5＝4 000（元）

（3）交纳资源税时：

借：应交税费——应交资源税　　22 000
　　贷：银行存款　　22 000

（二）应交城市维护建设税

城市维护建设税是以增值税和消费税为计税依据征收的一种税。其纳税人为交纳增值税和消费税的单位和个人，以纳税人实际缴纳的增值税额和消费税额为计税依据，并分别与两项税金同时缴纳。税率因纳税人所在地不同从 1%至 7%不等。其计算公式为：

应纳税额=(应交增值税+应交消费税)×适用税率

企业按规定计算出应交纳的城市维护建设税,借记“税金及附加”等科目,贷记“应交税费——应交城市维护建设税”科目。交纳城市维护建设税,借记“应交税费——应交城市维护建设税”科目,贷记“银行存款”科目。

【例 7-39】 无锡市弘毅股份有限公司本期实际应交增值税 510 000 元、消费税 240 000 元,适用的城市维护建设税税率为 7%,应编制如下会计分录:

(1) 计算应交城市维护建设税:

借:税金及附加	52 500	
贷:应交税费——应交城市维护建设税		52 500

应交的城市维护建设税=(510 000+240 000)×7%=52 500(元)

(2) 用银行存款交纳城市维护建设税:

借:应交税费——应交城市维护建设税	52 500	
贷:银行存款		52 500

(三) 应交教育费附加

教育费附加是为了发展教育事业而向企业征收的附加费用,企业按应交流转税的一定比例计算交纳。企业按规定计算出应交纳的教育费附加,借记“税金及附加”等科目,贷记“应交税费——应交教育费附加”科目。

【例 7-40】 无锡市弘毅股份有限公司按税法规定计算,2020 年第四季度应交纳教育费附加 300 000 元。款项已经用银行存款支付,应编制如下会计分录:

(1) 计算应交纳的教育费附加:

借:税金及附加	300 000	
贷:应交税费——应交教育费附加		300 000

(2) 交纳教育费附加:

借:应交税费——应交教育费附加	300 000	
贷:银行存款		300 000

(四) 应交土地增值税

土地增值税是对转让国有土地使用权、地上的建筑物及其附着物(以下简称转让房地产)并取得增值性收入的单位和个人所征收的一种税。

土地增值税按照转让房地产所取得的增值额和规定的税率计算征收。转让房地产的增值额是转让收入减去税法规定扣除项目金额后的余额,其中,转让收入包括货币收入、实物收入和其他收入;扣除项目主要包括取得土地使用权所支付的金额、开发土地的成本及费用、新建房及配套设施的成本及费用、与转让房地产有关的税金、旧房及建筑物的评估价格、财政部确定的其他扣除项目等。土地增值税采用四级超率累进税率,其中最低税率为 30%,最高税率为 60%。

根据企业对房地产核算方法不同,企业应交土地增值税的账务处理也有所区别:企业转让的土地使用权连同地上建筑物及其附着物一并在“固定资产”科目核算的,转让时应交的土地增值税,借记“固定资产清理”科目,贷记“应交税费——应交土地增值税”科目;土地使用权在“无形资产”科目核算的，借记“银行存款”“累计摊销”“无形资产减值准备”科目，按应交的土地增值税，贷记“应交税费——应交土地增值税”科目，同时冲销土地使用权的账面价值，贷记“无形资产”科目，按其差额，借记“营业外支出”科目或贷记“营业外收入”科目；房地产开发经营企业销售房地产应交纳的土地增值税，借记“税金及附加”科目，贷记“应交税费——应交土地增值税”科目。交纳土地增值税，借记“应交税费——应交土地增值税”科目，贷记“银行存款”科目。

【例 7-41】 无锡市弘毅股份有限公司对外转让一栋厂房，根据税法规定计算的应交土地增值税为 25 000 元，应编制如下会计分录：

（1）计算应交土地增值税：

借：固定资产清理　　25 000
　　贷：应交税费——应交土地增值税　　25 000

（2）用银行存款交纳土地增值税：

借：应交税费——应交土地增值税　　25 000
　　贷：银行存款　　25 000

（五）应交房产税、城镇土地使用税、车船税和矿产资源补偿费

房产税是国家对在城市、县城、建制镇和工矿区征收的由产权所有人缴纳的一种税。房产税依照房产原值一次减除 10%～30%后的余额计算交纳。没有房产原值作为依据的，由房产所在地税务机关参考同类房产核定；房产出租的，以房产租金收入为房产税的计税依据。

城镇土地使用税是以城市、县城、建制镇、工矿区范围内使用土地的单位和个人为纳税人，以其实际占用的土地面积和规定税额计算征收。

车船税是以车辆、船舶(简称车船)为课税对象，向车船的所有人或者管理人征收的一种税。

矿产资源补偿费是对在我国领域和管辖海域开采矿产资源而征收的费用。矿产资源补偿费按照矿产品销售收入的一定比例计征，由采矿人交纳。

企业应交的房产税、城镇土地使用税、车船税、矿产资源补偿费，借记“税金及附加”科目，贷记“应交税费——应交房产税或应交城镇土地使用税、应交车船税、应交矿产资源补偿费”科目。

【例 7-42】 无锡市弘毅股份有限公司按税法规定本期应交纳房产税 160 000 元、车船税 38 000 元、城镇土地使用税 45 000 元，应编制如下会计分录：

（1）计算应交纳上述税金：

借：税金及附加　　243 000
　　贷：应交税费——应交房产税　　160 000
　　　　　　　　——应交城镇土地使用税　　45 000
　　　　　　　　——应交车船税　　38 000

（2）用银行存款交纳上述税金：

借：应交税费——应交房产税　　160 000
　　　　　　——应交城镇土地使用税　　45 000
　　　　　　——应交车船税　　38 000
　　贷：银行存款　　243 000

(六) 应交个人所得税

企业职工按规定应交纳的个人所得税通常由单位代扣代缴,企业按规定计算的代扣代缴的职工个人所得税,借记"应付职工薪酬"科目,贷记"应交税费——应交个人所得税"科目;企业交纳个人所得税时,借记"应交税费——应交个人所得税"科目,贷记"银行存款"等科目。

【例 7-43】 无锡市弘毅股份有限公司结算本月应付职工工资总额 300 000 元,按税法规定应代扣代缴的职工个人所得税共计 3 000 元,实发工资 297 000 元,该企业应编制如下会计分录:

(1) 代扣个人所得税:

借:应付职工薪酬——职工工资、奖金、津贴和补贴	3 000	
贷:应交税费——应交个人所得税		3 000

(2) 交纳个人所得税:

借:应交税费——应交个人所得税	3 000	
贷:银行存款		3 000

任务七　其他流动负债的核算

任务导入

在了解了短期借款、应付账款、应付票据等常用流动负债后,今天师傅准备把其他剩余的一些流动负债向王丽介绍。在做了一些准备后,王丽在师傅的带领下开始对应付利息、应付股利、其他应付款三个流动负债类账户进行有针对性的学习。

任务要求

1. 熟悉应付利息的核算内容及其账务处理
2. 熟悉应付股利的核算内容及其账务处理
3. 熟悉其他应付款的核算内容及其账务处理

知识点介绍

一、应付利息的核算内容及其账务处理

(一) 应付利息的核算内容

应付利息是指企业按照合同约定应支付的利息,包括短期借款、分期付息到期还本的长期借款、企业债券等应支付的利息。

(二) 应付利息的账务处理

企业根据经股东大会或类似机构审议批准的利润分配方案，按应支付的现金股利或利润，借记“利润分配”科目，贷记“应付股利”科目；实际支付现金股利或利润时，借记“应付股利”科目，贷记“银行存款”等科目。其账户结构如图表 7-8 所示。

借	应付利息　　　　贷
实际支付的利息	期初余额 按照合同约定计算的应付利息
	期末余额：企业应付未付的利息

图表 7-8 “应付利息”科目的账户结构

具体账务处理为：

(1) 企业按照合同约定的利率计算确定利息费用：

借：在建工程(工程建设期间的利息费用)
　　财务费用(一般经营期间的利息费用)
　　研发支出(开发产品期间的利息费用)
　　贷：应付利息

(2) 实际支付利息：

借：应付利息
　　贷：银行存款

知识点提示

带息应付票据产生的利息记入“应付票据”科目，不通过“应付利息”科目核算。一次还本付息的长期借款产生的利息记入“长期借款”科目，不通过“应付利息”科目核算。

【例 7-44】 无锡市弘毅股份有限公司借入 5 年期到期还本、每年付息的长期借款 3 000 000 元，合同约定年利率为 6%。应编制如下有关利息费用的会计分录：

(1) 企业每年应支付的利息＝3 000 000×6%＝180 000(元)，每年计算确定利息费用时：

借：财务费用　　180 000
　　贷：应付利息　　180 000

(2) 每年实际支付利息时：

借：应付利息　　180 000
　　贷：银行存款　　180 000

二、应付股利的核算内容及其账务处理

(一) 应付股利的核算内容

应付股利是指企业经股东大会或类似机构审议批准分配的现金股利或利润，企业股东

大会或类似机构审议批准利润分配方案、宣告分派的现金股利或利润在实际支付前形成的企业负债。

企业董事会或类似机构通过的利润分配方案中拟分配的现金股利或利润不应确认负债，但应在附注中披露。

(二) 应付股利的账务处理

企业通过“应付股利”科目，核算企业确定或宣告发放但尚未实际支付的现金股利或利润。该科目贷方登记应支付的现金股利或利润；借方登记实际支付的现金股利或利润；期末贷方余额反映企业应付未付的现金股利或利润。本科目应按照投资者设置明细科目进行明细核算。其账户结构如图表 7-9 所示。

借 应付股利	贷
实际支付的现金股利或利润	期初余额 应支付的现金股利或利润
	期末余额：企业应付未付的现金股利或利润

图表 7-9 “应付股利”科目的账户结构

企业根据股东大会或类似机构审议批准的利润分配方案，确认应付给投资者的现金股利或利润时，借记“利润分配——应付现金股利或利润”科目，贷记“应付股利”科目；向投资者实际支付现金股利或利润时，借记“应付股利”科目，贷记“银行存款”等科目。

【例 7-45】 无锡市弘毅股份有限公司有甲、乙两个股东，分别占注册资本的 30%和 70%。2021 年度该公司实现净利润 6 000 000 元，经过股东会批准，决定 2021 年分配股利 4 000 000 元，股利已用银行存款支付。应编制如下会计分录：

(1) 确认应付投资者利润：

借：利润分配——应付股利或利润	4 000 000	
贷：应付股利——甲股东		1 200 000
——乙股东		2 800 000

(2) 支付投资者利润：

借：应付股利——甲股东	1 200 000	
——乙股东	2 800 000	
贷：银行存款		4 000 000

甲股东应分配的股利＝4 000 000×30%＝1 200 000(元)

乙股东应分配的股利＝4 000 000×70%＝2 800 000(元)

需要说明的是，企业董事会或类似机构通过的利润分配方案中拟分配的现金股利或利润，不需要进行账务处理，但应在附注中披露。企业分配的股票股利不通过“应付股利”科目核算。

企业分配的股票股利，不通过“应付股利”科目核算，而应当借记“利润分配——转作股本的股利”科目，贷记“股本”科目。

三、其他应付款的核算内容及其账务处理

（一）其他应付款的核算内容

其他应付款是指企业除应付票据、应付账款、预收账款、应付职工薪酬、应交税费、应付利息、应付股利等经营活动以外的其他各项应付、暂收的款项，如应付经营租赁固定资产租金、租入包装物租金、存入保证金等。

知识点提示

其他应收款核算内容包括应收租入包装物租金、存出保证金、应收的经营租出固定资产、无形资产租金、备用金和职工代垫的款项等。

（二）其他应付款的账务处理

企业应通过“其他应付款”科目，核算其他应付款的增减变动及其结存情况。该科目贷方登记发生的各种应付、暂收款项；借方登记偿还或转销的各种应付、暂收款项；该科目期末贷方余额，反映企业应付未付的其他应付款项。本科目按照其他应付款的项目和对方单位（或个人）设置明细科目进行明细核算。其账户结构如图表 7-10 所示。

借　　　　其他应付款	贷
偿还或转销的各种应付、暂收款项	期初余额 发生的各种应付、暂收款项
	期末余额：企业应付未付的其他应付款项

图表 7-10 “其他应付款”科目的账户结构

企业发生其他各种应付、暂收款项时，借记“管理费用”等科目，贷记“其他应付款”科目；支付或退回其他各种应付、暂收款项时，借记“其他应付款”科目，贷记“银行存款”等科目。

【例 7-46】 无锡市弘毅股份有限公司从 2020 年 1 月 1 日起，以经营租赁方式租入管理用办公设备一批，每月租金 8 000 元，按季支付。3 月 31 日，该公司以银行存款支付应付租金 24 000 元，增值税进项税额为 3 120 元，应编制如下会计分录：

（1）1 月 31 日计提应付经营租入固定资产租金时：

借：管理费用	8 000	
贷：其他应付款		8 000

2 月底计提应付经营租入固定资产租金的账务处理同上。

（2）3 月 31 日支付租金和税金时：

借：其他应付款	16 000	
管理费用	8 000	
应交税费——应交增值税（进项税额）	3 120	
贷：银行存款		27 120

出租动产的单位可按合同规定，在收到租金当期开具增值税专用发票。

任务八　长期负债的核算

任务导入

在学习完流动负债后，师傅开始向王丽介绍长期负债类账户的核算。长期负债也是企业经常会遇到的日常核算内容，因此，王丽在师傅的带领下，开始对长期负债进行详细、认真的学习。

任务要求

1. 熟悉长期借款的核算内容及其账务处理
2. 熟悉应付债券的核算内容及其账务处理

知识点介绍

一、长期借款的核算内容及其账务处理

（一）长期借款的核算内容

长期借款是指企业向银行或其他金融机构借入的期限在1年以上（不含1年）的各种借款，一般用于固定资产的购建、改扩建工程、大修理工程、对外投资以及为了保持长期经营能力等方面。它是企业长期负债的重要组成部分，必须加强管理与核算。

（二）长期借款的账务处理

1. 取得长期借款的核算

企业应通过“长期借款”科目，核算长期借款的借入、归还等情况。该科目可按照贷款单位和贷款种类设置明细账，分别“本金”“利息调整”等进行明细核算。该科目的贷方登记长期借款本息的增加额，借方登记本息的减少额，贷方余额表示企业尚未偿还的长期借款。

【例7-47】 无锡市弘毅股份有限公司2020年10月31日向银行借入3年的长期借款2 000 000元，年利率6%。根据与银行签署的借款协议，该项借款到期一次还本付息，不计复利，所借款项存入银行。应编制如下会计分录：

借：银行存款	2 000 000	
贷：长期借款——本金		2 000 000

2. 长期借款利息的确认

长期借款利息费用应当在资产负债表日按照实际利率法计算确定。如果实际利率与合同利率相差不大，也可以采用合同利率计算确定利息费用。在资产负债表日，企业应按长期借款的摊余成本和实际利率计算确定的长期借款的利息费用，借记“在建工程”“财务费用”“制造费用”“研发支出”等科目，按借款本金和合同利率计算确定的应付未付的利息，如果属

于分期付息的，贷记“应付利息”科目，如果属于一次还本付息的，贷记“长期借款——应计利息”科目。

【例 7-48】 承[例 7-47]，无锡市弘毅股份有限公司 2020 年 11 月 30 日计提长期借款利息，假定企业采用合同利率计算确定利息费用。应编制如下会计分录：

借：财务费用	10 000	
贷：长期借款——应计利息(2 000 000×6%÷12)		10 000

2020 年 12 月至 2022 年 9 月每月预提利息的会计分录同上。

3. 长期借款利息的归还

企业归还长期借款时，按应归还本金的金额，借记“长期借款——本金”科目，贷记“银行存款”科目；按应归还的利息，借记“应付利息”或“长期借款——应计利息”科目，贷记“银行存款”科目。

【例 7-49】 承[例 7-47][例 7-48]，假设无锡市弘毅股份有限公司于 2022 年 10 月 31 日偿还该笔银行借款本息。应编制如下会计分录：

借：财务费用	10 000	
长期借款——本金	2 000 000	
——应计利息	350 000	
贷：银行存款		2 360 000

二、应付债券的核算内容及其账务处理

(一) 应付债券的核算内容

应付债券是指企业为筹集(长期)资金而发行的债券。通过发行债券取得的资金，构成了企业的一项非流动负债。企业会在未来某一特定日期按债券所记载的利率、期限等约定还本付息。

企业债券的发行有三种，即面值发行、溢价发行和折价发行。所谓面值发行是指债券按债券的票面价格发行。如果债券的票面利率与同期银行存款利率相同，一般按面值发行。所谓溢价发行是指债券按超过面值的价格发行。当债券的票面利率高于同期银行存款利率时，一般会溢价发行。溢价是企业以后各期多付利息而事先得到的补偿。所谓折价发行是指债券按低于面值的价格发行。如果债券的票面利率低于银行同期存款利率，一般为折价发行。折价是企业以后各期少付利息而预先给投资者的补偿。溢价或折价是发行债券企业在债券存续期间内对利息费用的一种调整。

(二) 应付债券的账务处理

企业应通过“应付债券”科目，核算应付债券发行、计提利息、还本付息等情况。该科目贷方登记应付债券的本金和利息；借方登记归还的债券本金和利息；期末贷方余额表示企业尚未偿还的长期债券。本科目可按“面值”“利息调整”“应计利息”等设置明细科目进行明细核算。

企业应当设置“企业债券备查簿”，详细登记企业发行债券的票面金额、债券票面利率、还本付息期限与方式、发行总额、发行日期和编号、委托代售单位、转换股份等资料，企业债

券到期结清时，应当在备查簿内逐笔注销。

1. 债券发行的核算

企业发行债券时，按实际收到的款项，借记“银行存款”“库存现金”等科目，按债券票面价值，贷记“应付债券——面值”科目，按实际收到的款项与票面价值之间的差额，贷记或借记“应付债券——利息调整”科目。

【例 7-50】 2020 年 12 月 31 日，无锡市弘毅股份有限公司经批准发行 5 年期一次还本、分期付息的公司债券 2 000 000 元，债券利息在每年的 12 月 31 日支付，票面利率为 6%，假定债券发行时市场利率为 5%，债券的发行价格为 2 086 540 元。该公司在发行债券收到存款时应编制如下会计分录：

借：银行存款　　2 086 540
　贷：应付债券——面值　　2 000 000
　　　　　　——利息调整　　86 540

2. 债券利息的核算

对应付债券利息应采用实际利率法进行核算(实际利率与票面利率差异较小时也可简化核算，用票面利率进行核算)。实际利率法是指按照应付债券的实际利率计算其摊余成本及各项利息费用的方法。实际利率是指将应付债券在债券存续期间的未来现金流量，折现为该债券当前账面价值所使用的利率。

资产负债表日，对于分期付息、一次还本的债券，企业应根据应付债券的摊余成本和实际利率计算确定的债券利息费用，借记“在建工程”“制造费用”“财务费用”等科目，按票面利率计算确定的应付未付的利息，贷记“应付利息”科目，按其差额，借记或贷记“应付债券——利息调整”科目。对于一次还本付息的债券，其按票面利率计算确定的应付未付的利息，贷记“应付债券——应计利息”科目。

【例 7-51】 承[例 7-50]，采用实际利率法和摊余成本计算确定的利息费用，具体计算过程如图表 7-11 所示。

图表 7-11　　**利息计算表**

付息日期	支付利息	利息费用	摊销的利息调整	应付债券摊余成本
	①=面值×6%	②=上期④×5%	③=①-②	④=上期④-③
2020 年 12 月 31 日				2 086 540
2021 年 12 月 31 日	120 000	104 327	15 673	2 070 867
2022 年 12 月 31 日	120 000	103 543. 35	164 456. 65	2 054 410. 35
2023 年 12 月 31 日	120 000	102 720. 52	17 279. 48	2 037 130. 87
2024 年 12 月 31 日	120 000	101 856. 54	18 143. 46	2 018 987. 41
2025 年 12 月 31 日	120 000	101 012. 59	18 987. 41	2 000 000

2021 年 12 月 31 日，无锡市弘毅股份有限公司计提利息时：

借：财务费用　　104 327
　　应付债券——利息调整　　15 673
　贷：应付利息　　120 000

支付利息时：

借：应付利息　　120 000

　　贷：银行存款　　120 000

2022 年 12 月 31 日、2023 年 12 月 31 日、2024 年 12 月 31 日确认利息费用的账务处理同上。

3. 债券偿还的核算

企业债券到期时，采用一次还本付息方式的，支付本息时，应借记“应付债券——面值”“应付债券——应计利息”科目，贷记“银行存款”科目；采用分次付息、一次还本方式，在每期支付利息时，应借记“应付利息”科目，贷记“银行存款”科目，待债券到期偿还本金及最后一期利息时，借记“应付债券——面值”“在建工程”“财务费用”“制造费用”等科目，贷记“银行存款”科目，借记或贷记“应付债券——利息调整”科目。

【例 7-52】 承[例 7-51]，2025 年 12 月 31 日无锡市弘毅股份有限公司归还债券本金及最后一期利息时，应编制如下会计分录：

借：应付债券——面值　　2 000 000

　　财务费用　　101 012.59

　　应付债券——利息调整　　18 987.41

　　贷：银行存款　　2 120 000

课后练习　　项目实操

项目八

所有者权益的核算

项目引领

项目目标

理论目标

（一）理解所有者权益的含义及特征，掌握所有者权益与负债的区别

（二）理解实收资本的含义，掌握实收资本增加和减少的账务处理

（三）掌握资本公积的构成，资本溢价（或股本溢价）的账务处理

（四）掌握留存收益的构成，盈余公积、未分配利润的计算和账务处理

实务目标

（一）能对所有者权益各组成项目的确认进行职业判断

（二）能运用所有者权益核算规则进行实收资本、资本公积和留存收益的账务处理

（三）能利用影响留存收益事项熟练计算盈余公积、未分配利润

任务一　实收资本的核算

任务导入

在学习完负债后，师傅开始向王丽介绍“实收资本”科目的核算。“实收资本”科目也是企业经常会遇到的日常核算内容，因此，王丽在师傅的带领下，开始对实收资本进行详细、认真的学习。

任务要求

1. 了解实收资本的具体核算内容
2. 熟悉实收资本（或股本）的账务处理

知识点介绍

一、所有者权益概述

所有者权益是指企业资产扣除负债后由所有者享有的剩余权益。股份有限公司所有者权益又称为股东权益。所有者权益来源于所有者投入的资本、资本公积、其他综合收益、留存收益等。

（一）所有者权益的特征

（1）除非发生减资、清算或分派现金股利，企业不需要偿还所有者权益。

（2）企业清算时，只有在清偿所有的负债后，所有者权益才返还给所有者。

（3）所有者凭借所有者权益能够参与企业利润的分配。

（二）所有者权益与负债的区别

所有者权益与债权人权益（负债）比较，具有以下不同：

（1）所有者权益在企业经营期间内可供企业长期、持续使用，企业不必向投资人返还资本金；而负债需按期返还给债权人，成为企业的负担。

（2）企业所有人凭其对企业投入的资本，享受税后分配利润的权益。所有者权益是企业分配税后利润的主要依据；而债权人除按规定取得利息外，无权分配企业的盈利。

（3）企业所有人有权行使企业的经营管理权，或者授权管理人员行使经营管理权；但债权人并没有经营管理权。

（4）企业的所有者权益对企业的债务和亏损负有无限的责任或有限的责任；而债权人对企业的其他债务不发生关系，一般也不承担企业的亏损。

（三）所有者权益的分类

所有者权益按其核算的内容和要求，可分为实收资本（或股本）、资本公积、其他综合收益、盈余公积和未分配利润等。其中，盈余公积和未分配利润统称为留存收益。

二、实收资本概述

实收资本是指企业按照章程规定或合同、协议约定，接受投资者投入企业的资本。实收资本的构成比例或股东的股份比例，是确定所有者在企业所有者权益中份额的基础，也是企业进行利润或股利分配的主要依据，同时也是企业清算时确定所有者对净资产的要求权的依据。

《中华人民共和国公司法》(以下简称《公司法》)规定，股东可以用货币出资，也可以用实物、知识产权、土地使用权等可以用货币估价并可以依法转让的非货币财产作价出资；但是，法律、行政法规规定不得作为出资的财产除外。企业应当对作为出资的非货币财产评估作价，核实财产，不得高估或者低估作价。法律、行政法规对评估作价有规定的，从其规定。股东应当按期足额缴纳公司章程中规定的各自所认缴的出资额。股东以货币出资的，应当将货币出资足额存入有限责任公司在银行开设的账户；以非货币财产出资的，应当依法办理其财产权的转移手续。股东不按照前款规定缴纳出资的，除应当向公司足额缴纳外，还应当向已按期足额缴纳出资的股东承担违约责任。企业收到所有者投入企业的资本后，应根据有关原始凭证(如投资清单、银行通知单等)分别不同的出资方式进行账务处理。

在现行制度下，股东不得以劳务、信用、自然人姓名、商誉、特许经营权或者设定担保的财产等作价出资。

知识点提示

注册资本和实收资本的区别：

(1) 注册资本是法律上规定的强制性要素，而实收资本则是企业在实际业务中遵循法律规定的结果，二者不是同一个概念，但在现行制度下，它们在金额上又是相等的。

(2) 注册资本是公司在设立时募集的、由章程载明的、经公司登记机关注册的资本，是股东认缴或认购的出资额。实收资本是公司成立时实际收到的股东的出资总额，是公司现实拥有的资本，由于公司认缴股份以后，可以一次全部缴清，也可以分期缴纳，所以，实收资本在某段时间内可能小于注册资本，但公司的注册资本与实收资本最终应当是一致的。

三、实收资本(或股本)的账务处理

为了反映和监督投资者投入资本的增减变动情况，有限责任公司应设置“实收资本”科目(股份有限公司应设置“股本”科目)。该科目属于所有者权益类，贷方反映企业实际收到投资者投入的资本；借方反映企业按法定程序减资时所减少的注册资本数额；期末余额在贷方，表示企业期末实有的资本或股本。该科目可按投资者设置明细分类账，进行明细分类核算。

(一) 接受现金资产投资

1. 股份有限公司以外的企业接受现金资产投资

企业接受现金资产投资时，应以实际收到的金额或存入企业开户银行的金额，借记“银行存款”等科目，按投资合同或协议约定的投资者在企业注册资本中所占份额的部分，贷记“实收资本”科目，企业实际收到或存入开户银行的金额超过投资者在企业注册资本中所占份额的部分，贷记“资本公积——资本溢价”科目。

【例 8-1】 甲、乙、丙共同投资设立 A 有限责任公司，注册资本为 2 000 000 元，甲、乙、丙持股比例分别为 60%、25%和 15%。按照章程规定，甲、乙、丙投入资本分别为 1 200 000 元、500 000 元和 300 000 元，A 有限责任公司已如期收到各投资者一次缴足的款项。A 有限责任公司应编制如下会计分录：

借：银行存款	2 000 000	
贷：实收资本——甲		1 200 000
——乙		500 000
——丙		300 000

实收资本的构成比例即投资者的出资比例或股东的股份比例，通常是确定所有者在企业所有者权益中所占的份额和参与企业生产经营决策的基础，也是企业进行利润分配或股利分配的依据，同时还是企业清算时确定所有者对净资产的要求权的依据。

2. 股份有限公司接受现金资产投资

股份有限公司发行股票时，既可以按面值发行股票，也可以溢价发行(我国目前不允许折价发行)。股份有限公司在核定的股本总额及核定的股份总额的范围内发行股票时，应在实际收到现金资产时进行账务处理。股份有限公司发行股票收到现金资产时，借记“银行存款”等科目，按每股股票面值和发行股份总额的乘积计算的金额，贷记“股本”科目，实际收到的金额与该股本之间的差额，贷记“资本公积——股本溢价”科目。

股份有限公司发行股票发生的手续费、佣金等交易费用，应从溢价中抵扣，冲减资本公积(股本溢价)。

【例 8-2】 无锡市弘毅股份有限公司发行普通股 10 000 000 股，每股面值 1 元，每股发行价格 5 元，假定股票发行成功，股款 50 000 000 元已全部收到，不考虑发行过程中的税费等因素。根据上述资料，应编制如下会计分录：

应记入“资本公积”科目的金额＝50 000 000－10 000 000×1＝40 000 000(元)

借：银行存款	50 000 000	
贷：股本		10 000 000
资本公积——股本溢价		40 000 000

(二) 接受非现金资产投资

1. 接受投入固定资产

企业接受投资者作价投入的房屋、建筑物、机器设备等固定资产，应按投资合同或协议约定价值确定固定资产价值(但投资合同或协议约定价值不公允的除外)，按投资合同或协议约定的投资者在企业注册资本或股本中所占份额的部分作为实收资本或者股本入账，投资合同或协议约定的价值(不公允的除外)超过投资者在企业注册资本或股本中所占份额部分，计入资本公积(资本溢价或股本溢价)。

【例 8-3】 无锡市弘毅股份有限公司于设立时收到乙公司作为资本投入的不需要安装的机器设备一台，合同约定该机器设备的价值为 2 000 000 元，增值税进项税额为 260 000 元(由投资方支付税款，并提供或开具增值税专用发票)。经约定，无锡市弘毅股份有限公司接受乙公司的投入资本为 2 260 000 元，全部作为实收资本。合同约定的固定资产价值与公允价值相符，不考虑其他因素，应编制如下会计分录：

借：固定资产　　2 000 000
　　应交税费——应交增值税（进项税额）　　260 000
　　贷：实收资本——乙公司　　2 260 000

本例中，该项固定资产合同约定的价值与公允价值相符，无锡市弘毅股份有限公司接受乙公司投入的固定资产按合同约定金额与增值税进项税额作为实收资本，因此，可按 2 260 000 元的金额贷记“实收资本”科目。

2. 接受投入材料物资

企业接受投资者作价投入的材料物资，应按投资合同或协议约定的价值（不公允的除外）作为材料物资的入账价值，按投资合同或协议约定的投资者在企业注册资本或股本中所占份额的部分作为实收资本或者股本入账，投资合同或协议约定的价值（不公允的除外）超过投资者在企业注册资本或股本中所占份额的部分，计入资本公积（资本溢价或股本溢价）。

【例 8-4】 无锡市弘毅股份有限公司于设立时收到 B 公司作为资本投入的原材料一批，该批原材料投资合同或协议约定价值（不含可抵扣的增值税进项税额部分）为 100 000 元，增值税进项税额为 13 000 元（由投资方支付税款，并提供或开具增值税专用发票）。合同约定的价值与公允价值相符，不考虑其他因素。无锡市弘毅股份有限公司对原材料按实际成本进行日常核算，应编制如下会计分录：

借：原材料　　100 000
　　应交税费——应交增值税（进项税额）　　13 000
　　贷：实收资本——B 公司　　113 000

本例中，原材料的合同约定价值与公允价值相符，因此，可按照 100 000 元的金额借记“原材料”科目；同时，该进项税额允许抵扣，因此，增值税专用发票上注明的增值税进项税额 13 000 元，应借记“应交税费——应交增值税（进项税额）”科目。无锡市弘毅股份有限公司接受的 B 公司投入的原材料按合同约定金额与增值税进项税额之和作为实收资本，因此，可按 113 000 元的金额贷记“实收资本”科目。

3. 接受投入无形资产

企业收到以无形资产方式投入的资本，应按投资合同或协议约定的价值（不公允的除外）作为无形资产的入账价值，按投资合同或协议约定的投资者在企业注册资本或股本中所占份额的部分作为实收资本或股本入账，投资合同或协议约定的价值（不公允的除外）超过投资者在企业注册资本或股本中所占份额的部分，计入资本公积（资本溢价或股本溢价）。

【例 8-5】 无锡市弘毅股份有限公司于设立时收到 A 公司作为资本投入的非专利技术一项，该非专利技术投资合同约定价值为 60 000 元，增值税进项税额为 3 600 元（由投资方支付税款，并提供或开具增值税专用发票）；同时收到 B 公司作为资本投入的土地使用权一项，投资合同约定价值为 80 000 元，增值税进项税额为 7 200 元（由投资方支付税款，并提供或开具增值税专用发票）。合同约定的资产价值与公允价值相符，不考虑其他因素，应编制如下会计分录：

借：无形资产——非专利技术 60 000
——土地使用权 80 000
应交税费——应交增值税(进项税额) 10 800
贷：实收资本——A公司 63 600
——B公司 87 200

本例中，非专利技术与土地使用权的合同约定价值与公允价值相符，因此，可分别按照60 000元和80 000元的金额借记"无形资产"科目；同时，该进项税额允许抵扣，因此，增值税专用发票上注明的增值税额分别为3 600元和7 200元，应借记"应交税费——应交增值税(进项税额)"科目。A、B公司投入的非专利技术和土地使用权按合同约定金额作为实收资本，因此，可分别按63 600元和87 200元的金额贷记"实收资本"科目。

(三) 实收资本(或股本)的增减变动

一般情况下，企业的实收资本应相对固定不变，但在某些特定情况下，实收资本也可能发生增减变化。我国《企业法人登记管理条例施行细则》规定，除国家另有规定外，企业的注册资金应当与实收资本相一致，当实收资本比原注册资金增加或减少超过20%时，应持资金使用证明或者验资证明，向原登记主管机关申请变更登记。如擅自改变注册资本或抽逃资金，要受到工商行政管理部门的处罚。

1. 实收资本(或股本)的增加

一般企业增加资本主要有三个途径：接受投资者追加投资、资本公积转增资本和盈余公积转增资本。

企业按规定接受投资者追加投资时，核算原则与投资者初次投入时相同。

企业采用资本公积或盈余公积转增资本时，应按转增的资本金额确认实收资本或股本。用资本公积转增资本时，借记"资本公积——资本溢价(或股本溢价)"科目，贷记"实收资本"(或"股本")科目。用盈余公积转增资本时，借记"盈余公积"科目，贷记"实收资本"(或"股本")科目。用资本公积或盈余公积转增资本时，应按原投资者各自出资比例计算确定各投资者相应增加的出资额。

需要注意的是，由于资本公积和盈余公积均属于所有者权益，用其转增资本时，如果是独资企业比较简单，直接结转即可。如果是股份有限公司或有限责任公司应该按照原投资者各自出资比例相应增加各投资者的出资额。

【例8-6】 甲、乙、丙三人共同投资设立了A有限责任公司，原注册资本为4 000 000元，甲、乙、丙分别出资500 000元、2 000 000元和1 500 000元。为扩大经营规模，经批准，A有限责任公司注册资本扩大为5 000 000元，甲、乙、丙按照原出资比例分别追加投资125 000元、500 000元和375 000元。A有限责任公司如期收到甲、乙、丙追加的现金投资。A有限责任公司应编制如下会计分录：

借：银行存款 1 000 000
贷：实收资本——甲 125 000
——乙 500 000
——丙 375 000

本例中，甲、乙、丙三人按原出资比例追加实收资本，因此，A有限责任公司应分别按照125 000元、500 000元和375 000元的金额，贷记“实收资本”科目中甲、乙、丙明细分类账。

【例8-7】 承[例8-6]，因扩大经营规模需要，经批准，A有限责任公司按原出资比例将资本公积1 000 000元转增资本。A有限责任公司应编制如下会计分录：

借：资本公积	1 000 000	
贷：实收资本——甲		125 000
——乙		500 000
——丙		375 000

本例中，资本公积1 000 000元按原出资比例转增实收资本，因此，A有限责任公司应分别按照125 000元、500 000元和375 000元的金额，贷记“实收资本”科目中甲、乙、丙明细分类账。

【例8-8】 承[例8-6]，因扩大经营规模需要，经批准，A有限责任公司按原出资比例将盈余公积1 000 000元转增资本。A有限责任公司应编制如下会计分录：

借：盈余公积	1 000 000	
贷：实收资本——甲		125 000
——乙		500 000
——丙		375 000

本例中，盈余公积1 000 000元按原出资比例转增实收资本，因此，A有限责任公司应分别按照125 000元、500 000元和375 000元的金额，贷记“实收资本”科目中甲、乙、丙明细分类账。

2. 实收资本(或股本)的减少

企业按法定程序报经批准减少注册资本的，按减少的注册资本金额减少实收资本。股份有限公司采用收购本公司股票方式减资的，通过“库存股”科目核算回购股份的金额。减资时，按股票面值和注销股数计算的股票面值总额，借记“股本”科目，按注销库存股的账面余额，贷记“库存股”科目，按其差额，借记“资本公积——股本溢价”科目。股本溢价不足冲减的，应贷记“盈余公积”“利润分配——未分配利润”科目。如果购回股票支付的价款低于面值总额的，应按股票面值总额，借记“股本”科目，按所注销的库存股账面余额，贷记“库存股”科目，按其差额，贷记“资本公积——股本溢价”科目。

【例8-9】 无锡市弘毅股份有限公司2020年12月31日的股本为100 000 000元(面值为1元)，资本公积(股本溢价)为30 000 000元，盈余公积为40 000 000元。经股东大会批准，无锡市弘毅股份有限公司以现金回购方式回购本公司股票20 000 000股并注销。假定无锡市弘毅股份有限公司按每股2元回购股票，不考虑其他因素。应编制如下会计分录：

(1) 回购本公司股份时：

库存股成本＝20 000 000×2＝40 000 000(元)

借：库存股	40 000 000	
贷：银行存款		40 000 000

(2) 注销本公司股份时：

应冲减的资本公积＝20 000 000×2－20 000 000×1＝20 000 000(元)

借：股本　　20 000 000

　　资本公积　　20 000 000

　　贷：库存股　　40 000 000

【例 8-10】　承[例 8-9]，假定无锡市弘毅股份有限公司按每股 3 元回购股票，其他条件不变，应编制如下会计分录：

（1）回购本公司股份时：

库存股成本＝20 000 000×3＝60 000 000（元）

借：库存股　　60 000 000

　　贷：银行存款　　60 000 000

（2）注销本公司股份时：

应冲减的资本公积＝20 000 000×3－20 000 000×1＝40 000 000（元）

借：股本　　20 000 000

　　资本公积　　30 000 000

　　盈余公积　　10 000 000

　　贷：库存股　　60 000 000

本例中，由于应冲减的资本公积大于公司现有的资本公积，所以只能冲减资本公积 30 000 000 元，剩余的 10 000 000 元应冲减盈余公积。

【例 8-11】　承[例 8-10]，假定无锡市弘毅股份有限公司按每股 0.9 元回购股票，其他条件不变，应编制如下会计分录：

（1）回购本公司股份时：

库存股成本＝20 000 000×0.9＝18 000 000（元）

借：库存股　　18 000 000

　　贷：银行存款　　18 000 000

（2）注销本公司股份时：

应增加的资本公积＝20 000 000×1－20 000 000×0.9＝2 000 000（元）

任务二　资本公积的核算

任务导入

在了解了实收资本的账务处理后，王丽询问师傅关于资本公积的具体内容，于是，在师傅的指导下，王丽开始对资本公积的账务处理进行认真的学习。

任务要求

1. 了解资本公积的具体核算内容
2. 熟悉资本公积的账务处理

知识点介绍

一、资本公积概述

(一) 资本公积的核算内容

资本公积是企业收到投资者出资额超过其在注册资本(或股本)中所占份额的部分,以及其他资本公积等。资本公积包括资本溢价(或股本溢价)和其他资本公积等。

资本溢价(或股本溢价)是指企业收到投资者出资额超出其在注册资金(或股本)中所占份额的部分。形成资本溢价或股本溢价的原因主要有投资者超额缴入资本、溢价发行股票等。

其他资本公积是指除净损益、其他综合收益和利润分配以外所有者权益的其他变动。如企业的长期股权投资采用权益法核算时,因被投资单位除净损益、其他综合收益和利润分配以外的所有者权益的其他变动,投资企业按应享有份额而增加或减少的资本公积。

(二) 资本公积与实收资本(或股本)、留存收益的区别

1. 资本公积与实收资本(或股本)的区别

(1) 来源和性质不同。实收资本是指企业按照章程规定或合同、协议约定,接受投资者投入企业的资本,它是企业所有者对企业的基本产权关系的体现;资本公积是企业收到投资者出资额超过其在注册资本(或股本)中所占份额的部分,以及其他资本公积等,它并不代表所有者对企业的基本产权关系。

(2) 用途不同。实收资本(或股本)的构成比例,即投资者的出资比例或股东的股份比例,是确定所有者在企业所有者权益中所占的份额的基础,也是确定所有者参与企业生产经营决策的基础,又是企业进行利润分配或股利分配的依据,同时还是企业清算时确定企业所有者对净资产的要求权的依据;资本公积主要是用于转增资本(或股本)。资本公积不代表各所有者在企业所有者权益中所占份额的比例,也不能作为所有者参与企业生产经营决策或进行利润分配(或股利分配)的依据。

知识点提示

1. 资本公积与留存收益的区别

资本公积不是来源于企业生产经营过程中实现的利润,而是来自资本溢价(或股本溢价)和其他资本公积等。留存收益(包括盈余公积和未分配利润两类)则来源于企业生产经营过程中实现的利润,它是企业从历年实现的利润中提取或形成的留存于企业的内部积累。

2. 资本公积与其他综合收益的区别

其他综合收益是指企业根据企业会计准则规定,未在当期损益中确认的而应计入所有者权益的各项利得和损失。资本公积和其他综合收益的增减都会引起企业所有者权益的增减变动。资本公积不会影响企业的损益或利润,而部分其他综合收益项目则在满足企业会计准则规定的条件时,可以重分类进损益,从而影响到企业的利润。

二、资本公积的账务处理

为了核算企业资本公积的增减变动情况,企业应设置“资本公积”科目。该科目属于所

有者权益类，贷方核算企业资本公积增加数；借方核算企业资本公积减少数；期末余额在贷方，表示企业期末实有的资本公积。为了反映各类不同性质的资本公积的增减变动情况，该科目应设置“资本溢价（或股本溢价）”“其他资本公积”等明细科目进行明细核算。

（一）资本溢价（或股本溢价）

1. 资本溢价

资本溢价是指投资者的出资额大于该投资者在企业注册资本中所占份额的数额。除股份有限公司外的其他类型的企业，在企业创立时，投资者认缴的出资额与注册资本一致，一般不会产生资本溢价。但在企业重组或有新的投资者加入时，常常会出现资本溢价。原因在于：第一，在企业进行正常生产经营后，其资本利润率通常要高于企业初创阶段；第二，企业有内部积累，新投资者加入企业后，对这些积累也要分享，新加入的投资者往往要付出大于原投资者的出资额，才能取得与原投资者相同的出资比例。

企业接受投资者投资资产的金额超过投资者在企业注册资本中所占份额的部分，通过“资本公积——资本溢价”科目核算。

【例 8-12】 某有限责任公司于2020年1月由A和B两位投资者投资300 000元设立，每人各出资150 000元。为扩大经营规模，经批准，2020年10月，该有限责任公司注册资本增加至450 000元，并增加一位新的投资者C。按照投资协议，新投资者C需缴入现金资产160 000元，同时享有该有限责任公司1/3的股份。该有限责任公司已收到投资者C投入的该现金资产。假设不考虑其他因素，该公司应编制如下会计分录：

借：银行存款	160 000	
贷：实收资本		150 000
资本公积——资本溢价		10 000

本例中，新的投资者C以现金资产投资160 000元中，150 000元属于新的投资者C在注册资本中所享有的份额，应记入“实收资本”科目，10 000元（160 000－150 000）属于资本溢价，应记入“资本公积——资本溢价”科目。

2. 股本溢价

股份有限公司是以发行股票的方式筹集股本，股东按其所持有企业股份享有权利和承担义务。股票可按面值发行，也可按溢价发行，我国目前不允许折价发行。

在按面值发行股票的情况下，企业发行股票取得的收入，应全部记入“股本”科目；在溢价发行股票的情况下，企业发行股票取得的收入，等于股票面值的部分记入“股本”科目，超出股票面值的溢价收入（含发行股票冻结期间所产生的利息收入）扣除发行中支付给代理商的手续费等记入“资本公积——股本溢价”科目。

发行股票相关的手续费、佣金等交易费用，如果是溢价发行股票的，应从溢价中抵扣，冲减资本公积（股本溢价）；无溢价发行股票或溢价金额不足以抵扣的部分冲减盈余公积和未分配利润。

【例 8-13】 无锡市弘毅股份有限公司2020年1月首次公开发行了普通股7 000 000股，每股面值1元，每股发行价格为5元。证券公司与无锡市弘毅股份有限公司约定，按发行收入的2%收取佣金，从发行收入中扣除。假设收到的股票发行收入均已存入银行，应编制如下会计分录：

借：银行存款　　　　34 300 000
　贷：股本　　　　7 000 000
　　资本公积——股本溢价　　　　27 300 000

本例中，无锡市弘毅股份有限公司收到证券公司转来的股票发行收入＝7 000 000×5×(1－2%)＝34 300 000(元)；应记入"资本公积——股本溢价"科目的金额＝溢价收入－发行佣金＝7 000 000×(5－1)－7 000 000×5×2%＝27 300 000(元)，或者＝34 300 000－7 000 000＝27 300 000(元)。

(二) 其他资本公积

其他资本公积，是指除资本(股本)溢价以外原因形成的资本公积。本教材以因被投资单位除净损益、其他综合收益和利润分配以外的所有者权益的其他变动为例，介绍相关的其他资本公积的核算。

企业对被投资单位的长期股权投资采用权益法核算的，在持股比例不变的情况下，对因被投资单位除净损益、其他综合收益和利润分配以外的所有者权益的其他变动，应按持股比例计算其应享有或应分担被投资单位所有者权益的增减数额。在处置长期股权投资时，应转销与该笔投资相关的其他资本公积。

【例 8-14】 2020 年 1 月 1 日，无锡市弘毅股份有限公司向乙公司投资 5 000 000 元，拥有乙公司 25%的股份，并能够对乙公司施加重大影响，因此对乙公司长期股权投资采用权益法核算。2020 年 12 月 31 日，乙公司除净损益、其他综合收益和利润分配以外的所有者权益增加了 240 000 元。除此之外，乙公司的所有者权益没有变化，乙公司资产的账面价值与公允价值一致；无锡市弘毅股份有限公司的持股比例没有变化。假设不考虑其他因素，应编制如下会计分录：

借：长期股权投资——乙公司　　　　60 000
　贷：资本公积——其他资本公积　　　　60 000

本例中，无锡市弘毅股份有限公司对乙公司投资增加的资本公积＝240 000×25%＝60 000(元)。

(三) 资本公积转增资本

经股东大会或类似机构决议，企业用资本公积转增资本时，应冲减资本公积，借记"资本公积"科目，同时按照转增资本前的实收资本(或股本)的结构比例，将转增的金额贷记"实收资本"(或"股本")科目下各所有者的明细科目。

资本公积中，只有资本溢价(或股本溢价)才能转增资本，其他资本公积不能转增资本。

相关账务处理见[例 8-7]相关内容。

任务三　留存收益的核算

任务导入

在学习了实收资本和资本公积后，师傅今天开始指导会计王丽学习留存收益的核算。

在师傅的指导下，王丽开始对留存收益的内容及账务处理进行认真的学习。

任务要求

1. 了解留存收益的具体核算内容
2. 熟悉留存收益的账务处理

知识点介绍

一、留存收益的具体内容

留存收益是指企业从历年实现的利润中提取或形成的留存于企业的内部积累，包括盈余公积和未分配利润两类。

（一）盈余公积

盈余公积是指企业按照有关规定从净利润中提取的积累资金。盈余公积一般分成两种：一是法定盈余公积；二是任意盈余公积。

1. 法定盈余公积

法定盈余公积是按照《公司法》的有关规定，公司制企业应按照净利润（减弥补以前年度亏损，下同）的10％提取法定盈余公积。非公司制企业法定盈余公积的提取比例可超过净利润的10％。法定盈余公积累计额已达到注册资本的50％时，可以不再提取。

如果以前年度未分配利润有盈余（即年初未分配利润余额为正数），在计算提取法定盈余公积的基数时，不应包括企业年初未分配利润；如果以前年度有亏损（即年初未分配利润余额为负数），应先弥补以前年度亏损再提取盈余公积。

2. 任意盈余公积

公司制企业可根据股东会或股东大会的决议提取任意盈余公积。非公司制企业经类似权力机构批准，也可以提取任意盈余公积。

3. 法定盈余公积与任意盈余公积的区别

法定盈余公积和任意盈余公积的区别在于其各自计提的依据不同，前者以国家的法律法规为依据；后者由企业的权力机构自行决定。

企业提取的盈余公积经批准可用于弥补亏损、转增资本、发放现金股利或利润等。

（二）未分配利润

未分配利润是经过弥补亏损、提取法定盈余公积、提取任意盈余公积和向投资者分配利润等利润分配之后剩余的利润，也就是指截止到本年度累计未分配的利润，包括企业以前年度累计的尚未分配的利润以及本年度的未分配利润数。相对于所有者权益的其他部分来说，企业对于未分配利润的使用有较大的自主权。

二、留存收益的账务处理

（一）盈余公积

为了反应和监督盈余公积的提取和使用等增减变动情况，企业应设置“盈余公积”科目。该科目属于所有者权益类，贷方登记企业提取的盈余公积，借方登记企业使用的盈余公积，期末余额在贷方，表示企业盈余公积的实有数。“盈余公积”科目下分别设置“法定盈余公积”“任意盈余公积”等进行明细核算。

1. 提取盈余公积

企业按规定提取盈余公积时，应借记“利润分配——提取法定盈余公积(或提取任意盈余公积)”科目，贷记“盈余公积——法定盈余公积(或任意盈余公积)”科目。

【例 8-15】 无锡市弘毅股份有限公司 2020 年实现净利润为 5 000 000 元，年初未分配利润为 0。经股东大会批准，无锡市弘毅股份有限公司按当年净利润的 10%提取法定盈余公积，按当年净利润的 5%提取任意盈余公积。假定不考虑其他因素，应编制如下会计分录：

借：利润分配——提取法定盈余公积　　500 000
　　　　　　——提取任意盈余公积　　250 000
　贷：盈余公积——法定盈余公积　　500 000
　　　　　　　——任意盈余公积　　250 000

提取法定盈余公积金额＝5 000 000×10%＝500 000(元)

提取任意盈余公积金额＝5 000 000×5%＝250 000(元)

2. 盈余公积的使用

1) 盈余公积补亏

企业盈余公积弥补亏损时，应借记“盈余公积”科目，贷记“利润分配——盈余公积补亏”科目。

【例 8-16】 无锡市弘毅股份有限公司当年亏损的数额为 80 000 元。经股东大会批准，公司用以前年度提取的盈余公积 80 000 元弥补当年亏损。假设不考虑其他因素，应编制如下会计分录：

借：盈余公积　　80 000
　贷：利润分配——盈余公积补亏　　80 000

2) 盈余公积转增资本

企业将盈余公积转增资本时，必须经过股东大会批准。在实际将盈余公积转增资本时，要按原有持股比例结转。按照《公司法》的规定，法定盈余公积(资本公积和盈余公积)转为资本时，所留存的该项公积金不得少于转增前公司注册资本的 25%。转增资本时，应借记“盈余公积”科目，贷记“股本”科目。

【例 8-17】 经股东大会批准，无锡市弘毅股份有限公司将盈余公积 100 000 元转增资本。假设不考虑其他因素，应编制如下会计分录：

借：盈余公积　　100 000
　贷：股本　　100 000

3) 用盈余公积发放现金股利或利润

企业经股东大会或类似机构批准，用盈余公积向股东或投资者派发现金股利或利润时，借记“盈余公积”科目，贷记“应付股利”科目；实际支付现金股利或利润时，借记“应付股利”科目，贷记“银行存款”科目。

【例 8-18】 2020 年 12 月 31 日，无锡市弘毅股份有限公司股本为 60 000 000 元(每股面值1元），可供投资者分配的利润为8 000 000元，盈余公积为30 000 000元。2021年3月15日，股东大会批准通过了2020年度利润分配方案，准备按每10股3元发放现金股利。无锡市弘毅股份有限公司共需要发放18 000 000元现金股利，其中使用可供投资者分配的利润8 000 000元、盈余公积10 000 000元。假设不考虑其他因素，应编制如下会计分录：

（1）宣告发放现金股利时：

借：利润分配——应付现金股利　8 000 000
　　盈余公积　10 000 000
　　贷：应付股利　18 000 000

（2）实际发放股利时：

借：应付股利　18 000 000
　　贷：银行存款　18 000 000

（二）利润分配

利润分配是指企业根据国家有关规定和企业章程、投资者协议等，对企业当年可供分配的利润所进行的分配。

$$\text{可供分配的利润}=\text{当年实现的净利润（或净亏损）}+\text{年初未分配利润（或－年初未弥补亏损）}+\text{其他收入}$$

可供投资者分配的利润＝可供分配的利润－当年提取的盈余公积

$$\text{年末未分配利润}=\text{可供投资者分配的利润}-\text{分配的现金股利、股票股利等}$$

$$=\text{可供分配的利润}-\text{当年提取的盈余公积}-\text{分配的现金股利、股票股利等}$$

利润分配的顺序依次是：①提取法定盈余公积；②提取任意盈余公积；③向投资者分配利润。

为了反映和监督企业利润的分配（或亏损的弥补）和历年分配（或弥补）后的未分配利润（或未弥补亏损），企业应设置"利润分配"账户。该账户属于所有者权益类。年度终了，企业应将全年实现的净利润或发生的净亏损，自"本年利润"科目转入"利润分配——未分配利润"科目，并将"利润分配"科目所属其他明细科目余额，转入"未分配利润"明细科目。结转后，"利润分配——未分配利润"科目如为贷方余额，表示累计未分配的利润数额；如为借方余额，则表示累计未弥补的亏损数额。该科目应分别按"提取法定盈余公积""提取任意盈余公积""应付现金股利或利润""盈余公积补亏""未分配利润"等进行明细核算。

知识点提示

（1）如果企业本年度出现亏损情况，可用以后年度（连续5年；高新技术企业或科技型中小企业资格的企业最长延长至10年）的税前利润弥补；如果超过法定弥补期尚未弥补的亏损则用税后利润来弥补，在用税后利润弥补期间，企业经股东大会的批准，可以用盈余公积进行弥补。

（2）企业用当年实现利润弥补以前年度亏损，不需要单独进行账务处理，"利润分配——未分配利润"科目借贷方自动抵减即可完成。

【例 8-19】 2020年年初，无锡市弘毅股份有限公司未分配利润为0元，本年度实现净利润900 000元，本年度提取法定盈余公积90 000元，无任意盈余公积，宣告发放现金股利500 000元。假定不考虑其他因素，年终应编制如下会计分录：

(1) 结转实现的净利润时：

借：本年利润　　900 000
　贷：利润分配——未分配利润　　900 000

(2) 提取法定盈余公积、宣告发放现金股利时：

借：利润分配——提取法定盈余公积　　90 000
　　　　　——应付现金股利　　500 000
　贷：盈余公积　　90 000
　　　应付股利　　500 000

(3) 将“利润分配”科目所属其他明细科目的余额结转至“未分配利润”明细科目时：

借：利润分配——未分配利润　　590 000
　贷：利润分配——提取法定盈余公积　　90 000
　　　　　　——应付现金股利　　500 000

“利润分配——未分配利润”明细科目的贷方余额310 000元(900 000－90 000－500 000)即为无锡市弘毅股份有限公司本年年末的累计未分配利润。

知识点提示

企业实际发放股票股利时，应当借记“利润分配——转作股本的股利”科目，贷记“股本”科目。由于“利润分配”“股本”均属于所有者权益类科目，因此，该项账务处理属于所有者权益内部的增减变动。

课后练习　　项目实操

项目九

收入的核算

项目引领

项目目标

理论目标

（一）理解新准则下收入的概念

（二）理解新准则下收入确认和计量的原则

（三）掌握合同履约成本与合同取得成本的构成、摊销及减值的账务处理

实务目标

（一）掌握通常情况下，销售收入的计量

（二）掌握销售商品涉及销售折扣、销售折让、销售退回的计量

（三）掌握委托代销方式销售商品的计量

（四）掌握预收款方式下销售商品的计量

（五）掌握销售商品不符合收入确认条件的计量

（六）掌握提供劳务（或服务）收入的计量

任务一　销售商品收入的核算

任务导入

今天销售员拿来一叠销售单和出库单要求会计王丽开具销售发票，开具完销售发票后，王丽准备将其作为销售收入入账。师傅见此情形后立即走过来要求王丽先把手头上的工作放下，然后认真将新准则下收入确认的条件和原则学习一下。就这样在师傅的带领下，王丽开始对新准则下销售商品收入的核算展开了认真的学习。

任务要求

1. 了解收入的概念、特征及分类
2. 熟悉新准则下收入的确认和计量
3. 熟悉有关销售商品收入业务的一般账务处理

知识点介绍

一、收入的概念、特征及分类

（一）收入的概念

收入，是指企业在日常活动中形成的、会导致所有者权益增加的、与所有者投入资本无关的经济利益的总流入。其中，"日常活动"是指企业为完成其经营目标所从事的经常性活动以及与之相关的活动。例如，工业企业制造并销售产品、商品流通企业销售商品、咨询公司提供咨询服务、软件公司为客户开发软件、安装公司提供安装服务、建筑企业提供建造服务等，均属于企业的日常活动；日常活动所形成的经济利益的流入应当确认为收入。

"非日常活动"是与企业的主营业务无关的偶然发生的经济活动，比如处置固定资产，接受捐赠，是偶然发生的，与主营业务无关的。非日常活动所形成的经济利益，比如盘盈利得、政府补助、捐赠利得、处置非流动资产的利得、非货币性资产交换的利得、债务重组的利得等，这些利得应当确认为直接计入利润（当期损益）的利得，记入"营业外收入"科目。

（二）收入的特征

（1）收入是在企业日常活动中所形成的经济利益的流入。

（2）收入可能表现为企业资产的增加，如增加银行存款、应收账款、应收票据等，也可能表现为企业负债的减少，或者二者兼而有之。

（3）收入能导致企业所有者权益的增加。如当年收入增加必定会导致本年利润增加，本年利润增加就会导致企业的所有者权益增加。

（4）收入只包括本企业经济利益的流入，不包括为第三方或客户代收的款项，如企业代税务机关收取的税款、旅行社代客户收取的门票等。

(三) 收入的分类

按照企业经营业务的主次分类,收入可以分为主营业务收入和其他业务收入。主营业务收入,是指企业通过主要经营活动所获取的收入。其他业务收入,是指企业通过主要经营业务以外的其他经营业务所获取的收入。

二、新准则下收入的确认和计量

(一) 收入确认的原则

企业确认收入的方式应当反映其向客户转让商品的模式,收入的金额应当反映企业因转让这些商品而预期有权收取的对价金额。

企业应当在履行了合同中的履约义务,即在客户取得相关商品控制权时确认收入。取得相关商品控制权,是指能够主导该商品的使用并从中获得几乎全部的经济利益,也包括有能力阻止其他方主导该商品的使用并从中获得经济利益。取得商品控制权同时包括下列三要素:①能力,即客户必须拥有现时权利,能够主导该商品的使用并从中获得几乎全部经济利益。如果客户只能在未来的某一期间主导该商品的使用并从中获益,则表明其尚未取得该商品的控制权。②主导该商品的使用。客户有能力主导该商品的使用,是指客户有权使用该商品,或者能够允许或阻止其他方使用该商品。③能够获得几乎全部的经济利益。商品的经济利益,是指该商品的潜在现金流量,既包括现金流入的增加,也包括现金流出的减少。客户可以通过很多方式直接或间接地获得商品的经济利益,例如,使用、消耗、出售或持有该商品、使用该商品提升其他资产的价值,以及将该商品用于清偿债务、支付费用或抵押等。

知识点提示

本项目所称客户,是指与企业订立合同以向该企业购买其日常活动产出的商品并支付对价的一方。如果合同对方与企业订立合同的目的是共同参与一项活动(如合作开发一项资产),合同对方和企业一起分担或分享该活动产生的风险或收益,而不是获取企业日常活动产出的商品,则该合同对方不是企业的客户。

企业收入的账务处理是以企业与客户之间的单个合同为基础,但是,为便于实务操作,当企业能够合理预计,将收入的账务处理应用于具有类似特征的合同(或履约义务)组合或应用于该组合中的每一个合同(或履约义务),将不会对企业的财务报表产生显著不同的影响时,企业可以在合同组合层面对收入进行账务处理。

(二) 收入确认的前提条件

企业与客户之间的合同同时满足下列五项条件的,企业应当在客户取得相关商品控制权时确认收入:①合同各方已批准该合同并承诺将履行各自义务;②该合同明确了合同各方与所转让商品相关的权利和义务;③该合同有明确的与所转让商品相关的支付条款;④该合同具有商业实质,即履行该合同将改变企业未来现金流量的风险、时间分布或金额;⑤企业因向客户转让商品而有权取得的对价很可能收回。

（三）收入确认和计量的步骤

根据《企业会计准则第 14 号——收入》，收入确认和计量大致分为五步：

第一步，识别与客户订立的合同。合同是指双方或多方之间订立有法律约束力的权利义务的协议。合同有书面形式、口头形式以及其他形式。合同的存在是企业确认客户合同收入的前提，企业与客户之间的合同一经签订，企业即享有从客户取得与转移商品和服务对价的权利，同时负有向客户转移商品和服务的履约义务。

第二步，识别合同中的单项履约义务。履约义务是指合同中企业向客户转让可明确区分商品或服务的承诺。企业应当将向客户转让可明确区分商品（或者商品的组合）的承诺以及向客户转让一系列实质相同且转让模式相同的、可明确区分商品的承诺作为单项履约义务。例如，企业与客户签订合同，向其销售商品并提供安装服务，该安装服务简单，除该企业外其他供应商也可以提供此类安装服务，该合同中销售商品和提供安装服务为两项单项履约义务。若该安装服务复杂且商品需要按客户定制要求修改，则合同中销售商品和提供安装服务合并为单项履约义务。

第三步，确定交易价格。交易价格是指企业因向客户转让商品而预期有权收取的对价金额，不包括企业代第三方收取的款项（如增值税）以及企业预期将退还给客户的款项。合同条款所承诺的对价，可能是固定金额、可变金额或两者兼有。例如，无锡市弘毅股份有限公司与客户签订合同为其建造一栋厂房，约定的价款为 100 万元，4 个月完工，交易价格就是固定金额 100 万元；假如合同中约定若提前 1 个月完工，客户将额外奖励甲公司 10 万元，该公司对合同估计工程提前 1 个月完工的概率为 95%，则无锡市弘毅股份有限公司预计有权收取的对价为 110 万元，因此交易价格包括固定金额 100 万元和可变金额 10 万元，总计为 110 万元。

第四步，将交易价格分摊至各单项履约义务。当合同中包含两项或多项履约义务时，需要将交易价格分摊至各单项履约义务，分摊的方法是在合同开始日，按照各单项履约义务所承诺商品的单独售价（企业向客户单独销售商品的价格）的相对比例，将交易价格分摊至各单项履约义务。通过分摊交易价格，使企业分摊至各单项履约义务的交易价格能够反映其因向客户转让已承诺的相关商品而有权收取的对价金额。例如，无锡市弘毅股份有限公司与客户签订合同，向其销售 A、B、C 三件产品，不含增值税的合同总价款为 10 000 元。A、B、C 产品的不含增值税单独售价分别为 5 000 元、3 500 元和 7 500 元，合计 16 000 元。按照交易价格分摊原则，A 产品应当分摊的交易价格为 3 125 元（5 000－16 000×10 000），B 产品应当分摊的交易价格为 2 187.5 元（3 500－16 000×10 000），C 产品应当分摊的交易价格为 4 687.5 元（7 500－16 000×10 000）。

第五步，履行各单项履约义务时确认收入。当企业将商品转移给客户，客户取得了相关商品的控制权，意味着企业履行了合同履约义务，此时，企业应确认收入。企业将商品控制权转移给客户，可能是在某一时段内（即履行履约义务的过程中）发生，也可能在某一时点（即履约义务完成时）发生。企业应当根据实际情况，首先判断履约义务是否满足在某一时段内履行的条件，如不满足，则该履约义务属于在某一时点履行的履约义务。

收入确认和计量五个步骤中，第一步、第二步和第五步主要与收入的确认有关，第三步和第四步主要与收入的计量有关。

需要说明的是，一般而言，确认和计量任何一项合同收入应考虑全部的五个步骤。但履行某些合同义务确认收入不一定都经过五个步骤，如企业按照第二步确定某项合同仅为单项履约义务时，可以从第三步直接进入第五步确认收入，不需要第四步（分摊交易价格）。

三、收入核算应设置的会计科目

为了核算企业与客户之间的合同产生的收入及相关的成本费用，一般需要设置“主营业务收入”“其他业务收入”“主营业务成本”“其他业务成本”“合同取得成本”“合同履约成本”“合同资产”“合同负债”等科目。其中：

“主营业务收入”科目核算企业确认的销售商品、提供服务等主营业务的收入。该科目贷方登记企业主营业务活动实现的收入，借方登记期末转入“本年利润”科目的主营业务收入，结转后该科目应无余额。该科目可按主营业务的种类进行明细核算。

“其他业务收入”科目核算企业确认的除主营业务活动以外的其他经营活动实现的收入，包括出租固定资产、出租无形资产、出租包装物和商品、销售材料、用材料进行非货币性交换（非货币性资产交换具有商业实质且公允价值能够可靠计量）或债务重组等实现的收入。该科目贷方登记企业其他业务活动实现的收入，借方登记期末转入“本年利润”科目的其他业务收入，结转后该科目应无余额。该科目可按其他业务的种类进行明细核算。

“主营业务成本”科目核算企业确认销售商品、提供服务等主营业务收入时应结转的成本。该科目借方登记企业应结转的主营业务成本，贷方登记期末转入“本年利润”科目的主营业务成本，结转后该科目应无余额。该科目可按主营业务的种类进行明细核算。

“其他业务成本”科目核算企业确认的除主营业务活动以外的其他经营活动所形成的成本，包括出租固定资产的折旧额、出租无形资产的摊销额、出租包装物的成本或摊销额、销售材料的成本等。该科目借方登记企业应结转的其他业务成本，贷方登记期末转入“本年利润”科目的其他业务成本，结转后该科目应无余额。该科目可按其他业务的种类进行明细核算。

“合同取得成本”科目核算企业取得合同发生的、预计能够收回的增量成本。该科目借方登记发生的合同取得成本，贷方登记摊销的合同取得成本，期末借方余额，反映企业尚未结转的合同取得成本。该科目可按合同进行明细核算。（其具体核算详见本项目任务二）

“合同履约成本”科目核算企业为履行当前或预期取得的合同所发生的、不属于其他企业会计准则规范范围且按照收入准则应当确认为一项资产的成本。该科目借方登记发生的合同履约成本，贷方登记摊销的合同履约成本，期末借方余额，反映企业尚未结转的合同履约成本。该科目可按合同分别“服务成本”“工程施工”等进行明细核算。（其具体核算详见本项目任务二）

“合同资产”科目核算企业已向客户转让商品而有权收取对价的权利，且该权利取决于时间流逝之外的其他因素（如履行合同中的其他履约义务）。该科目借方登记因已转让商品而有权收取的对价金额，贷方登记取得无条件收款权的金额，期末借方余额，反映企业已向客户转让商品而有权收取的对价金额。该科目按合同进行明细核算。

“合同负债”科目核算企业已收或应收客户对价而应向客户转让商品的义务。该科目贷方登记企业在向客户转让商品之前，已经收到或已经取得无条件收取合同对价权利的金额；

借方登记企业向客户转让商品时冲销的金额；期末贷方余额，反映企业在向客户转让商品之前，已经收到的合同对价或已经取得的无条件收取合同对价权利的金额。该科目按合同进行明细核算。

此外，企业发生减值的，还应当设置“合同履约成本减值准备”“合同取得成本减值准备”“合同资产减值准备”等科目进行核算。

四、履行履约义务确认收入的账务处理

（一）在某一时点履行履约义务确认收入

对于在某一时点履行的履约义务，企业应当在客户取得相关商品控制权时点确认收入。在判断控制权是否转移时，企业应当综合考虑下列迹象：

（1）企业就该商品享有现时收款权利，即客户就该商品负有现时付款义务。例如，无锡市弘毅股份有限公司与客户签订销售商品合同，约定客户有权定价且在收到商品无误后10日内付款。在客户收到无锡市弘毅股份有限公司开具的发票、商品验收入库后，客户能够自主确定商品的销售价格或商品的使用情况，此时该公司享有收款权利，客户负有现时付款义务。

（2）企业已将该商品的法定所有权转移给客户，即客户已拥有该商品的法定所有权。例如，某房地产企业向客户销售商品房，在客户付款后取得房屋产权证时，表明企业已将该商品房的法定所有权转移给客户。

（3）企业已将该商品实物转移给客户，即客户已占有该商品实物。例如，无锡市弘毅股份有限公司与客户签订交款提货合同，在该公司销售商品并送货到客户指定地点，客户验收合格并付款，表明该公司已将该商品实物转移给客户，即客户已占有该商品实物。

（4）企业已将该商品所有权上的主要风险和报酬转移给客户，即客户已取得该商品所有权上的主要风险和报酬。例如，某房地产公司向客户销售商品房办理产权转移手续后，该商品房价格上涨或下跌带来的利益或损失全部属于客户，表明客户已取得该商品房所有权上的主要风险和报酬。

（5）客户已接受该商品。例如，无锡市弘毅股份有限公司向客户销售为其定制生产的节能设备，客户收到并验收合格后办理入库手续，表明客户已接受该商品。

（6）其他表明客户已取得商品控制权的迹象。

1. 一般销售商品业务收入的账务处理

【例9-1】 无锡市弘毅股份有限公司向乙公司销售商品一批，开具的增值税专用发票上注明售价为400 000元，增值税额为52 000元；该公司收到乙公司开出的不带息银行承兑汇票一张，票面金额为452 000元，期限为2个月；无锡市弘毅股份有限公司以银行存款支付代垫运费，增值税专用发票上注明运输费2 000元，增值税额为180元，所垫运费尚未收到；该批商品成本为320 000元；乙公司收到商品并验收入库。

本例中无锡市弘毅股份有限公司已经收到乙公司开出的不带息银行承兑汇票，客户乙公司收到商品并验收入库，因此，销售商品为单项履约义务且属于在某一时点履行的履约义务。应编制如下会计分录：

① 确认收入时：

借：应收票据 452 000

贷：主营业务收入 400 000

应交税费——应交增值税(销项税额) 52 000

借：主营业务成本 320 000

贷：库存商品 320 000

② 代垫运费时：

借：应收账款 2 180

贷：银行存款 2 180

2. 已经发出商品但不能确认收入的账务处理

企业按合同发出商品，合同约定客户只有在商品售出取得价款后才支付货款。企业向客户转让商品的对价未达到“很可能收回”收入确认条件。在发出商品时，企业不应确认收入，将发出商品的成本记入“发出商品”科目，借记“发出商品”科目，贷记“库存商品”科目。如已发出的商品被客户退回，应编制相反的会计分录。“发出商品”科目核算企业商品已发出但客户没有取得商品的控制权的商品成本。当收到货款或取得收取货款权利时，确认收入，借记“银行存款”“应收账款”科目，贷记“主营业务收入”科目，贷记“应交税费——应交增值税(销项税额)”科目，同时结转已销商品成本，借记“主营业务成本”科目，贷记“发出商品”科目。

【例 9-2】 无锡市弘毅股份有限公司与乙公司均为增值税一般纳税人。2020 年 6 月 3 日，该公司与乙公司签订委托代销合同，该公司委托乙公司销售 A 商品 1 000 件，A 商品已经发出，每件商品成本为 70 元。合同约定乙公司应按每件 100 元对外销售，无锡市弘毅股份有限公司按不含增值税的销售价格的 10% 向乙公司支付手续费。除非这些商品在乙公司存放期间内由于乙公司的责任发生毁损或丢失，否则在 A 商品对外销售之前，乙公司没有义务向无锡市弘毅股份有限公司支付货款。乙公司不承担包销责任，没有售出的 A 商品须退回给该公司，同时，无锡市弘毅股份有限公司也有权要求收回 A 商品或将其销售给其他的客户。至 2020 年 6 月 30 日，乙公司实际对外销售 100 件，开出的增值税专用发票上注明的销售价款为 100 000 元，增值税额为 13 000 元。

本例中，无锡市弘毅股份有限公司将 A 商品发送至乙公司后，乙公司虽然已经承担 A 商品的实物保管责任，但仅为接受无锡市弘毅股份有限公司的委托销售 A 商品，并根据实际销售的数量赚取一定比例的手续费。该公司有权要求收回 A 商品或将其销售给其他的客户，乙公司并不能主导这些商品的销售，这些商品对外销售与否、是否获利以及获利多少等不由乙公司控制，乙公司没有取得这些商品的控制权。因此，该公司将 A 商品发送至乙公司时，不应确认收入，而应当在乙公司将 A 商品销售给最终客户时确认收入。

① 2020 年 6 月 3 日，该公司按合同约定发出商品时，应编制如下会计分录：

借：发出商品 70 000

贷：库存商品 70 000

② 2020 年 6 月 30 日，甲公司收到乙公司开具的代销清单时，应编制如下会计分录：

借：应收账款　　113 000
　　贷：主营业务收入　　100 000
　　　　应交税费——应交增值税(销项税额)　　13 000

借：主营业务成本　　70 000
　　贷：发出商品　　70 000

借：销售费用　　10 000
　　应交税费——应交增值税(进项税额)　　600
　　贷：应收账款　　10 600

③ 收到乙公司支付的货款时：

借：银行存款　　102 400
　　贷：应收账款　　102 400

3. 商业折扣、现金折扣和销售退回的账务处理

(1) 商业折扣。商业折扣是指企业为促进商品销售而给予的价格扣除。例如，企业为鼓励客户多买商品，可能规定购买100件以上商品给予客户10%的折扣。此外，企业为了尽快出售一些残次、陈旧、冷背的商品，也可能降价(即打折)销售。商业折扣在销售前即已发生，并不构成最终成交价格的一部分，企业应当按照扣除商业折扣后的金额确定商品销售价格和销售商品收入金额。

(2) 现金折扣。现金折扣是指债权人为鼓励债务人在规定的期限内付款而向债务人提供的债务扣除。现金折扣一般用符号“折扣率/付款期限”表示。例如，“2/10，1/20，N/30”表示：销货方允许客户最长的付款期限为30天，如果客户在10天内付款，销货方可按商品售价给予客户2%的折扣；如果客户在11～20天内付款，销货方可按商品售价给予客户1%的折扣；如果客户在21～30天内付款，将不能享受现金折扣。

现金折扣发生在商品销售之后，按是否发生以及发生多少要视客户的付款情况而定，企业在确认销售商品收入时不能确定现金折扣金额。因此，企业销售商品涉及现金折扣的，应当按照扣除现金折扣前的金额确定销售商品收入金额。现金折扣实际上是企业为了尽快回笼资金而发生的理财费用，应在实际发生时计入当期财务费用。在计算现金折扣时，还应注意是按不含增值税的价款计算确定，还是按含增值税的价款计算确定，两种情况下客户享有的折扣金额不同。

【例9-3】 无锡市弘毅股份有限公司为增值税一般纳税人，2020年9月1日销售A商品5 000件并开具增值税专用发票，每件商品的标价为200元(不含增值税)，A商品适用的增值税税率为13%；每件商品的实际成本为120元；由于是成批销售，该公司给予客户10%的商业折扣，并在销售合同中规定现金折扣条件为2/10，1/20，N/30；A商品于9月1日发出，客户于9月9日付款。该项销售业务属于在某一时点履行的履约义务。假定计算现金折扣不考虑增值税。

本例涉及商业折扣和现金折扣，销售商品收入的金额应是未扣除现金折扣但扣除商业折扣后的金额，现金折扣应在实际发生时计入当期财务费用。因此，该公司应确认的销售商品收入的金额为900 000元(200×5 000－200×5 000×10%)，增值税销项税额为117 000元(900 000×13%)。客户在10日内付款，享有的现金折扣为18 000元(900 000×2%)。应编制如下会计分录：

① 9月1日销售实现时：

借：应收账款	1 017 000	
贷：主营业务收入[200×5 000×(1－10%)]		900 000
应交税费——应交增值税(销项税额)		117 000
借：主营业务成本(120×5 000)	600 000	
贷：库存商品		600 000

② 9月9日收到货款时：

借：银行存款	999 000	
财务费用(900 000×2%)	18 000	
贷：应收账款		1 017 000

本例中，若客户于9月19日付款，则享受的现金折扣为9 000元(900 000×1%)，收到货款时，应编制如下会计分录：

借：银行存款	1 008 000	
财务费用	9 000	
贷：应收账款		1 017 000

若客户于9月底付款，则应按全额付款，收到货款时，应编制如下会计分录：

借：银行存款	1 017 000	
贷：应收账款		1 017 000

(3) 销售退回。销售退回是指企业因售出商品在质量、规格等方面不符合销售合同规定条款的要求，客户要求企业予以退货。企业销售商品发生退货，表明企业履约义务的减少和客户商品控制权及其相关经济利益的丧失。已确认销售商品收入的售出商品发生销售退回的，除属于资产负债表日后事项的外，企业收到退回的商品时，应退回货款或冲减应收账款，并冲减主营业务收入和增值税销项税额，借记“主营业务收入”“应交税费——应交增值税(销项税额)”等科目，贷记“银行存款”“应收票据”“应收账款”等科目。收到退回商品验收入库，按照商品成本，借记“库存商品”科目，贷记“主营业务成本”科目。如该项销售退回已发生现金折扣，应同时调整相关财务费用的金额。

【例9-4】 无锡市弘毅股份有限公司2020年5月20日销售B商品一批，增值税专用发票上注明售价为350 000元，增值税额为45 500元，该批商品成本为182 000元。B商品于2020年5月20日发出，客户于5月27日付款。该项业务属于在某一时点履行的履约义务并确认销售收入。2020年9月16日，该商品质量出现严重问题，客户将该批商品全部退回给无锡市弘毅股份有限公司。该公司同意退货，于退货当日支付了退货款，并按规定向客户开具了增值税专用发票(红字)。假定不考虑其他因素，应编制如下会计分录：

① 2020年5月20日销售实现时：

借：应收账款	395 500	
贷：主营业务收入		350 000
应交税费——应交增值税(销项税额)		45 500

借：主营业务成本　182 000
　　贷：库存商品　182 000

② 2020 年 5 月 27 日收到货款时：

借：银行存款　395 500
　　贷：应收账款　395 500

③ 2020 年 9 月 15 日销售退回时：

借：主营业务收入　350 000
　　应交税费——应交增值税(销项税额)　45 500
　　贷：银行存款　395 500

借：库存商品　182 000
　　贷：主营业务成本　182 000

4. 采用预收款方式销售商品的计量

采用预收款方式销售商品时，销售方通常应在发出商品时确认销售收入，在此之前预收的货款应确认为一项负债，即合同负债。

知识点提示

如果预收的货款没有合同之规定或者即使收款但前期未履行或未完全履行相关合同主要义务的话，则提前收取的款项记入“预收账款”科目。

【例 9-5】 无锡市弘毅股份有限公司为增值税一般纳税人，采用一般计税方法计税。2020 年 5 月 8 日，无锡市弘毅股份有限公司与乙公司签订销售合同，采用预收款方式向乙公司销售一批 A 产品。该批 A 产品的实际成本为 260 000 元。合同规定，该批 A 产品销售价格为 380 000 元，增值税额为 49 400 元；乙公司应在销售合同签订时预付全部货款(不含增值税)的 70%，剩余款项于 3 个月后支付；无锡市弘毅股份有限公司收到全部款项时，发出 A 产品，并向乙公司开具增值税专用发票。应编制如下会计分录：

① 收到 70%的货款时：

借：银行存款(380 000×70%)　266 000
　　贷：合同负债　266 000

② 收到剩余货款及增值税额并发出商品时：

借：合同负债　266 000
　　银行存款　163 400
　　贷：主营业务收入——A 产品　380 000
　　　　应交税费——应交增值税(销项税额)　49 400

借：主营业务成本——A 产品　260 000
　　贷：库存商品——A 产品　260 000

5. 销售材料等存货的账务处理

企业在日常活动中会发生对外销售不需用的原材料、随同商品对外销售单独计价的包装物等业务。企业销售原材料、包装物等存货取得收入的确认和计量原则比照商品销售。

企业销售原材料、包装物等存货确认的收入作为其他业务收入处理，结转的相关成本作为其他业务成本处理。

【例 9-6】 无锡市弘毅股份有限公司向乙公司销售一批原材料，开具的增值税专用发票上注明售价为 100 000 元，增值税额为 13 000 元；该公司收到乙公司支付的款项存入银行；该批原材料的实际成本为 90 000 元；乙公司收到原材料并验收入库。

本例中无锡市弘毅股份有限公司已经收到乙公司支付的货款，客户乙公司收到原材料并验收入库，因此，该项业务为单项履约义务且属于在某一时点履行的履约义务。应编制如下会计分录：

① 取得原材料销售收入：

借：银行存款	11 300	
贷：其他业务收入		10 000
应交税费——应交增值税（销项税额）		1 300

② 结转已销原材料的实际成本：

借：其他业务成本	9 000	
贷：原材料		9 000

（二）在某一时段内履行履约义务确认收入

对于在某一时段内履行的履约义务，企业应当在该段时间内按照履约进度确认收入，履约进度不能合理确定的除外。满足下列条件之一的，属于在某一时段内履行的履约义务：①客户在企业履约的同时即取得并消耗企业履约所带来的经济利益。②客户能够控制企业履约过程中在建的商品。③企业履约过程中所产出的商品具有不可替代用途，且该企业在整个合同期间内有权就累计至今已完成的履约部分收取款项。（具体核算详见本项目任务二）

任务二　提供劳务收入的核算

任务导入

在了解了新收入准则下收入的确认和计量以及销售商品收入业务的账务处理后，师傅开始让会计王丽学习提供劳务收入的账务处理。在师傅的指导下，王丽开始对提供劳务收入业务的账务处理进行认真的学习。

任务要求

1. 了解合同成本的含义
2. 了解合同取得成本、合同履约成本的含义
3. 了解提供劳务（或服务）收入的核算
4. 了解合同履约成本与合同取得成本的摊销和减值

知识点介绍

一、合同成本

企业在与客户之间建立合同关系过程中发生的成本主要有合同取得成本和合同履约成本。

(一) 合同取得成本

企业为取得合同发生的增量成本预期能够收回的,应作为合同取得成本确认为一项资产。增量成本是指企业不取得合同就不会发生的成本,也就是企业发生的与合同直接相关,但又不是所签订合同的对象或内容(如建造商品或提供服务)本身所直接发生的费用,如销售佣金等,如果销售佣金等预期可通过未来的相关服务收入予以补偿,该销售佣金(即增量成本)应在发生时确认为一项资产,即合同取得成本。

企业取得合同发生的增量成本已经确认为资产的,应当采用与该资产相关的商品收入确认相同的基础进行摊销,计入当期损益。为简化实务操作,该资产摊销期限不超过一年的,可以在发生时计入当期损益。

企业为取得合同发生的、除预期能够收回的增量成本之外的其他支出,例如,无论是否取得合同均会发生的差旅费、投标费、为准备投标资料发生的相关费用等,应当在发生时计入当期损益,除非这些支出明确由客户承担。

【例 9-7】 无锡市弘毅股份有限公司是一家咨询公司,通过竞标赢得一个服务期为 5 年的客户,该客户每年末支付含税咨询费 1 908 000 元。为取得与客户的合同,该公司聘请外部律师进行尽职调查支付相关费用 15 000 元,为投标而发生的差旅费 10 000 元,支付销售人员佣金 50 000 元。该公司预期这些支出未来均能够收回。此外,该公司根据其年度销售目标、整体盈利情况及个人业绩等,向销售部门经理支付年度奖金 10 000 元。

在本例中,无锡市弘毅股份有限公司因签订该客户合同而向销售人员支付的佣金属于取得合同发生的增量成本,应当将其作为合同取得成本确认为一项资产;该公司聘请外部律师进行尽职调查发生的支出、为投标发生的差旅费以及向销售部门经理支付的年度奖金(不能直接归属于可识别的合同)不属于增量成本,应当于发生时直接计入当期损益。该公司应编制如下会计分录:

① 支付相关费用:

借:合同取得成本	50 000	
管理费用	25 000	
销售费用	10 000	
贷:银行存款		85 000

② 每月确认服务收入,摊销销售佣金:

服务收入＝1 908 000÷(1＋6%)÷12＝150 000(元)

销售佣金摊销额＝50 000÷5÷12＝833.33(元)

借:应收账款	159 000	
贷:主营业务收入		150 000
应交税费——应交增值税(销项税额)		9 000

借：销售费用　　833.33
　　贷：合同取得成本　　833.33

知识点提示

(1)“合同取得成本”属于资产类会计科目。

(2)“合同取得成本”科目和“合同履约成本”科目的明细科目中初始确认时摊销期限在一年或一个正常营业周期以上的期末余额，减去“合同取得成本减值准备”科目和“合同履约成本减值准备”科目中相应的期末余额填列“其他非流动资产”项目。

(3)合同取得成本，摊销期限不超过一年的，在发生时计入当期损益。

(二)合同履约成本

合同履约成本是指企业为履行当前或预期取得的合同所发生的、属于《企业会计准则第14号——收入》规范范围并且按照该准则应当确认为一项资产的成本。

企业为履行合同可能会发生各种成本，企业在确认收入的同时应当对这些成本进行分析，属于《企业会计准则第14号——收入》准则规范范围且同时满足下列条件的，应当作为合同履约成本确认为一项资产：

(1)该成本与一份当前或预期取得的合同直接相关。包括以下内容：

① 与合同直接相关的成本，包括：A.直接人工(如支付给直接为客户提供所承诺服务的人员的工资、奖金等)；B.直接材料(如为履行合同耗用的原材料、辅助材料、构配件、零件、半成品的成本和周转材料的摊销及租赁费用等)；C.制造费用或类似费用(如组织和管理相关生产、施工、服务等活动发生的费用，包括管理人员的职工薪酬、劳动保护费、固定资产折旧费及修理费、物料消耗、取暖费、水电费、办公费、差旅费、财产保险费、工程保修费、临时设施摊销费等)。

② 明确由客户承担的成本以及仅因该合同而发生的其他成本(如支付给分包商的成本、机械使用费、设计和技术援助费用、施工现场二次搬运费、生产工具和用具使用费、检验试验费、工程定位复测费、工程点交费用、场地清理费等)。

(2)该成本增加了企业未来用于履行(包括持续履行)履约义务的资源。

(3)该成本预期能够收回。

企业应当在下列支出发生时，将其计入当期损益：一是管理费用，除非这些费用明确由客户承担；二是非正常消耗的直接材料、直接人工和制造费用(或类似费用)，这些支出为履行合同发生，但未反映在合同价格中；三是与履约义务中已履行(包括已全部履行或部分履行)部分相关的支出，即该支出与企业过去的履约活动相关；四是无法在尚未履行的与已履行(或已部分履行)的履约义务之间区分的相关支出。

企业发生合同履约成本时，借记“合同履约成本”科目，贷记“银行存款”“应付职工薪酬”“原材料”等科目；对合同履约成本进行摊销时，借记“主营业务成本”“其他业务成本”等科目，贷记“合同履约成本”科目。涉及增值税的，还应进行相应的处理。

【例9-8】 无锡市弘毅股份有限公司经营一家酒店，该酒店是该公司的自有资产。2020年12月该公司计提与酒店经营直接相关的酒店、客房以及客房内的设备家具等折旧120 000元、酒店土地使用权摊销费用65 000元。经计算，当月确认房费、餐饮等服务含税收入424 000元，全部存入银行。

本例中，该公司经营酒店主要是通过提供客房服务赚取收入，而客房服务的提供直接依赖于酒店物业(包含土地)以及家具等相关资产，这些资产折旧和摊销属于该公司为履行与客户的合同而发生的合同履约成本。已确认的合同履约成本在收入确认时予以摊销，计入营业成本。该公司应编制如下会计分录：

① 确认资产的折旧费、摊销费：

借：合同履约成本	185 000	
贷：累计折旧		120 000
累计摊销		65 000

② 12 月确认酒店服务收入并摊销合同履约成本：

借：银行存款	424 000	
贷：主营业务收入		400 000
应交税费——应交增值税(销项税额)		24 000
借：主营业务成本	185 000	
贷：合同履约成本		185 000

知识点提示

(1) “合同履约成本”属于资产类科目。

(2) 报表列示为“存货”项目。“合同履约成本”科目的明细科目中初始确认时摊销期限不超过一年或一个正常营业周期的期末余额合计，减去“合同履约成本减值准备”科目中相应的期末余额后的金额填列“存货”项目。

(三) 合同履约成本和合同取得成本的摊销和减值

1. 摊销

确认为企业资产的合同履约成本或合同取得成本(以下称与合同成本有关的资产)，应当采用与该资产相关的商品收入确认相同的基础(即，在履约义务履行的时点或按照履约义务的履约进度)进行摊销，计入当期损益。

2. 减值

与合同成本有关的资产，其账面价值高于下列第一项减去第二项的差额的，超出部分应当计提减值准备，并确认为资产减值损失：一是企业因转让与该资产相关的商品预期能够取得的剩余对价；二是为转让该相关商品估计将要发生的成本。以前期间减值的因素之后发生变化，使得第一项减去第二项的差额高于该资产账面价值的，应当转回原已计提的资产减值准备，并计入当期损益，但转回后的资产账面价值不应起过假定不计提减值准备情况下该资产在转回日的账面价值。在确定上述资产的减值损失时，企业应当先对相关的其他资产确定减值损失，然后再按上述要求确定上述资产的减值损失。

二、提供劳务(或服务)收入业务的核算

提供劳务(或服务)的会计核算业务如满足在某一时段内履行履约义务确认收入的确认条件，则企业应当考虑商品的性质，采用实际测量的完工进度、评估已实现的结果、时间进度、已完工或交付的产品等产出指标，或采用投入的材料数量、花费的人工工时、机器工时、

发生的成本和时间进度等投入指标确定恰当的履约进度，并且在确定履约进度时，应当扣除那些控制权尚未转移给客户的商品和服务。资产负债表日，企业按照合同的交易价格总额乘以履约进度扣除以前会计期间累计已确认的收入后的金额，确认当期收入。

【例 9-9】 无锡市弘毅股份有限公司为增值税一般纳税人，装修服务适用增值税税率为 9%。2020 年12 月 1 日，该公司与乙公司签订一项为期 3 个月的装修合同，合同约定装修价款为 500 000 元，增值税额为 45 000 元，装修费用每月末按完工进度支付。2020 年 12 月 31 日，经专业测量师测量后，确定该项劳务的完工程度为 25%；乙公司按完工进度支付价款及相应的增值税款。截至 2020 年 12 月 31 日，该公司为完成该合同累计发生劳务成本 100 000 元（假定均为装修人员薪酬），估计还将发生劳务成本 300 000 元。

假定该业务属于无锡市弘毅股份有限公司的主营业务，全部由其自行完成；该装修服务构成单项履约义务，并属于在某一时段内履行的履约义务；该公司按照实际测量的完工进度确定履约进度。

应编制如下会计分录：

① 实际发生劳务成本 100 000 元：

借：合同履约成本	100 000	
贷：应付职工薪酬		100 000

② 2020 年 12 月 31 日确认劳务收入并结转劳务成本：

2020 年 12 月 31 日确认的劳务收入＝500 000×25%－0＝125 000（元）。

借：银行存款	136 250	
贷：主营业务收入		125 000
应交税费——应交增值税（销项税额）		11 250
借：主营业务成本	100 000	
贷：合同履约成本		100 000

2021 年 1 月 31 日，经专业测量师测量后，确定该项劳务的完工进度为 70%；乙公司按完工进度支付价款同时支付对应的增值税款。2021 年 1 月，为完成该合同发生劳务成本 180 000 元（假定均为装修人员薪酬），为完成该合同估计还将发生劳务成本 120 000 元。应编制如下会计分录：

① 实际发生劳务成本 180 000 元：

借：合同履约成本	180 000	
贷：应付职工薪酬		180 000

② 2021 年 1 月 31 日确认劳务收入并结转劳务成本：

2021 年 1 月 31 日确认的劳务收入＝500 000×70%－125 000＝225 000（元）。

借：银行存款	245 250	
贷：主营业务收入		225 000
应交税费——应交增值税（销项税额）		20 250
借：主营业务成本	180 000	
贷：合同履约成本		180 000

2021年2月28日，装修完工；乙公司验收合格，按完工进度支付价款同时支付对应的增值税款。2021年2月，为完成该合同发生劳务成本120 000元(假定均为装修人员薪酬)。应编制如下会计分录：

① 实际发生劳务成本120 000元：

借：合同履约成本　120 000
　贷：应付职工薪酬　120 000

② 2021年2月28日确认劳务收入并结转劳务成本：

2021年2月28日确认的劳务收入＝500 000－125 000－225 000＝150 000(元)。

借：银行存款　163 500
　贷：主营业务收入　150 000
　　应交税费——应交增值税(销项税额)　13 500

借：主营业务成本　120 000
　贷：合同履约成本　120 000

【例9-10】 无锡市弘毅股份有限公司经营一家健身俱乐部。2020年7月1日，某客户与该公司签订合同，成为该公司的会员，并向该公司支付会员费3 600元(不含税价)，可在未来的12个月内在该俱乐部健身，且没有次数的限制。该业务适用的增值税税率为6%。

本例中，客户在会籍期间可随时来俱乐部健身，且没有次数限制，客户已使用俱乐部健身的次数不会影响其未来继续使用的次数，该公司在该合同下的履约义务是承诺随时准备在客户需要时为其提供健身服务，因此，该履约义务属于在某一时段内履行的履约义务，并且该履约义务在会员的会籍期间内随时间的流逝而被履行。因此，该公司按照直线法确认收入，每月应当确认的收入为300元(3 600÷12)。应编制如下会计分录：

① 2020年7月1日收到会员费时：

借：银行存款　3 600
　贷：合同负债　3 600

本例中，客户签订合同时支付了合同对价，可在未来的12个月内在该俱乐部进行健身消费，且没有次数的限制。该公司在向客户转让商品之前已经产生一项负债，即合同负债。

② 2020年7月31日确认收入，开具增值税专用发票并收到税款时：

借：合同负债　300
　银行存款　18
　贷：主营业务收入　300
　　应交税费——应交增值税(销项税额)　18

2020年8月至2021年6月，每月确认收入同上。

当履约进度不能合理确定时，企业已经发生的成本预计能够得到补偿的，应当按照已经发生的成本金额确认收入，直到履约进度能够合理确定为止。

课后练习　　项目实操

项目十

费用的核算

项目引领

项目目标

理论目标

（一）理解费用的概念

（二）掌握营业成本的构成及核算

（三）掌握税金及附加的核算内容

（四）掌握期间费用的核算内容

实务目标

（一）掌握费用的概念及分类

（二）掌握营业成本的确认与计量

（三）掌握税金及附加的确认及计量

（四）掌握期间费用的确认及计量

任务一　营业成本的核算

任务导入

今天仓库拿过来一叠产品成本计算单，师傅要求会计王丽统计一下当月已销产品及材料的营业成本。王丽对此觉得无从下手，于是，在师傅的带领下，王丽开始对营业成本的相关内容进行认真的学习。

任务要求

1. 了解营业成本的含义及分类
2. 掌握主营业务成本的一般账务处理
3. 掌握其他业务成本的一般账务处理

知识点介绍

一、营业成本的含义及分类

（一）营业成本的含义

费用，是指企业日常活动所产生的经济利益的总流出，主要指企业为取得营业收入进行产品销售等营业活动所发生的企业货币资金的流出，具体包括营业成本、税金及附加和期间费用。具体内容如图表 10-1 所示。

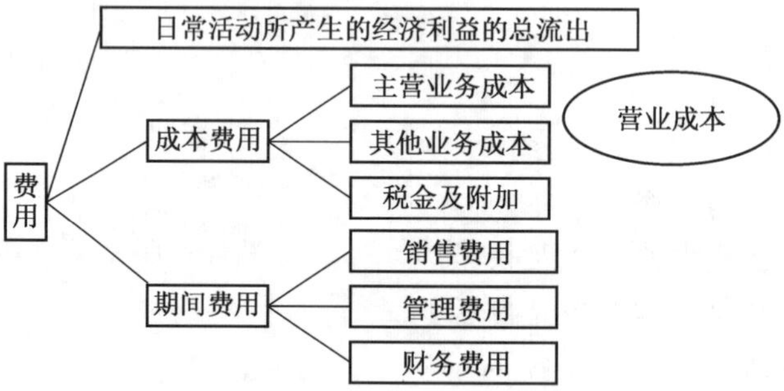

图表 10-1　费用的构成

营业成本是指企业为生产产品、提供劳务等发生的可归属于产品成本、劳务成本等的费用，应当在确认销售商品收入、提供劳务收入等时，将已销售商品、已提供劳务的成本等计入当期损益。其主要包括主营业务成本和其他业务成本，企业应当在确认销售商品收入、提供劳务收入的同时，将已销售商品、已提供劳务的成本等记入“主营业务成本”或“其他业务成本”科目。营业成本的构成如图表 10-2 所示。

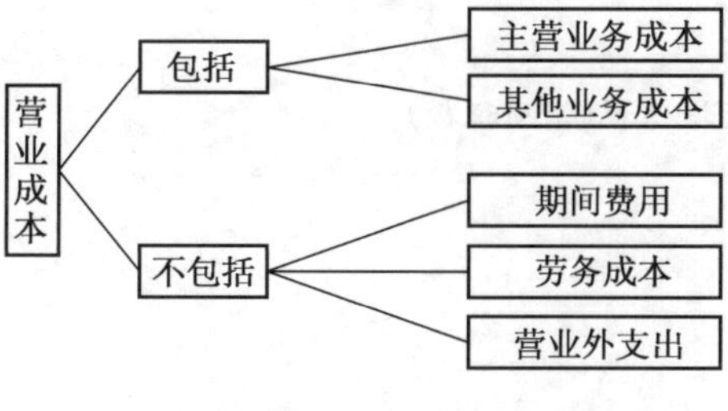

图表 10-2 营业成本的构成

二、主营业务成本的一般账务处理

企业应当设置“主营业务成本”科目，核算企业因销售商品、提供劳务等主营业务收入时应结转的成本。“主营业务成本”科目应当按照主营业务的种类进行明细核算。“主营业务成本”科目的账户结构如图表 10-3 所示。

借　　主营业务成本	贷
① 已销售产品的成本 ② 提供劳务的成本	① 退回产品的成本 ② 期末转入“本年利润”科目的主营业务成本
期末余额：无余额	

图表 10-3 “主营业务成本”科目的账户结构

主营业务成本的基本账务处理如下：

(1) 企业因销售商品、提供劳务或让渡资产使用权等日常活动而结转成本：

借：主营业务成本

　　贷：库存商品

(2) 期末，将主营业务成本的余额转入“本年利润”科目：

借：本年利润

　　贷：主营业务成本

知识点提示

(1) “主营业务成本”科目属于损益类科目，期末无余额。

(2) 主营业务和其他业务是相对而言的。企业应根据自己的主要经营业务来划分主营业务和其他业务，例如，“让渡资产使用权”中的固定资产经营租赁业务，对于以从事固定资产经营租赁业务为主业的企业来说，属于主营业务；对于其他企业来说，属于其他业务。

【例 10-1】 2020 年 1 月 20 日，无锡市弘毅股份有限公司向乙公司销售一批产品，开出的增值税专用发票上注明售价为 200 000 元，增值税额为 26 000 元；无锡市弘毅股份有限公司已收到乙公司支付的货款 226 000 元，并将提货单送交乙公司；该批产品成本为 190 000 元。应编制如下会计分录：

(1) 销售实现时：

借：银行存款　226 000
　　贷：主营业务收入　200 000
　　　　应交税费——应交增值税(销项税额)　26 000

借：主营业务成本　190 000
　　贷：库存商品　190 000

(2) 期末结转损益：

借：本年利润　190 000
　　贷：主营业务成本　190 000

借：主营业务收入　200 000
　　贷：本年利润　200 000

【例 10-2】 无锡市弘毅股份有限公司 2020 年 3 月 10 日销售甲产品 100 件，单价1 000 元，单位成本 800 元，增值税专用发票上注明售价 100 000 元，增值税额13 000 元，购货方尚未付款，销售成立。当月 25 日，因产品质量问题购货方退货。应编制如下会计分录：

(1) 销售产品时：

借：应收账款　113 000
　　贷：主营业务收入　100 000
　　　　应交税费——应交增值税(销项税额)　13 000

借：主营业务成本　80 000
　　贷：库存商品——甲产品　80 000

(2) 销售退回时：

借：主营业务收入　100 000
　　应交税费——应交增值税(销项税额)　13 000
　　贷：应收账款　113 000

借：库存商品——甲产品　80 000
　　贷：主营业务成本　80 000

【例 10-3】 2020 年 6 月 2 日，无锡市弘毅股份有限公司向乙公司销售一批商品，开出的增值税专用发票上注明的销售价格为 30 000 元，增值税额为 3 900 元，款项尚未收到；这批商品的成本为 20 000 元。乙公司收到商品后，经过验收发现，该批商品存在一定的质量问题，外观存在一定的瑕疵，但基本上不影响使用，因此，6 月 20 日乙公司要求无锡市弘毅股份有限公司在价格上给予一定的折让(含增值税税额)，折让率 10%，无锡市弘毅股份有限公司表示同意。假定无锡市弘毅股份有限公司已经确认收入，与销售折让有关的增值税额税务机关允许扣减，销售折让也不属于资产负债表日后事项。应编制如下会计分录：

(1) 2020 年 6 月 2 日销售收入实现时：

借：应收账款　33 900
　　贷：主营业务收入　30 000
　　　　应交税费——应交增值税(销项税额)　3 900

借：主营业务成本　　20 000
　　贷：库存商品　　20 000

（2）发生销售折让时：

计算折让的收入金额：30 000×10%＝3 000（元）

折让的增值税额：3 000×13%＝390（元）

合计冲减应收账款金额：3 000＋390＝3 390（元）

借：主营业务收入　　3 000
　　应交税费——应交增值税（销项税额）　　390
　　贷：应收账款　　3 390

（3）2020 年收到款项时：

收到金额：33 900－3 390＝30 510（元）

借：银行存款　　30 510
　　贷：应收账款　　30 510

三、其他业务成本的一般账务处理

其他业务成本是指企业确认的除主营业务成本以外的其他日常经营活动所发生的支出。

企业应当设置“其他业务成本”科目，核算企业除主营业务活动以外的其他经营活动所产生的成本，包括销售材料或包装物的成本、出租固定资产的折旧额、出租无形资产的摊销额、出租包装物的成本或摊销额等。“其他业务成本”科目应当按照其他业务成本的种类进行明细核算。“其他业务成本”科目的账户结构如图表 10-4 所示。

借　　　　其他业务成本	贷
企业结转或发生的其他业务成本	① 销售退回或销售折让时应冲减的其他业务成本 ② 期末转入“本年利润”科目的其他业务成本
期末余额：无余额	

图表 10-4 “其他业务成本”科目的账户结构

其他业务成本的基本账务处理如下：

（1）企业销售材料，计提出租包装物的成本或摊销额、出租固定资产的折旧额、出租无形资产的摊销额等。

借：其他业务成本
　　贷：原材料
　　　　周转材料
　　　　累计折旧
　　　　累计摊销
　　　　应付职工薪酬
　　　　银行存款

(2) 期末，将其他业务成本的余额转入“本年利润”科目，该科目期末无余额。

借：本年利润

　　贷：其他业务成本

【例 10-4】 2020 年 5 月 2 日，无锡市弘毅股份有限公司销售一批原材料，开具的增值税专用发票上注明的售价为 10 000 元，增值税额为 1 300 元，款项已由银行收妥。该批原材料的实际成本为 7 000 元。应编制如下会计分录：

(1) 销售实现时：

借：银行存款	11 300	
贷：其他业务收入		10 000
应交税费——应交增值税(销项税额)		1 300
借：其他业务成本	7 000	
贷：原材料		7 000

(2) 期末，结转成本到本年利润：

借：其他业务收入	10 000	
贷：本年利润		10 000
借：本年利润	7 000	
贷：其他业务成本		7 000

【例 10-5】 2020 年 1 月 1 日，无锡市弘毅股份有限公司将自行开发完成的非专利技术出租给另一家公司，该非专利技术成本为 240 000 元，双方约定的租赁期限为 10 年，无锡市弘毅股份有限公司每月应摊销 2 000 元(240 000÷10÷12)。应编制如下会计分录：

(1) 每月摊销时：

借：其他业务成本	2 000	
贷：累计摊销		2 000

(2) 期末结转成本到本年利润：

借：本年利润	2 000	
贷：其他业务成本		2 000

【例 10-6】 2020 年 11 月 22 日，无锡市弘毅股份有限公司销售商品领用单独计价的包装物成本 40 000 元，增值税专用发票上注明销售收入 100 000 元，增值税额为 13 000 元，款项已存入银行。假设不考虑材料成本差异，该公司应编制如下会计分录：

(1) 出售包装物时：

借：银行存款	113 000	
贷：其他业务收入		100 000
应交税费——应交增值税(销项税额)		13 000

(2) 结转出售包装物成本：

借：其他业务成本	40 000	
贷：周转材料——包装物		40 000

(3) 期末结转成本到本年利润:

借:其他业务收入　　100 000
　　贷:本年利润　　100 000

借:本年利润　　40 000
　　贷:其他业务成本　　40 000

【例 10-7】 2020 年 5 月 11 日,无锡市弘毅股份有限公司出租一幢办公楼给乙公司使用,已确认为投资性房地产,采用成本模式进行后续计量。假设出租的办公楼成本为 2 400 万元,按直线法计提折旧,使用寿命为 40 年,预计净残值为零。按照合同规定,乙公司按月支付无锡市弘毅股份有限公司租金。计提折旧时应编制如下会计分录:

计算每月应计提的折旧=24 000 000÷40÷12=50 000(万元)

借:其他业务成本　　50 000
　　贷:投资性房地产累计折旧　　50 000

任务二　税金及附加的核算

任务导入

今天王丽拿着印花税的发票刚想做账,师傅问:"记入什么科目?",王丽回答"记入'管理费用'科目",师傅答道"错! 是记入'税金及附加'科目"。就这样,在师傅的带领下,王丽开始对"税金及附加"科目的核算进行认真的学习。

任务要求

1. 了解税金及附加的含义及内容
2. 掌握税金及附加的一般账务处理

知识点介绍

一、税金及附加的含义及内容

税金及附加是指企业经营活动应负担的相关税费,包括消费税、城市维护建设税、教育费附加、资源税、房产税、车船税、城镇土地使用税、印花税、土地增值税、耕地占用税、车辆购置税、契税、环境保护税等。

(1) 不通过"税金及附加"科目核算的税费主要有:①企业所得税通过"所得税费用"科目核算,不通过"税金及附加"科目核算;②增值税属于价外税,不构成企业的损益,通过"应交税费"科目核算,不通过"税金及附加"科目核算;③个人所得税由个人承担,企业只是代扣代缴,也不构成企业的损益,不通过"税金及附加"科目核算。

(2) 房地产开发企业销售自行开发的不动产缴纳的土地增值税通过"税金及附加"科目

核算;非房地产开发企业销售作为固定资产核算的不动产缴纳的土地增值税通过“固定资产清理”科目核算,最终影响资产处置损益。

二、税金及附加的一般账务处理

企业应当设置“税金及附加”科目,核算企业经营活动发生的税金及附加。“税金及附加”科目的账户结构如图表10-5所示。

借　　　　税金及附加	贷
企业经营业务发生的相关税费	期末转入“本年利润”科目的税金及附加
期末余额:无余额	

图表10-5 “税金及附加”科目的账户结构

税金及附加的基本账务处理如下:

(1) 企业按规定计算确定的消费税、城市维护建设税、教育费附加、地方教育附加、资源税、房产税、车船税、城镇土地使用税等相关税费:

借:税金及附加
　　贷:应交税费——应交消费税
　　　　　　　——应交城市维护建设税
　　　　　　　——应交教育费附加
　　　　　　　——应交地方教育附加
　　　　　　　——应交资源税
　　　　　　　——应交房产税
　　　　　　　——应交车船税
　　　　　　　——应交城镇土地使用税

(2) 企业缴纳印花税时(购买的同时缴纳):

借:税金及附加
　　贷:银行存款(或库存现金)

(3) 期末,将税金及附加的余额转入“本年利润”科目:

借:本年利润
　　贷:税金及附加

知识点提示

印花税也是通过“税金及附加”科目核算的,但不记入“应交税费”科目,而是在发生时直接支付。

【例10-8】 2020年6月1日,无锡市弘毅股份有限公司取得应税消费品出厂销售收入600 000元,该产品适用的消费税税率15%。应编制如下会计分录:

(1) 计提消费税时:

应纳消费税=600 000×15%=90 000(元)

借:税金及附加　　　　　　　　　　　　　　90 000
　　贷:应交税费——应交消费税　　　　　　　　　90 000

（2）实际缴纳消费税时：

借：应交税费——应交消费税	90 000	
贷：银行存款		90 000

【例 10-9】 本年 7 月，无锡市弘毅股份有限公司应交增值税 300 000 元，应交消费税 200 000 元，无锡市弘毅股份有限公司适用的城市维护建设税税率 7%，教育费附加征收率为 3%。应编制如下会计分录：

（1）计提城市维护建设税和教育费附加时：

应纳城市维护建设税＝(300 000＋200 000)×7%＝35 000(元)

应纳教育费附加＝(300 000＋200 000)×3%＝15 000(元)

借：税金及附加	50 000	
贷：应交税费——应交城市维护建设税		35 000
——应交教育费附加		15 000

（2）实际缴纳城市维护建设税和教育费附加时：

借：应交税费——应交城市维护建设税	35 000	
——应交教育费附加	15 000	
贷：银行存款		50 000

【例 10-10】 无锡市弘毅股份有限公司有一幢自用办公楼，原值为 3 600 000 元，已知房产税税率为 1.2%，当地规定的房产税扣除比例为 20%。当地主管税务机关规定，房产税按月缴纳。应编制如下会计分录：

（1）计提房产税时：

年应纳房产税＝3 600 000 ×(1－20%)×1.2%＝34 560(元)

本年 12 月应纳房产税＝34 560÷12＝2 880(元)

借：税金及附加	2 880	
贷：应交税费——应交房产税		2 880

（2）实际缴纳房产税时：

借：应交税费——应交房产税	2 880	
贷：银行存款		2 880

【例 10-11】 2020 年 12 月，无锡市弘毅股份有限公司按照规定当月应缴纳的车船税为 18 000 元，应缴纳的城镇土地使用税 30 000 元。应编制如下会计分录：

（1）计提车船税、城镇土地使用税时：

借：税金及附加	48 000	
贷：应交税费——应交车船税		18 000
——应交城镇土地使用税		30 000

（2）实际缴纳车船税、城镇土地使用税时：

借：应交税费——应交车船税	18 000	
——应交城镇土地使用税	30 000	
贷：银行存款		48 000

任务三　期间费用的核算

任务导入

今天，财务经理让王丽统计一下企业当月的期间费用，会计王丽询问师傅期间费用具体包括哪些。就这样，在师傅的指导下，王丽开始对期间费用的具体内容以及账务处理进行认真的学习。

任务要求

1. 了解期间费用的概念
2. 掌握销售费用的含义以及一般账务处理
3. 掌握管理费用的含义以及一般账务处理
4. 掌握财务费用的含义以及一般账务处理

知识点介绍

一、期间费用的概念

期间费用是指企业日常活动中发生的不能直接归属于某个特定成本核算对象的，在发生时应直接计入当期损益的各种费用。期间费用包括销售费用、管理费用和财务费用。

以下两种情况均是计入期间费用：

(1) 企业发生的支出不产生经济利益，或者即使产生经济利益但不符合或者不再符合资产确认条件的，应当在发生时确认为费用，计入当期损益。

(2) 企业发生的交易或者事项导致其承担了一项负债，而又不确认为一项资产的，应当在发生时确认为费用计入当期损益。

二、销售费用的含义以及一般账务处理

(一) 销售费用的含义

销售费用是指企业销售商品和材料、提供劳务的过程中发生的各种费用，包括保险费、包装费、展览费和广告费、商品维修费、预计产品质量保证损失、运输费、装卸费等，为销售本企业商品而专设的销售机构（含销售网点、售后服务网点等）的职工薪酬、业务费、折旧费等经营费用，以及企业发生的与专设销售机构相关的固定资产维修费用等后续支出。

采购过程中发生的保险费、包装费、运输费、装卸费计入存货采购成本。

除上述情况外，还有一部分费用计入销售费用，例如：出借包装物和随同商品出售而不单独计价的包装物成本，应在发生时计入销售费用；委托代销商品所支付的手续费计入销售费用。

知识点提示

销售费用是企业销售过程中发生的费用，而不包括销售产品或商品本身的成本。

(二)销售费用的一般账务处理

企业应当设置“销售费用”科目，核算销售费用的发生和结转情况。“销售费用”科目可按费用项目进行明细核算。“销售费用”科目的账户结构如图表10-6所示。

借　　　　销售费用	贷
企业所发生的各项销售费用	期末转入“本年利润”科目的销售费用
期末余额:无余额	

图表10-6　“销售费用”科目的账户结构

【例10-12】　无锡市弘毅股份有限公司为增值税一般纳税人，采用一般计税方法计税。2020年7月1日，无锡市弘毅股份有限公司为宣传新产品发生广告费50 000元，并取得增值税专用发票，注明增值税额3 000元。款项以银行存款支付。无锡市弘毅股份有限公司取得的增值税专用发票本月已认证通过。应编制如下会计分录：

借：销售费用——广告费　　50 000
　　应交税费——应交增值税(进项税额)　　3 000
　贷：银行存款　　53 000

【例10-13】　无锡市弘毅股份有限公司为增值税一般纳税人，采用一般计税方法计税。2020年7月15日，无锡市弘毅股份有限公司为销售一批原材料支付运输费及装卸费，并分别取得增值税专用发票，一张注明运输费3 000元、增值税额270元，另一张注明装卸费1 000元、增值税额60元，款项均以银行存款支付。无锡市弘毅股份有限公司取得的增值税专用发票本月已认证通过。应编制如下会计分录：

应计入销售费用的金额＝3 000＋1 000＝4 000(元)

可抵扣的增值税进项税额＝270＋60＝330(元)

借：销售费用——运输费　　3 000
　　　　　　——装卸费　　1 000
　　应交税费——应交增值税(进项税额)　　330
　贷：银行存款　　4 330

【例10-14】　无锡市弘毅股份有限公司为增值税一般纳税人，采用一般计税方法计税。2020年7月18日，无锡市弘毅股份有限公司为所销售的产品支付保险费，取得增值税专用发票，注明保险费20 000元，增值税额1 200元。无锡市弘毅股份有限公司取得的增值税专用发票本月已认证通过。应编制如下会计分录：

借：销售费用——保险费　　20 000
　　应交税费——应交增值税(进项税额)　　1 200
　贷：银行存款　　21 200

【例10-15】　2020年8月，无锡市弘毅股份有限公司销售部门共发生费用300 000元，其中：销售人员薪酬200 000元，销售部专用办公设备折旧费20 000元，广告费80 000元（含增值税，取得增值税普通发票）。广告费以银行存款支付。应编制如下会计分录：

借：销售费用——工资　200 000
　　　　　——折旧费　20 000
　　　　　——广告费　80 000
　贷：应付职工薪酬　200 000
　　　累计折旧　20 000
　　　银行存款　80 000

【例10-16】 2020年8月31日，无锡市弘毅股份有限公司将本月发生的销售费用500 000元结转至“本年利润”科目，应编制如下会计分录：

借：本年利润　500 000
　贷：销售费用　500 000

三、管理费用的含义以及一般账务处理

（一）管理费用的含义

管理费用是指企业为组织和管理企业生产经营活动所发生的各种费用，包括企业在筹建期间发生的开办费、董事会和行政管理部门在企业的经营管理中发生的或者应由企业统一负担的公司经费（包括行政管理部门职工薪酬、机物料消耗、低值易耗品摊销、办公费和差旅费等）、行政管理部门负担的工会经费、董事会费（包括董事会成员津贴、会议费和差旅费等）、聘请中介机构费、咨询费（含顾问费）、诉讼费、业务招待费、技术转让费、研究费用等，以及企业生产车间（部门）和行政管理部门等发生的固定资产修理费用等后续支出。

知识点提示

（1）企业生产车间（部门）和行政管理部门等发生的固定资产修理费用等后续支出，应在发生时计入管理费用。

（2）商品流通企业管理费用不多的，可并入销售费用核算。

（3）对于企业内部研发项目所发生的支出，应区分研究阶段和开发阶段支出，先通过“研发支出”科目进行归集。研究阶段的支出，期末转入“管理费用”科目。开发阶段的支出不满足资本化条件的，也转入“管理费用”科目。

（二）管理费用的一般账务处理

企业应当设置“管理费用”科目，核算管理费用的发生和结转情况。“管理费用”科目可按费用项目进行明细核算。“管理费用”科目的账户结构如图表10-7所示。

借　　管理费用	贷
企业发生的各项管理费用	期末转入“本年利润”科目的管理费用
期末余额：无余额	

图表10-7 “管理费用”科目的账户结构

【例 10-17】 无锡市弘毅股份有限公司为增值税一般纳税人，采用一般计税方法计税。2020 年 5 月 23 日，无锡市弘毅股份有限公司为联系客户支付业务招待费，并取得增值税专用发票，注明业务招待费 70 000 元，增值税额 4 200 元，款项以银行存款支付。无锡市弘毅股份有限公司取得的增值税专用发票本月已认证通过。应编制如下会计分录：

借：管理费用——业务招待费　　70 000
　　应交税费——应交增值税(进项税额)　　4 200
　贷：银行存款　　74 200

借：管理费用——业务招待费　　4 200
　贷：应交税费——应交增值税(进项税额转出)　　4 200

知识点提示

税法规定：用于简易计税方法计税项目、免征增值税项目、集体福利或者个人消费的购进货物、劳务、服务、无形资产和不动产，不得从销项税额中抵扣的进项税额。其中涉及的固定资产、无形资产、不动产，仅指专用于上述项目的固定资产、无形资产(不包括其他权益性无形资产)、不动产。纳税人的交际应酬消费属于个人消费，因此，[例 10-17]中的进项税额不得抵扣，需要做进项税额转出处理。

【例 10-18】 2020 年 9 月，无锡市弘毅股份有限公司行政部门共发生费用 280 000 元，其中：行政人员薪酬 180 000 元，行政部门专用办公设备折旧费 60 000 元，报销行政人员差旅费 30 000 元(假定报销人员均未预借差旅费，而是直接以库存现金报销)，其他办公费 10 000 元。其他办公费均以银行存款支付。应编制如下会计分录：

借：管理费用——工资　　180 000
　　　　　——折旧费　　60 000
　　　　　——差旅费　　30 000
　　　　　——办公费　　10 000
　贷：应付职工薪酬　　180 000
　　　累计折旧　　60 000
　　　库存现金　　30 000
　　　银行存款　　10 000

【例 10-19】 2020 年 9 月 30 日，无锡市弘毅股份有限公司计提公司管理部门固定资产折旧 30 000 元，计提公司管理部门用无形资产摊销 10 000 元。该公司应编制如下会计分录：

借：管理费用——折旧费　　30 000
　　　　　——摊销费　　10 000
　贷：累计折旧　　30 000
　　　累计摊销　　10 000

【例 10-20】 2020 年 12 月 31 日，无锡市弘毅股份有限公司将“管理费用”科目余额 800 000 元转入“本年利润”科目。应编制如下会计分录：

借：本年利润　　800 000
　贷：管理费用　　800 000

四、财务费用的含义以及一般账务处理

(一) 财务费用的含义

财务费用是指企业为筹集生产经营所需资金等而发生的筹资费用,包括利息支出(减利息收入)、汇兑损益及相关的手续费、企业发生的现金折扣或收到的现金折扣等。

发行股票的手续费、佣金等交易费用不通过财务费用核算。发行股票相关的手续费、佣金等交易费用,如果是溢价发行股票的,应从溢价中抵扣,冲减资本公积(股本溢价);无溢价发行股票或溢价金额不足抵扣的,应将不足抵扣的部分冲减盈余公积和未分配利润。

应收票据的票面金额与实际收到金额的差额,也就是贴息部分,也记入"财务费用"科目。

为购建或生产满足资本化条件的资产发生的应予以资本化的专门借款的利息费用,应通过"在建工程"(与购建满足资本化条件的固定资产类资产相关)、"制造费用"(与生产满足资本化条件的产成品或库存商品类资产相关)等科目核算,而不通过"财务费用"科目核算。

(二) 财务费用的一般账务处理

企业应当设置"财务费用"科目,核算财务费用的发生和结转情况。"财务费用"科目可按费用项目进行明细核算。"财务费用"科目的账户结构如图表 10-8 所示。

借	财务费用　　　　贷
企业发生的各项财务费用	期末转入"本年利润"科目的财务费用
期末余额:无余额	

图表 10-8 "财务费用"科目的账户结构

【例 10-21】 2020 年 6 月,无锡市弘毅股份有限公司应负担短期借款利息为 30 000 元,以银行存款支付。假定不考虑相关税费。应编制如下会计分录:

借:财务费用——利息支出　　30 000
　贷:银行存款　　30 000

【例 10-22】 无锡市弘毅股份有限公司 2020 年 9 月 2 日银行存款支付银行手续费 400 元。应编制如下会计分录:

借:财务费用——手续费　　400
　贷:银行存款　　400

【例 10-23】 2020 年 8 月 7 日,无锡市弘毅股份有限公司在购买材料业务中,根据对方规定的现金折扣条件提前付款,获得对方给予的现金折扣 4 000 元。应编制如下会计分录:

借:应付账款　　4 000
　贷:财务费用　　4 000

【例 10-24】 无锡市弘毅股份有限公司于 2021 年 1 月 1 日向银行借入生产经营用短期借款 360 000 元,期限 6 个月,年利率 5%,该借款本金到期后一次归还,利息分月预提,按季支付。有关利息支出应编制如下会计分录:

(1) 每月末,预提当月应计利息:

360 000×5%÷12=1 500(元)

借：财务费用——利息支出　　1 500
　　贷：应付利息　　1 500

(2) 3 月底时，按季付息：

借：应付利息　　3 000
　　财务费用　　1 500
　　贷：银行存款　　4 500

【例 10-25】 2021 年 3 月 31 日，无锡市弘毅股份有限公司将"财务费用"科目余额 89 000 元结转到"本年利润"科目。应编制如下会计分录：

借：本年利润　　89 000
　　贷：财务费用　　89 000

课后练习　　项目实操

项目十一

利润的核算

项目引领

项目目标

理论目标

（一）理解利润的概念
（二）理解营业利润、利润总额、净利润的构成
（三）理解账面价值、计税基础的差异
（四）理解暂时性差异、递延所得税的含义
（五）理解资产负债表债务法的使用程序、使用方法

实务目标

（一）掌握营业利润、利润总额、净利润的计算，利润形成的会计核算
（二）掌握利润分配的会计核算
（三）掌握资产、负债的计税基础的计算
（四）掌握应纳税暂时性差异、可抵扣暂时性差异的计算
（五）掌握递延所得税资产、递延所得税负债的计算
（六）掌握资产负债表债务法的会计核算

任务一　利润总额的核算

任务导入

已经到月末了，师傅要求会计王丽统计一下截止到月末的利润总额是多少。但是王丽一直分不清哪些因素属于营业利润，哪些因素属于利润总额。就这样，在师傅的带领下，王丽开始对利润总额的核算进行认真的学习。

任务要求

1. 了解利润的概念及构成
2. 理解营业利润、利润总额、净利润的构成
3. 掌握营业外收入的含义以及一般账务处理
4. 掌握营业外支出的含义以及一般账务处理

知识点介绍

一、利润的概念

利润是指企业在一定会计期间的经营成果，包括收入减去费用后的净额、直接计入利润（当期损益）的利得和损失等。

直接计入利润（当期损益）的利得和损失，是指应当计入当期损益、会导致所有者权益发生增减变动的、与所有者投入资本或者向投资者分配利润无关的利得和损失。

未计入利润（当期损益）的利得和损失扣除所得税影响后的净额计入其他综合收益项目。净利润与其他综合收益的合计金额为综合收益总额。

利得是指由企业非日常活动所形成的、会导致所有者权益增加的、与所有者投入资本无关的经济利益的流入。

损失是指由企业非日常活动所发生的、会导致所有者权益减少的、与向所有者分配利润无关的经济利益的流出。

二、营业利润、利润总额、净利润的构成

（一）营业利润

营业利润指标能够比较恰当地反映企业管理者的经营业绩，其计算公式如下：

营业利润＝营业收入－营业成本－税金及附加－销售费用－管理费用－财务费用－研发费用
－资产减值损失＋其他收益＋投资收益（－投资损失）＋公允价值变动收益
（－公允价值变动损失）＋净敞口套期收益（－净敞口套期损失）
－信用减值损失＋资产处置收益（－资产处置损失）

其中：

$$营业收入=主营业务收入+其他业务收入$$
$$营业成本=主营业务成本+其他业务成本$$

资产减值损失，是指企业计提各项资产减值准备所形成的损失。

其他收益主要是指与企业日常活动相关，除冲减相关成本费用以外的政府补助。

投资收益（－损失）是指企业以各种方式对外投资所取得的收益（－发生的损失）。

公允价值变动收益（－损失），是指企业交易性及融资产等公允价值变动形成的应计入当期损益的利得（－损失）。

资产处置收益（－损失）是指企业出售划分为持有待售的非流动资产（金融工具、长期股权投资和投资性房地产除外）或处置组时确认（子公司和业务除外）的处置利得（－损失），以及处置未划分为持有待售的固定资产、在建工程、生产性生物资产及无形资产而产生的处置利得（－损失）。债务重组中因处置非流动资产产生的利得或损失和非货币性资产交换中换出非流动资产产生的利得（－损失）也包括在本项目内。

（二）利润总额

利润总额，又称税前利润，是营业利润加上营业外收入减去营业外支出后的金额，其计算公式如下：

$$利润总额=营业利润+营业外收入-营业外支出$$

营业外收入，是指企业发生的营业利润以外的收益，主要包括债务重组利得（不涉及处置非流动资产产生的利得）、与企业日常活动无关的政府补助、盘盈利得、捐赠利得（企业接受股东或股东的子公司直接或间接的捐赠，经济实质属于股东对企业的资本性投入的除外）等。

营业外支出，是指企业发生的营业利润以外的支出，主要包括债务重组损失（不涉及处置非流动资产产生的损失）、公益性捐赠支出、非常损失、盘亏损失、非流动资产毁损报废损失等。

（三）净利润

净利润，又称税后利润，是利润总额扣除所得税费用后的净额，其计算公式如下：

$$净利润=利润总额-所得税费用$$

其中，所得税费用是指企业确认的应从当期利润总额中扣除的所得税费用。

知识点提示

判断一项业务是否影响到企业的营业利润，先看它所影响的会计科目的变动；然后根据上述计算公式去判断是否影响企业的营业利润。通常，能影响营业利润的项目必然会影响利润总额；能影响利润总额的项目，未必会影响营业利润。

三、营业外收入的含义以及一般账务处理

（一）营业外收入的含义

营业外收入是指企业发生的营业利润以外的收益，主要包括非流动资产毁损报废收益、

与企业日常活动无关的政府补助、盘盈利得、捐赠利得(企业接受股东或股东的子公司直接或间接的捐赠,经济实质属于股东对企业的资本性投入的除外)等。营业外收入并不是企业经营资金耗费所产生的,实际上是经济利益的净流入,没有与之相关的费用。

盘盈利得,是指企业对现金等资产清查盘点时发生盘盈,报经批准后计入营业外收入的金额。对于存货的盘盈,报经批准后计入管理费用;对于固定资产的盘盈,通过"以前年度损益调整"科目核算,报经批准后调整留存收益,不计入营业外收入。

捐赠利得,是指企业接受捐赠产生的利得。企业无法支付的应付账款以及企业在经营活动中取得的各类违约金也均计入营业外收入。

(二) 营业外收入的一般账务处理

企业应当设置"营业外收入"科目,核算营业外收入的取得及结转情况。"营业外收入"科目可按照营业外收入项目进行明细核算。"营业外收入"科目的账户结构如图表11-1所示。

借　　　　营业外收入	贷
期末转入"本年利润"科目的营业外收入	取得的营业外收入
	期末余额:无余额

图表11-1　"营业外收入"科目的账户结构

1. 盘盈现金

(1) 发现盘盈:

借:库存现金
　　贷:待处理财产损溢

(2) 未找到原因的情况下:

借:待处理财产损溢
　　贷:营业外收入

2. 收到捐赠利得

(1) 收到捐赠现金:

借:库存现金
　　贷:营业外收入

(2) 收到捐赠原材料:

借:原材料
　　应交税费——应交增值税(进项税额)
　　贷:营业外收入

【例11-1】　无锡市弘毅股份有限公司在库存现金清查中盘盈300元,无法查明原因,因此按管理权限报经批准转入营业外收入。应编制如下会计分录:

(1) 发现盘盈时:

借：库存现金　300

　　贷：待处理财产损溢　300

（2）经批准转入营业外收入时：

借：待处理财产损溢　300

　　贷：营业外收入　300

【例 11-2】 无锡市弘毅股份有限公司接受乙公司捐赠一批原材料，价款 100 000 元，增值税 13 000 元。应编制如下会计分录：

借：原材料　100 000

　　应交税费——应交增值税（进项税额）　13 000

　　贷：营业外收入　113 000

3. 处置固定资产利得

因已丧失使用功能或因自然灾害发生毁损等原因而报废清理产生的利得或损失应计入营业外收支。属于生产经营期间正常报废清理产生的处理净损失，借记“营业外支出——处置非流动资产损失”科目，贷记“固定资产清理”科目；属于生产经营期间由于自然灾害等非正常原因造成的，借记“营业外支出——非常损失”科目，贷记“固定资产清理”科目；如为净收益，借记“固定资产清理”科目，贷记“营业外收入”科目。

【例 11-3】 无锡市弘毅股份有限公司毁损一台设备，原价为 500 000 元，已计提折旧 490 000 元，未计提减值准备，收到残料 12 000 元，已入库。应编制如下会计分录：

（1）将毁损固定资产转入清理时：

借：固定资产清理　10 000

　　累计折旧　490 000

　　贷：固定资产　500 000

（2）收到材料，验收入库时：

借：原材料　12 000

　　贷：固定资产清理　12 000

（3）结转毁损固定资产账面价值时：

借：固定资产清理　2 000

　　贷：营业外收入　2 000

4. 确认政府补助利得

（1）与资产相关的政府补助。与资产相关的政府补助是指企业取得的、用于购建或以其他方式形成长期资产的政府补助。

① 确认时：

借：银行存款

　　贷：递延收益（属于长期负债）

② 分配递延收益时：

借：递延收益
　　贷：营业外收入

根据配比原则，企业取得与资产相关的政府补助，不能全额确认为当期收益，应当随着相关资产的使用逐渐计入以后各期的收益。

【例 11-4】　2020 年 1 月 1 日，财政局拨付某企业 3 000 000 元补助款（同日到账），用于购买环保设备 1 台，并规定若有结余，留归企业自行支配。2020 年 2 月 28 日，该企业购入设备（假定从 2020 年 3 月 1 日开始使用，不考虑安装费用），购置设备的实际成本为 2 400 000 元，使用寿命为 5 年，无残值，直线法折旧。2023 年 2 月 28 日，该企业出售了这台设备，应编制如下会计分录：

① 2020 年 1 月 1 日收到财政拨款，确认政府补助：

借：银行存款	3 000 000	
贷：递延收益		3 000 000

② 2020 年 2 月 28 日购入设备：

借：固定资产	2 400 000	
贷：银行存款		2 400 000

③ 在该项固定资产使用期间（2020 年 3 月至 2023 年 2 月），每个月计提折旧和分配递延收益（按直线法计提折旧）：

每月应计提折旧＝2 400 000÷5÷12＝40 000（元）

每月应分配递延收益＝3 000 000÷5÷12＝50 000（元）

借：制造费用	40 000	
贷：累计折旧		40 000
借：递延收益	50 000	
贷：营业外收入		50 000

④ 2023 年 2 月 28 日出售该设备时：

已计提折旧数额＝40 000×（10＋12＋12＋2）＝1 440 000（元）

借：固定资产清理	960 000	
累计折旧	1 440 000	
贷：固定资产		2 400 000
借：营业外支出	960 000	
贷：固定资产清理		960 000

已分配递延收益＝50 000 ×（10＋12＋12＋2）＝1 800 000（元）

尚未分配的递延收益＝3 000 000－1 800 000＝1 200 000（元）

将尚未分配的递延收益直接转入当期损益：

借：递延收益	1 200 000	
贷：营业外收入		1 200 000

（2）与收益相关的政府补助。与收益相关的政府补助，是指除与资产相关的政府补助

之外的政府补助。企业确认与收益相关的政府补助：

借：银行存款

　贷：营业外收入

　　递延收益

【例 11-5】 A 集团为一家农业产业化龙头企业，享受银行贷款月利率 0.6%的地方财政贴息补助；2020 年 1 月，从国家农业发展银行获得半年期贷款 10 000 000 元，银行贷款月利率为 0.6%，同时收到财政部门拨付的一季度贴息款 180 000 元；4 月初又收到二季度的贴息款 180 000 元。

A 集团应编制如下会计分录：

① 2020 年 1 月，实际收到财政贴息 180 000 元时：

借：银行存款	180 000	
贷：递延收益		180 000

② 2020 年 1 月、2 月、3 月，分别将补偿当月利息费用的补贴计入当期收益：

借：递延收益	60 000	
贷：营业外收入		60 000

（2020 年 4～6 月的会计分录与 1～3 月的相同。）

【例 11-6】 某企业完成了政府下达技能培训任务，收到财政补助资金 150 000 元，应编制如下会计分录：

借：银行存款	150 000	
贷：营业外收入		150 000

5. 月末结转营业外收入

借：营业外收入

　贷：本年利润

结转后本科目应无余额。

【例 11-7】 某企业本期营业外收入总额为 180 000 元，期末结转本年利润，应编制如下会计分录：

借：营业外收入	180 000	
贷：本年利润		180 000

四、营业外支出的含义以及一般账务处理

（一）营业外支出的含义

营业外支出是指企业发生的营业利润以外的支出，主要包括非流动资产毁损报废损失、捐赠支出、非常损失、盘亏损失、罚款支出等。

捐赠支出，是指企业对外进行捐赠发生的支出。

非常损失，是指企业对于因客观因素（如自然灾害等）造成的损失，扣除保险公司赔偿后

应计入营业外支出的净损失。

盘亏支出，是指对于财产清查盘点中盘亏的资产，查明原因并报经批准计入营业外支出的损失。

罚款支出，是指企业支付的行政罚款、税务罚款以及其他违反法律法规、合同协议等而支付的罚款、违约金、赔偿金等支出。

知识点提示

固定资产的盘亏损失计入营业外支出。存货的盘亏损失，属于一般经营损失的部分，计入管理费用；属于非常损失的部分，计入营业外支出；属于管理不善造成的损失部分，计入管理费用。无法查明原因的库存现金短缺，计入管理费用。

(二) 营业外支出的一般账务处理

企业应当设置“营业外支出”科目，核算营业外支出的发生及结转情况。“营业外支出”科目可按照营业外支出项目进行明细核算。“营业外支出”科目的账户结构如图表 11-2 所示。

借　　　　营业外支出	贷
发生的营业外支出	期末转入“本年利润”科目的营业外支出
期末余额：无余额	

图表 11-2　“营业外支出”科目的账户结构

1. 盘亏存货

(1) 发现存货盘亏：

借：待处理财产损溢
　　贷：原材料
　　　　应交税费——应交增值税(进项税额转出)(管理不善造成的)

(2) 未找到原因的情况下：

借：营业外支出
　　贷：待处理财产损溢

2. 捐赠支出

(1) 捐赠现金：

借：营业外支出
　　贷：库存现金

(2) 捐赠原材料：

借：营业外支出
　　贷：原材料
　　　　应交税费——应交增值税(销项税额)

【例 11-8】　某企业发生原材料意外灾害损失 270 000 元，经批准全部转作营业外支出，不考虑相关税费。应编制如下会计分录：

① 发生原材料意外灾害损失时：

借：待处理财产损溢　　270 000
　　贷：原材料　　270 000

② 批准处理时：

借：营业外支出　　270 000
　　贷：待处理财产损溢　　270 000

3. 罚没支出

借：营业外支出
　　贷：银行存款/库存现金

【例 11-9】 某企业用银行存款支付税款滞纳金 30 000 元，应编制如下会计分录：

借：营业外支出　　30 000
　　贷：银行存款　　30 000

4. 处置固定资产损失

因已丧失使用功能或因自然灾害发生毁损等原因而报废清理产生的利得或损失应计入营业外收支。属于生产经营期间正常报废清理产生的处理净损失，借记“营业外支出——处置非流动资产损失”科目，贷记“固定资产清理”科目；属于生产经营期间由于自然灾害等非正常原因造成的，借记“营业外支出——非常损失”科目，贷记“固定资产清理”科目；如为净收益，借记“固定资产清理”科目，贷记“营业外收入”科目。

5. 报废无形资产损失

企业报废无形资产时，按照已计提的摊销，借记“累计摊销”科目，按照已经计提的减值，借记“无形资产减值准备”科目，按照无形资产的原值，贷记“无形资产”科目，差额在借方记入“营业外支出”科目，差额在贷方记入“营业外收入”科目。

【例 11-10】 2022 年 1 月 1 日，某公司取得一项价值 1 000 000 元的非专利技术，2032 年 1 月 1 日报废时已累计摊销 800 000 元，未计提减值准备，不考虑其他因素，报废时应编制如下会计分录：

借：累计摊销　　800 000
　　营业外支出　　200 000
　　贷：无形资产　　1 000 000

6. 期末结转营业外支出

借：本年利润
　　贷：营业外支出

结转后本科目应无余额。

【例 11-11】 某企业本期营业外支出总额为 840 000 元，期末结转本年利润，应编制如下会计分录：

借：本年利润　　840 000
　贷：营业外支出　　840 000

知识点提示

营业外收入与营业外支出对比如图表 11-3 所示。

图表 11-3　　营业外收入与营业外支出对比表

营业外收入	营业外支出
与其日常活动无直接关系的各项利得	与其日常活动无直接关系的各项损失
非流动资产(固定资产、无形资产)处置利得	非流动资产(固定资产、无形资产)处置损失
政府补助	罚款支出
盘盈(现金)利得	盘亏(固定资产)损失
捐赠利得	公益性捐赠支出
非货币性资产交换利得	非货币性资产交换损失
债务重组利得	债务重组损失
确实无法支付的应付账款	非常损失

任务二　所得税费用的核算

任务导入

会计做账的主要目的之一就是报税。为了更好地配合企业所得税申报工作，师傅让会计王丽了解一下关于所得税费用的计算问题。就这样王丽开始认真地学习有关所得税费用的核算知识。

任务要求

1. 了解会计利润与应税利润的区别
2. 了解资产的计税基础以及负债的计税基础
3. 了解暂时性差异的含义及类别
4. 了解递延所得税资产与递延所得税负债的确认与计量
5. 掌握应交所得税的计算
6. 掌握所得税费用的账务处理

知识点介绍

一、会计利润与应税利润

会计利润，又称税前会计利润或会计收益，是指一定时期内，按照符合企业会计准则的方法确认、计量的总收益或总亏损。一般来说,会计利润就是财务报告中的税前利润总额。

应税利润,又称应纳税所得额或应税收益,是指按照税法或相关法律法规规定的会计方法确认、计量的一定时期的收益,是确定应纳所得税额的基本依据。

由于计算税前会计利润是为了公允地反映企业的经营成果,计算纳税所得是为了对企业的经营所得以及其他所得进行征税。因此,会计制度与税法两者的目的不同,对收益、费用、资产、负债等确认时间和范围也不同,从而导致税前会计利润与应纳税所得额之间产生差异。

二、计税基础

计税基础是一项资产或负债据以计税的基础,是指计税时归属于该项资产或负债的金额,即按照税法的规定确认的一项资产或负债的金额。企业在取得资产、负债时,应当确定其计税基础。资产、负债的账面价值与计税基础存在差异的,应当按照规定确认所产生的递延所得税资产或递延所得税负债。

(一)资产的计税基础

资产的计税基础,是指在企业收回资产账面价值过程中,计算应纳税所得额时按照税法规定可以自应税经济利益中抵扣的金额,即某一项资产在未来期间计税时可以税前扣除的金额。从税收的角度考虑,资产的计税基础是假定企业按照税法规定进行核算所提供的资产负债表中资产的应有金额。

资产在初始确认时,其计税基础一般为取得成本。从所得税角度考虑,某一单项资产产生的所得是指该项资产产生的未来经济利益流入扣除其取得成本之后的金额。一般情况下,税法认定的资产取得成本为购入时实际支付的金额。在资产持续持有的过程中,可在未来期间税前扣除的金额是指资产的取得成本减去以前期间按照税法规定已经税前扣除的金额后的余额。如固定资产、无形资产等长期资产,在某一资产负债表日的计税基础是指其成本扣除按照税法规定已在以前期间税前扣除的累计折旧额或累计摊销额后的金额。

企业应当按照适用的税收法规规定计算确定资产的计税基础。固定资产、无形资产等的计税基础可确定如下。

1. 固定资产

以各种方式取得的固定资产,初始确认时入账价值基本上是被税法认可的,即取得时其账面价值一般等于计税基础。

固定资产在持有期间进行后续计量时,会计上的基本计量模式是“成本—累计折旧—固定资产减值准备”,税收上的基本计量模式是“成本—按照税法规定计算确定的累计折旧”。会计与税收处理的差异主要来自折旧方法、折旧年限的不同以及固定资产减值准备的计提。

(1)折旧方法、折旧年限产生的差异。会计准则规定,企业可以根据固定资产经济利益的预期实现方式合理选择折旧方法,如可以按年限平均法计提折旧,也可以按照双倍余额递减法、年数总和法等计提折旧,前提是有关的方法能够反映固定资产为企业带来经济利益的实现情况。税法一般会规定固定资产的折旧方法,除某些按照规定可以加速折旧的情况外,基本上可以税前扣除的是按照直线法计提的折旧。

另外,税法一般规定每一类固定资产的折旧年限,而账务处理时按照会计准则规定是由企业按照固定资产能够为企业带来经济利益的期限估计确定的。因为折旧年限的不同,也会产生固定资产账面价值与计税基础之间的差异。

(2) 因计提固定资产减值准备产生的差异。持有固定资产的期间内，在对固定资产计提了减值准备以后，因所计提的减值准备在计提当期不允许税前扣除，也会造成固定资产的账面价值与计税基础的差异。

【例 11-12】 无锡市弘毅股份有限公司于 2020 年 1 月 1 日开始计提折旧的某项固定资产，原价为3 000 000 元，使用年限为 10 年，采用年限平均法计提折旧，预计净残值为 0。税法规定类似固定资产采用加速折旧法计提的折旧可予税前扣除，该企业在计税时采用双倍余额递减法计提折旧，预计净残值为 0。2021 年 12 月 31 日，企业估计该项固定资产的可收回金额为 2 200 000 元。

2021 年 12 月 31 日，该项固定资产的账面价值＝3 000 000－300 000×2－200 000 ＝ 2 200 000(元)

计税基础＝3 000 000－3 000 000×20％－2 400 000×20％＝1 920 000(元)

该项固定资产账面价值 2 200 000 元与其计税基础 1 920 000 元之间的 280 000 元差额，代表着将于未来期间计入企业应纳税所得额的金额，产生未来期间应交所得税的增加，应确认为递延所得税负债。

【例 11-13】 无锡市弘毅股份有限公司于 2020 年 12 月 20 日取得某设备，成本为 16 000 000元，预计使用 10 年，预计净残值为 0，采用年限平均法计提折旧。2023 年 12 月 31 日，根据该设备生产产品的市场占有情况，无锡市弘毅股份有限公司估计其可收回金额为 9 200 000 元。假定税法规定的折旧方法、折旧年限与会计准则相同，企业的资产在发生实质性损失时可予税前扣除。

2023 年 12 月 31 日，无锡市弘毅股份有限公司该设备的账面价值＝16 000 000－1 600 000×3 ＝11 200 000(元)，可收回金额为 9 200 000 元，应当计提 2 000 000 元固定资产减值准备，计提该减值准备后，固定资产的账面价值为 9 200 000 元。

该设备的计税基础＝16 000 000－1 600 000×3 ＝11 200 000(元)

资产的账面价值 9 200 000 元小于其计税基础 11 200 000 元，产生可抵扣暂时性差异。

2. 无形资产

除内部研究开发形成的无形资产以外，以其他方式取得的无形资产，初始确认时其入账价值与税法规定的成本之间一般不存在差异。

(1) 对于内部研究开发形成的无形资产，会计准则规定有关研究开发支出分为两个阶段，研究阶段的支出应当费用化计入当期损益，而开发阶段符合资本化条件的支出应当计入所形成无形资产的成本；税法规定，自行开发的无形资产，以开发过程中该资产符合资本化条件后至达到预定用途前发生的支出为计税基础。对于研究开发费用，税法中规定可以加计扣除，即企业为开发新技术、新产品、新工艺发生的研究开发费用；未形成无形资产计入当期损益的，在据实扣除的基础上，再按照研究开发费用的 75％加计扣除；形成无形资产的，按照无形资产成本的 175％摊销。

对于内部研究开发形成的无形资产，一般情况下初始确认时按照会计准则规定确定的成本与其计税基础应当是相同的。对于享受税收优惠的研究开发支出，在形成无形资产时，按照会计准则规定确定的成本为研究开发过程中符合资本化条件后至达到预定用途前发生的支出，而因税法规定按照无形资产成本的175%摊销，则其计税基础应在会计上入账价值的基础上加计75%，因而产生账面价值与计税基础在初始确认时的差异，但如果该无形资产的确认不是产生于企业合并交易，同时在确认时既不影响会计利润也不影响应纳税所得额，按照所得税会计准则的规定，不确认该暂时性差异的所得税影响。

(2) 无形资产在后续计量时，会计与税收的差异主要产生于对无形资产是否需要摊销及无形资产减值准备的计提。会计准则规定应根据无形资产使用寿命情况，区分为使用寿命有限的无形资产和使用寿命不确定的无形资产。对于使用寿命不确定的无形资产，不要求摊销，在会计期末应进行减值测试。税法规定，企业取得无形资产的成本，应在一定期限内摊销，有关摊销额允许税前扣除。

在对无形资产计提减值准备的情况下，因所计提的减值准备不允许税前扣除，也会造成其账面价值与计税基础的差异。

【例11-14】 无锡市弘毅股份有限公司当期发生研究开发支出共计10 000 000元，其中，研究阶段支出2 000 000元，开发阶段符合资本化条件前发生的支出为2 000 000元，符合资本化条件后发生的支出为6 000 000元。假定开发形成的无形资产在当期期末已达到预定用途，但尚未进行摊销。

无锡市弘毅股份有限公司当年发生的研究开发支出中，按照会计规定应予费用化的金额为4 000 000元，形成无形资产的成本为6 000 000元，即期末所形成无形资产的账面价值为6 000 000元。

无锡市弘毅股份有限公司于当期发生的10 000 000元研究开发支出，按照税法规定可在税前扣除的金额为7 000 000元(4 000 000×175%)。对于按照会计准则规定形成无形资产的部分，税法规定按照无形资产成本的175%作为计算未来期间摊销额的基础，即该项无形资产在初始确认时的计税基础为1 050 000元(6 000 000×175%)。

该项无形资产的账面价值6 000 000元与其计税基础1 050 000元之间的差额4 500 000元为暂时性差异。该差异产生于无形资产的初始确认，并非产生于企业合并，在初始确认时既不影响会计利润，也不影响应纳税所得额，因此，不确认其所得税影响。

【例11-15】 无锡市弘毅股份有限公司于2020年1月1日取得某项无形资产，成本为6 000 000元。企业根据各方面情况判断，无法合理预计其带来未来经济利益的期限，作为使用寿命不确定的无形资产。2020年12月31日，对该项无形资产进行减值测试表明未发生减值。企业在计税时，对该项无形资产按照10年的期间摊销，有关摊销额允许税前扣除。

会计上将该项无形资产作为使用寿命不确定的无形资产，在未发生减值的情况下，其账面价值为取得成本6 000 000元。

该项无形资产在2020年12月31日的计税基础为5 400 000元(6 000 000—600 000)。

该项无形资产的账面价值6 000 000元与其计税基础5 400 000元之间的差额600 000元将计入未来期间的应纳税所得额，产生未来期间企业所得税税款流出的增加，为应纳税暂时性差异。

3. 以公允价值计量且其变动计入当期损益的金融资产

按照《企业会计准则第22号——金融工具确认和计量》的规定，对于以公允价值计量且其变动计入当期损益的金融资产，其于某一会计期末的账面价值为公允价值，如果税法规定按照会计准则确认的公允价值变动损益在计税时不予考虑，即有关金融资产在某一会计期末的计税基础为其取得成本，会造成该类金融资产账面价值与计税基础之间的差异。

【例 11-16】 无锡市弘毅股份有限公司 2020 年 7 月以 520 000 元取得乙公司股票 50 000 股作为以公允价值计量且其变动计入当期损益的金融资产核算。2020 年 12 月 31 日，无锡市弘毅股份有限公司尚未出售所持有乙公司股票，乙公司股票公允价值为每股 12.4 元。税法规定，资产在持有期间公允价值的变动不计入当期应纳税所得额，待处置时一并计算应计入应纳税所得额的金额。

作为以公允价值计量且其变动计入当期损益的金融资产的乙公司股票在 2020 年 12 月 31 日的账面价值为 620 000 元(12.4×50 000)，其计税基础为原取得成本不变，即520 000 元，两者之间产生 100 000 元的应纳税暂时性差异。

(二) 负债的计税基础

负债的计税基础，是指负债的账面价值减去未来期间计算应纳税所得额时按照税法规定可予抵扣的金额，即假定企业按照税法规定进行核算，在其按照税法规定确定的资产负债表上有关负债的应有金额。

负债的确认与偿还一般不会影响企业未来期间的损益，也不会影响其未来期间的应纳税所得额，因此未来期间计算应纳税所得额时按照税法规定可予抵扣的金额为 0，计税基础即为账面价值，如企业的短期借款、应付账款等。但是，某些情况下，负债的确认可能会影响企业的损益，进而影响不同期间的应纳税所得额，使其计税基础与账面价值之间产生差额，如按照会计规定确认的某些预计负债。

1. 预计负债

按照《企业会计准则第 13 号——或有事项》的规定，企业应将预计提供售后服务发生的支出在销售当期确认为费用，同时确认预计负债。如果税法规定，与销售产品相关的支出应于发生时税前扣除。因该类事项产生的预计负债在期末的计税基础为其账面价值与未来期间可税前扣除的金额之间的差额，因有关的支出实际发生时可全额税前扣除，其计税基础为 0。

因其他事项确认的预计负债，应按照税法规定的计税原则确定其计税基础。某些情况下，某些事项确认的预计负债，税法规定其支出无论是否实际发生均不允许税前扣除，即未来期间按照税法规定可予抵扣的金额为 0，则其账面价值与计税基础相同。

【例 11-17】 无锡市弘毅股份有限公司 2020 年因销售产品承诺提供 3 年的保修服务，在当年年度利润表中确认了 8 000 000 元销售费用，同时确认为预计负债，当年度发生保修支出 2 000 000 元，预计负债的期末余额为 6 000 000 元。假定税法规定，与产品售后服务相关的费用可以在实际发生时税前扣除。

该项预计负债在甲公司 2020 年 12 月 31 日的账面价值为 6 000 000 元。

该项预计负债的计税基础＝账面价值－未来期间计算应纳税所得额时按照税法规定可予抵扣的金额＝6 000 000－6 000 000＝0

【例 11-18】 2021 年 10 月 5 日，无锡市弘毅股份有限公司因为乙公司银行借款提供担保，乙公司未如期偿还借款，而被银行提起诉讼，要求其履行担保责任；12 月 31 日，该案件尚未结案。无锡市弘毅股份有限公司预计很可能履行的担保责任为 3 000 000 元。假定税法规定,企业为其他单位债务提供担保发生的损失不允许在税前扣除。

2021 年 12 月 31 日,该项预计负债的账面价值为 3 000 000 元,计税基础为 3 000 000 元(3 000 000—0)。该项预计负债的账面价值等于计税基础,不产生暂时性差异。

2. 合同负债

企业在收到客户预付的款项时,因不符合收入确认条件,会计上将其确认为负债。税法对于收入的确认原则一般与会计规定相同,即会计上未确认收入时,计税时一般亦不计入应纳税所得额,该部分经济利益在未来期间计税时可予税前扣除的金额为 0,计税基础等于账面价值。

如果不符合会计准则规定的收入确认条件,但按照税法规定应计入当期应纳税所得额时,未来期间无须纳税,有关合同负债的计税基础为 0。

3. 应付职工薪酬

会计准则规定,企业为获得职工提供的服务给予的各种形式的报酬以及其他相关支出均应作为企业的成本、费用,在未支付之前确认为负债。税法对于合理的职工薪酬基本允许税前扣除,相关应付职工薪酬负债的账面价值等于计税基础。

4. 其他负债

企业的其他负债项目,如应交的罚款和滞纳金等,在尚未支付之前按照会计规定确认为费用,同时作为负债反映。税法规定,罚款和滞纳金不允许税前扣除,其计税基础为账面价值减去未来期间计税时可予税前扣除的金额 0 之间的差额,即计税基础等于账面价值。

【例 11-19】 无锡市弘毅股份有限公司因未按照税法规定缴纳税金,按规定需在 2020 年缴纳滞纳金 1 000 000 元,至 2020 年 12 月 31 日,该款项尚未支付,形成其他应付款 1 000 000 元。税法规定,企业因违反国家法律、法规规定缴纳的罚款、滞纳金不允许税前扣除。

因应缴滞纳金形成的其他应付款账面价值为 1 000 000 元,因税法规定该支出不允许税前扣除,其计税基础=1 000 000—0=1 000 000(元)。

对于罚款和滞纳金支出,会计与税收规定存在差异,但该差异仅影响发生当期,对未来期间计税不产生影响,因而不产生暂时性差异。

三、暂时性差异

(一) 基本界定

暂时性差异是指资产、负债的账面价值与其计税基础不同产生的差额。其中,账面价值是指按照会计准则规定确定的有关资产、负债在资产负债表中应列示的金额。由于资产、负债的账面价值与其计税基础不同,产生了在未来收回资产或清偿负债的期间,应纳税所得额增加或减少并导致未来期间应交所得税增加或减少的情况,在这些暂时性差异发生的当期,一般应当确认相应的递延所得税负债或递延所得税资产。

(二) 暂时性差异的分类

根据暂时性差异对未来期间应纳税所得额的影响,分为应纳税暂时性差异和可抵扣暂时性差异。

1. 应纳税暂时性差异

该差异在未来期间转回时，会增加转回期间的应纳税所得额，即在未来期间不考虑该事项影响的应纳税所得额的基础上，由于该暂时性差异的转回，会进一步增加转回期间的应纳税所得额和应交所得税金额。在应纳税暂时性差异产生当期、应当确认相关的递延所得税负债。

应纳税暂时性差异通常产生于以下情况：

(1) 资产的账面价值大于其计税基础。一项资产的账面价值代表的是企业在持续使用或最终出售该项资产时会取得的经济利益的总额，而计税基础代表的是一项资产在未来期间可予税前扣除的总金额。资产的账面价值大于其计税基础，该项资产未来期间产生的经济利益不能全部税前抵扣，两者之间的差额需要交所得税，产生应纳税暂时性差异。

(2) 负债的账面价值小于其计税基础。一项负债的账面价值为企业预计在未来期间清偿该项负债时的经济利益流出，而其计税基础代表的是账面价值在扣除税法规定未来期间允许税前扣除的金额之后的差额。因负债的账面价值与其计税基础不同产生的暂时性差异，实质上是税法规定就该项负债在未来期间可以税前扣除的金额。负债的账面价值小于其计税基础，则意味着就该项负债在未来期间可以税前抵扣的金额为负数，即应在未来期间应纳税所得额的基础上调增，增加应纳税所得额和应交所得税金额，产生应纳税暂时性差异，应确认相关的递延所得税负债。

2. 可抵扣暂时性差异

该差异在未来期间转回时会减少转回期间的应纳税所得额，减少未来期间的应交所得税。在可抵扣暂时性差异产生当期、符合确认条件的情况下，应当确认相关的递延所得税资产。

可抵扣暂时性差异一般产生于以下情况：

(1) 资产的账面价值小于其计税基础。从经济含义来看，资产在未来期间产生的经济利益少，按照税法规定允许税前扣除的金额多，则企业在未来期间可以减少应纳税所得额并减少应交所得税。

(2) 负债的账面价值大于其计税基础。负债产生的暂时性差异实质上是税法规定就该项负债可以在未来期间税前扣除的金额。一项负债的账面价值大于其计税基础，意味着未来期间按照税法规定构成负债的全部或部分金额可以自未来应税经济利益中扣除，减少未来期间的应纳税所得额和应交所得税。

值得关注的是，对于按照税法规定可以结转以后年度的未弥补亏损及税款抵减，虽不是因资产、负债的账面价值与计税基础不同产生的，但本质上可抵扣亏损和税款抵减与可抵扣暂时性差异具有同样的作用，均能够减少未来期间的应纳税所得额，进而减少未来期间的应交所得税，在会计处理上，视同可抵扣暂时性差异，符合条件的情况下，应确认相关的递延所得税资产。

3. 特殊项目产生的暂时性差异

某些交易或事项发生以后，因为不符合资产、负债的确认条件而未体现为资产负债表中的资产或负债，但按照税法规定能够确定其计税基础的，其账面价值与计税基础之间的差异也构成暂时性差异。例如，企业发生的符合条件的广告费和业务宣传费支出，除税法另有规定外，不超过当年销售收入15%的部分准予扣除；超过部分准予在以后纳税年度结转扣除。该类支出在发生时按照会计准则规定即计入当期损益，不形成资产负债表中的资产，但因按照税法规定可以确定其计税基础，两者之间的差异也形成暂时性差异。

【例11-20】 无锡市弘毅股份有限公司2022年发生广告费10 000 000元，至年末已全额支付给广告公司。税法规定，企业发生的广告费、业务宣传费不超过当年销售收入15%的部分允许税前扣除，超过部分允许结转以后年度税前扣除。2022年实现销售收入60 000 000元。

因广告费支出形成的资产的账面价值为0，其计税基础＝10 000 000－60 000 000×15%＝1 000 000(元)。

广告费支出形成的资产的账面价值0与其计税基础1 000 000元之间形成1 000 000元可抵扣暂时性差异。

按照税法规定可以结转以后年度的未弥补亏损及税款抵减，虽不是因资产、负债的账面价值与计税基础不同产生的，但本质上与可抵扣暂时性差异具有同样的作用，均能够减少未来期间的应纳税所得额和应交所得税，会计处理上视同可抵扣暂时性差异，在符合确认条件的情况下，应确认与其相关的递延所得税资产。

四、递延所得税的确认与计量

(一) 递延所得税资产的确认与计量

1. 递延所得税资产的确认

资产、负债的账面价值与其计税基础不同产生可抵扣暂时性差异的，在估计未来期间能够取得足够的应纳税所得额用以递减该可抵扣暂时性差异时，应当以很可能取得用来抵扣可抵扣暂时性差异的应纳税所得额为限，确认相关的递延所得税资产。

(1) 确认递延所得税资产时，应估计相关可抵扣暂时性差异的转回时间，采用转回期间适用的所得税税率为基础计算确定。无论相关的可抵扣暂时性差异转回期间如何，递延所得税资产均不予折现。

(2) 资产负债表日，企业应当对递延所得税资产的账面价值进行复核。如果未来期间很可能无法取得足够的应纳税所得额用以抵减递延所得税资产的利益，应当减记递延所得税资产的账面价值。递延所得税资产的账面价值减记以后，继后期间根据新的环境和情况判断能够产生足够的应纳税所得额抵减可抵扣暂时性差异，使得递延所得税资产包含的经济利益能够实现的，应相应恢复递延所得税资产的账面价值。

计算公式如下：

递延所得税资产＝可抵扣暂时性差异×转回期间适用的所得税税率

(二) 递延所得税负债的确认与计量

应纳税暂时性差异在转回期间将增加未来期间的应纳税所得额和应交所得税，导致企业经济利益的流出，从其发生当期看，构成企业应支付税金的义务，应作为负债确认。

1. 递延所得税负债的确认

除企业会计准则中明确规定可不确认递延所得税负债的情况以外，企业对于所有的应纳税暂时性差异均应确认相关的递延所得税负债。除直接计入所有者权益的交易或事项以及企业合并外，在确认递延所得税负债的同时，应增加利润表中的所得税费用。

2. 递延所得税负债的计量

递延所得税负债应以相关应纳税暂时性差异转回期间适用的所得税税率计量。在我国，除享受优惠政策的情况以外，企业适用的所得税税率在不同年度之间一般不会发生变化，企业在确认递延所得税负债时，可以现行适用所得税税率为基础计算确定。对于享受优惠政策的企业，如国家需要重点扶持的高新技术企业，享受一定时期的税率优惠，则所产生的暂时性差异应以预计其转回期间的适用所得税税率为基础计量。另外，无论应纳税暂时性差异的转回期间如何，递延所得税负债不要求折现。

计算公式如下：

递延所得税负债＝应纳税暂时性差异×转回期间适用的所得税税率

五、应交所得税的计算

应交所得税是指企业按照税法规定计算确定的针对当期发生的交易和事项，应缴纳给税务机关的企业所得税，又称当期应交所得税、当期所得税、当期所得税费用。

企业当期应交所得税的计算公式为：

应交所得税＝应纳税所得额×所得税税率

其中，应纳税所得额是在企业税前会计利润（即利润总额）的基础上调整确定的，计算公式为：

应纳税所得额＝税前会计利润（即利润总额）＋纳税调整增加额－纳税调整减少额

纳税调整增加额主要包括以下两部分：

(1) 税法规定允许扣除项目中，企业已计入当期费用但超过税法规定扣除标准的金额，如超过税法规定标准的职工福利费、工会经费、职工教育经费、业务招待费、公益性捐赠支出、广告费和业务宣传费等。

(2) 企业已计入当期损失但税法规定不允许扣除项目的金额，如税收滞纳金、罚金、罚款。

知识点提示

1. 税法规定扣除的标准：

(1) 职工福利费、工会经费、职工教育经费的扣除限额：工资的14%、2%、8%。

(2) 业务招待费：按照发生额的60%扣除，但最高不得超过当年销售（营业）收入的5‰。

(3) 广告费和业务宣传费：销售（营业）收入的15%以内据实扣除。

2. 企业已计入当期损失但税法规定不允许扣除的项目：

(1) 税收滞纳金、罚款、罚金（不包括违约金）。

(2) 计提的各种资产的减值准备、坏账准备。

纳税调整减少额主要包括按税法规定允许弥补的亏损和准予免税的项目，如前5年内未弥补亏损和国债利息收入等。

【例11-21】 无锡市弘毅股份有限公司本年度按企业会计准则计算的利润总额(即税前会计利润)为1 600 000元，所得税税率为25%。无锡市弘毅股份有限公司全年实发工资、薪金为200 000元，职工福利费30 000元，工会经费5 000元，职工教育经费19 000元；经查，无锡市弘毅股份有限公司当年营业外支出中有50 000元为税收滞纳罚金。假设无锡市弘毅股份有限公司全年无其他纳税调整因素。根据上述业务计算无锡市弘毅股份有限公司当期应交所得税。

按税法规定，职工福利费支出的扣除限额＝200 000×14%＝28 000(元)，由于30 000＞28 000，因此，企业可以扣除的职工福利费支出＝28 000(元)；

工会经费支出的扣除限额＝200 000×2%＝4 000(元)，由于5 000＞4 000(元)，因此，企业可以扣除的工会经费支出＝4 000(元)；

职工教育经费支出的扣除限额＝200 000×8%＝16 000(元)，由于19 000＞16 000，因此，企业可以扣除的职工教育经费支出＝16 000(元)；

无锡市弘毅股份有限公司当期所得税的计算如下：

纳税调增额＝(30 000－28 000)＋(5 000－4 000)＋(19 000－16 000)＋50 000 ＝56 000 (元)

应纳税所得额＝1 600 000＋56 000＝1 656 000(元)

当期应交所得税＝1 656 000×25%＝414 000(元)

【例11-22】 无锡市弘毅股份有限公司本年全年利润总额(即税前会计利润)为800 000元，其中包括本年收到的国债利息收入60 000元，所得税税率为25%。假设无锡市弘毅股份有限公司全年无其他纳税调整因素。根据上述业务计算无锡市弘毅股份有限公司当期应交所得税。

按照税法的有关规定，企业购买国债的利息收入免征所得税，即在计算应纳税所得额时可将其从利润总额中扣除。无锡市弘毅股份有限公司当期所得税的计算如下：

应纳税所得额＝800 000－60 000＝740 000(元)

当期应交所得税＝1 656 000×25%＝185 000(元)

六、所得税费用的账务处理

根据企业会计准则的规定，当期所得税和递延所得税之和即为应从当期利润总额中扣除的所得税费用。计算公式如下：

$$\text{所得税费用}=\text{当期所得税}+\text{递延所得税}$$

$$\text{当期所得税}=\text{当期应交所得税}=\text{应纳税所得额}\times\text{所得税税率}$$

$$\begin{matrix}\text{递延}\\\text{所得税}\end{matrix}=\left(\begin{matrix}\text{递延所得税}\\\text{负债的期末数}\end{matrix}-\begin{matrix}\text{递延所得税}\\\text{负债的期初数}\end{matrix}\right)-\left(\begin{matrix}\text{递延所得税资}\\\text{产的期末数}\end{matrix}-\begin{matrix}\text{递延所得税}\\\text{资产的期初数}\end{matrix}\right)$$

企业应当设置“所得税费用”科目，核算企业所得税费用的确认及其结转情况。“所得税费用”科目的账户结构如图表11-4所示。

借	所得税费用 贷
发生的所得税费用	期末转入“本年利润”科目的所得税费用
期末余额：无余额	

图表 11-4　“所得税费用”科目的账户结构

期末，企业应将“所得税费用”科目的余额转入“本年利润”科目，借记“本年利润”科目，贷记“所得税费用”科目，结转后本科目应无余额。

【例 11-23】　承[例 11-21]，无锡市弘毅股份有限公司递延所得税负债年初数为 30 000 元，年末数为 60 000 元，递延所得税资产年初数为 28 000 元，年末数为 20 000 元。根据上述业务计算出所得税费用并编制会计分录。

无锡市弘毅股份有限公司所得税费用的计算如下：

递延所得税＝(60 000－30 000)－(20 000－28 000)＝38 000(元)

所得税费用＝当期所得税＋递延所得税＝414 000＋38 000＝452 000(元)

无锡市弘毅股份有限公司应编制如下会计分录：

确认所得税费用时：

借：所得税费用	452 000	
贷：应交税费——应交所得税		414 000
递延所得税负债		30 000
递延所得税资产		8 000

期末，将“所得税费用”科目的余额转入“本年利润”科目时：

借：本年利润	452 000	
贷：所得税费用		452 000

【例 11-24】　无锡市弘毅股份有限公司 2020 年度利润表中利润总额为 12 000 000 元，该公司适用的所得税税率为 25%，预计未来期间适用的所得税税率不会发生变化，未来期间能够产生足够的应纳税所得额用以抵扣可抵扣暂时性差异。递延所得税资产及递延所得税负债不存在期初余额。

该公司 2020 年发生的有关交易和事项中，会计处理与税收处理存在差别的有：

(1) 2019 年 12 月 31 日取得一项固定资产，成本为 6 000 000 元，使用年限为 10 年，预计净残值为 0，会计处理按双倍余额递减法计提折旧，税收处理按直线法计提折旧。假定税法规定的使用年限及预计净残值与会计规定相同。

(2) 向关联企业捐赠现金 2 000 000 元。

(3) 当年度发生研究开发支出 5 000 000 元，较上年度增长 20%。其中 3 000 000 元予以资本化；截至 2020 年 12 月 31 日，该研发资产仍在开发过程中。假定税法规定，企业费用化的研究开发支出按 175%税前扣除，资本化的研究开发支出按资本化金额的 175%确定应予摊销的金额。

(4) 应付违反环保法规定罚款 1 000 000 元。

(5) 期末对持有的存货计提了 300 000 元的存货跌价准备，该存货原值 8 300 000 元。

计算无锡市弘毅股份有限公司2020年所得税费用金额，并编制相应会计分录。

① 2020年度当期应交所得税：

应纳税所得额＝12 000 000＋(6 000 000÷10×2－6 000 000÷10)＋2 000 000－(5 000 000－3 000 000)×75%＋1 000 000＋300 000＝14 400 000(元)

应交所得税＝14 400 000×25%＝3 600 000(元)

② 2020年度递延所得税：

该公司2020年资产负债表相关项目金额及其计税基础如图表11-5所示。

图表11-5　相关项目金额及其计税基础

单位：元

项　目	账面价值	计税基础	差　异	
			应纳税暂时性差异	可抵扣暂时性差异
存　货	8 000 000	8 300 000		300 000
固定资产	25 400 000	26 000 000		600 000
开发支出	3 000 000	5 250 000		2 250 000
其他应付款	1 000 000	1 000 000		
总　计				2 400 000

由于存货和固定资产的账面价值与其计税基础不同，产生可抵扣暂时性差异900 000元，应确认递延所得税收益＝900 000×25%＝225 000(元)。资本化开发支出3 000 000元及所形成无形资产在初始确认时，其账面价值3 000 000元与计税基础5 250 000元(3 000 000 ×175%)即存在差异。该差异不产生于企业合并，同时在产生时既不影响会计利润也不影响应纳税所得额，因此，不确认与该暂时性差异相关的所得税影响。

③ 利润表中应确认的所得税费用

所得税费用＝36 000 000－225 000＝1 350 000(元)

借：所得税费用　　1 350 000

　　递延所得税资产　　225 000

　　贷：应交税费——应交所得税　　36 000 000

任务三　本年利润及利润分配的核算

任务导入

今天是年末，师傅一边指导会计王丽进行日常的账务处理，一边指导王丽如何进行本年利润以及利润分配账户的结转。就这样在师傅的带领下，王丽开始对本年利润以及利润分配的核算知识进行认真的学习。

任务要求

1. 了解结转本年利润的方法
2. 掌握结转本年利润的账务处理
3. 了解利润分配的一般程序
4. 掌握利润分配的计量

知识点介绍

一、本年利润的结转方法

(一) 结转本年利润的方法

会计期末结转本年利润的方法有表结法和账结法两种。

1. 表结法

采用表结法时,各损益类科目每月月末只需结计出本月发生额和月末累计余额,不结转到"本年利润"科目,只有在年末时才将各损益类科目全年累计余额一次性结转到"本年利润"科目。但每月月末要将损益类科目的本月发生额合计数填入利润表的本月数栏,同时将每月月末累计余额填入利润表的本年累计数栏,通过利润表来计算反映各期实现的利润(或亏损)。

表结法的特点:年中(平时)损益类科目无需结转到"本年利润"科目,这样大大减少了转账环节及其相应的工作量,同时也并不影响利润表的编制和有关损益数据的利用。

2. 账结法

采用账结法时,每月月末均需编制转账凭证,将在账上结计出的各损益类科目的余额结转入"本年利润"科目。结转后,"本年利润"科目的本月余额反映当月实现的利润或发生的亏损,"本年利润"的本年余额反映本年累计实现的利润或发生的亏损。

账结法的特点:账结法在平时的每月均可通过"本年利润"科目提供当月及本年累计实现的利润(或发生的亏损),但却大大增加了转账环节及其相应的工作量。

二、结转本年利润的账务处理

企业应当设置"本年利润"科目,核算企业本年度实现的净利润(或发生的净亏损)。一个会计年度终了,企业应将各收益类科目的余额转入"本年利润"科目的贷方,将各成本、费用类科目的余额转入"本年利润"科目的借方。结转后,"本年利润"科目如为贷方余额,反映本年度自年初开始累计发生的净利润;如为借方余额,反映本年度自年初开始累计发生的净亏损。年度终了,应将"本年利润"科目的全部累计余额转入"利润分配"科目。如为净利润,借记"本年利润"科目,贷记"利润分配"科目;如为净亏损,编制相反会计分录。年度结转后,"本年利润"科目无余额。具体账务处理如下:

(1) 将收入、利得等科目的余额分别转入"本年利润"科目的贷方。

借:主营业务收入
　　其他业务收入
　　营业外收入
　　贷:本年利润

（2）将费用、损失等科目的余额转入“本年利润”的借方。

借：本年利润

　　贷：主营业务成本

　　　　其他业务成本

　　　　税金及附加

　　　　销售费用

　　　　管理费用

　　　　财务费用

　　　　资产减值损失

　　　　营业外支出

（3）将“公允价值变动损益”“投资收益”“资产处置损益”“其他收益”科目的余额转入“本年利润”科目。

借：公允价值变动损益

　　投资收益

　　资产处置损益

　　其他收益

　　贷：本年利润

（如为借方余额，作相反的会计分录）

（4）结转后“本年利润”科目如为借方余额，表示当年发生亏损；如为贷方余额，表示当年实现盈利。若实现盈利，应当根据适用的企业所得税税率计算并结转所得税费用。

借：所得税费用

　　贷：应交税费——应交所得税

借：本年利润

　　贷：所得税费用

（5）年度终了，企业还应将“本年利润”科目的本年累计余额转入“利润分配——未分配利润”科目

借：本年利润

　　贷：利润分配——未分配利润

（如为借方余额，作相反的会计分录）

【例 11-25】 无锡市弘毅股份有限公司 2020 年有关损益类科目的年末余额如图表 11-6 所示（该企业采用表结法年末一次结转损益类科目，所得税税率为 25%）。

图表 11-6　　2020 年有关损益类科目的年末余额

单位：元

科目名称	借或贷	结账前余额
主营业务收入	贷	6 000 000
其他业务收入	贷	700 000
公允价值变动损益	贷	150 000

（续表）

科目名称	借或贷	结账前余额
投资收益	贷	600 000
营业外收入	贷	50 000
主营业务成本	借	4 000 000
其他业务成本	借	400 000
税金及附加	借	80 000
销售费用	借	500 000
管理费用	借	770 000
财务费用	借	200 000
资产减值损失	借	100 000
营业外支出	借	250 000

无锡市弘毅股份有限公司 2020 年年末结转本年利润应编制如下会计分录：

（1）将各损益类科目年末余额结转入“本年利润”科目：

① 结转各项收入、利得类科目：

借：主营业务收入　　6 000 000
　　其他业务收入　　700 000
　　公允价值变动损益　　150 000
　　投资收益　　600 000
　　营业外收入　　50 000
　　贷：本年利润　　7 500 000

② 结转各项费用、损失类科目：

借：本年利润　　6 300 000
　　贷：主营业务成本　　4 000 000
　　　　其他业务成本　　400 000
　　　　税金及附加　　80 000
　　　　销售费用　　500 000
　　　　管理费用　　770 000
　　　　财务费用　　200 000
　　　　资产减值损失　　100 000
　　　　营业外支出　　250 000

（2）经过上述结转后，“本年利润”科目的贷方发生额合计 7 500 000 元，减去借方发生额合计6 300 000 元，即为税前会计利润 1 200 000 元。

（3）假设无锡市弘毅股份有限公司 2020 年度不存在所得税纳税调整因素。

（4）应交所得税＝1 200 000×25%＝300 000(元）

① 确认所得税费用：

借：所得税费用　　300 000
　　贷：应交税费——应交所得税　　300 000

② 将所得税费用结转入"本年利润"科目：

借：本年利润　　300 000
　　贷：所得税费用　　300 000

(5) 将"本年利润"科目年末余额 900 000 元(7 500 000－6 300 000－300 000)转入"利润分配——未分配利润"科目：

借：本年利润　　900 000
　　贷：利润分配——未分配利润　　900 000

三、利润分配的一般程序

企业当期实现的净利润，加上年初未分配利润（或减去年初未弥补亏损）和其他转入后的余额，为可供分配的利润。

可供分配利润一般应按以下顺序分配：

(1) 弥补企业以前年度亏损。企业发生的年度亏损，可以用下一年度的税前利润等弥补。下一年度利润不足弥补的，可以在 5 年内延续弥补。5 年内不足弥补的，改用企业的税后利润弥补，也可以用以前年度提取的盈余公积弥补。企业以前年度亏损未弥补完，不得提取法定盈余公积金。在提取法定盈余公积金前，不得向投资者分配利润。

(2) 提取法定盈余公积金。法定盈余公积金是企业按照本年实现净利润（扣除前一项）的一定比例提取，股份公司按照《公司法》的规定按 10%的比例提取，其他企业可以根据需要确定提取比例，但至少应按 10%提取。法定盈余公积金已达注册资金的 50%时，可不再提取。

外商投资企业应当按照法律、行政法规的规定按净利润提取储备基金、企业发展基金、职工奖励及福利基金等。

(3) 分配可供投资者分配的利润。可供分配的利润减去提取的法定盈余公积金后，为可供投资者分配的利润。可供投资者分配的利润，按下列顺序分配：

① 支付优先股股利。股份公司按股东会决议支付优先股的股利（此项内容只限股份公司）。

② 提取任意盈余公积金。股份公司按照公司章程或者股东会决议提取和使用任意盈余公积金（此项内容只限股份公司）。

③ 支付普通股股利（或向投资者分配利润）。企业以前年度未分配利润，可以并入本年度向投资者分配。股份公司当年无利润时，不得分配利润，但在用盈余公积金弥补亏损后，经股东会特别决议，可以按照不超过股票面值 6%的比率用盈余公积金分配股利，在分配股利后，企业法定盈余公积金不得低于注册资金的 25%。

四、利润分配的计量

企业应设置"利润分配"账户，核算企业利润的分配（或亏损的弥补）和历年分配（或弥补）后的积存余额。该账户应当分别"提取法定盈余公积""提取任意盈余公积""应付现金股利或利润""转作股本的股利""盈余公积补亏"和"未分配利润"等进行明细核算。

(1) 企业按规定提取的盈余公积，借记本科目（提取法定盈余公积、提取任意盈余公积)，贷记“盈余公积——法定盈余公积(或任意盈余公积)”科目。

(2) 经股东大会或类似机构决议，按分配给股东或投资者的现金股利或利润，借记本科目(应付现金股利或利润)，贷记“应付股利”科目。

经股东大会或类似机构决议，分配给股东的股票股利，应在办理增资手续后，借记本科目(转作股本的股利)，贷记“股本”科目。

(3) 用盈余公积弥补亏损，借记“盈余公积——法定盈余公积(或任意盈余公积)”科目，贷记本科目(盈余公积补亏)。

(4) 年度终了，企业应将全年实现的净利润，自“本年利润”科目转入“利润分配——未分配利润”科目，并将“利润分配”科目下的其他有关明细科目的余额转入“未分配利润”明细科目。结转后，“未分配利润”明细科目的贷方余额，就是累计未分配利润的利润数额；如为借方余额，则表示累计未弥补的亏损数额。结转后，本科目除“未分配利润”明细科目外，其他明细科目无余额。

【例 11-26】 2020 年 12 月 31 日，无锡市弘毅股份有限公司年初未分配利润为 0，本年实现净利润 2 180 000 元，本年提取法定盈余公积 218 000 元，宣告发放现金股利 1 000 000 元。

(1) 结转本年利润：

借：本年利润	2 180 000	
贷：利润分配——未分配利润		2 180 000

如企业当年发生亏损，则应借记“利润分配——未分配利润”科目，贷记“本年利润”科目。

(2) 提取法定盈余公积、宣告发放现金股利：

借：利润分配——提取法定盈余公积	218 000	
——应付现金股利	1 000 000	
贷：盈余公积——法定盈余公积		218 000
应付股利		1 000 000

同时：

借：利润分配——未分配利润	1 218 000	
贷：利润分配——提取法定盈余公积		218 000
——应付现金股利		1 000 000

结转后，如果“未分配利润”明细科目的余额在贷方，表示累计未分配的利润；如果余额在借方，则表示累计未弥补的亏损。本例中，“利润分配——未分配利润”明细科目的余额在贷方，此贷方余额 962 000 元(本年利润 2 180 000 元－提取法定盈余公积 218 000 元－支付现金股利 1 000 000 元)即为无锡市弘毅股份有限公司本年年末的累计未分配利润。

课后练习　　项目实操

项目十二

财务报表的编制

项目引领

项目目标

理论目标

（一）理解财务报告的含义、分类及附注的内容

（二）明确各种财务报表的构成，掌握会计报表各项目的填报方法

（三）明确相关财务报表之间的勾稽关系

实务目标

（一）能够编制资产负债表、利润表、所有者权益变动表

（二）能够理解现金流量表，能够编制附注

任务一　资产负债表的编制

任务导入

结账结束了！今天师傅开始指导会计王丽编制财务报表，这第一张要编制的财务报表当然是资产负债表。就这样，在师傅的指导下王丽开始对资产负债表的编制进行认真的学习。

任务要求

1. 了解财务报告的含义及其作用
2. 了解财务报表的含义及分类
3. 了解财务报表列报的基本要求
4. 了解资产负债表的定义及作用
5. 了解资产负债表的结构
6. 掌握资产负债表的填列方法
7. 掌握资产负债表各项目的具体填列方法

知识点介绍

一、财务报告的含义及其作用

(一) 财务报告的含义

财务报告(又称财务会计报告)是指企业对外提供的反映企业某一特定日期的财务状况和某一会计期间的经营成果、现金流量等会计信息的文件。财务报告包括财务报表和其他应当在财务报告中披露的相关信息和资料。

财务报告至少包括以下几层含义:①财务报告应当是对外报告,其服务对象主要是投资者、债权人等外部使用者,专门为了内部管理需要的报告不属于财务报告的范畴;②财务报告应当综合反映企业的生产经营状况,包括某一时点的财务状况和某一时期的经营成果与现金流量等信息,以勾画出企业经营情况的整体和全貌;③财务报告必须形成一套系统的文件,不应是零星的或者不完整的信息。

(二) 财务报告的作用

财务报告是企业提供会计信息的一种重要的方法和手段。企业定期编制财务报告具有重要作用,主要表现在以下几个方面:

(1) 为国家经济管理部门进行宏观调控和管理提供重要信息。国家有关部门为了加强宏观经济管理,需要各单位提供财务报告资料,以便通过汇总分析,了解和掌握各部门、各地区社会发展和国民经济计划的完成情况及各种财经法规制度的贯彻执行情况,并针对存在的问题，及时采取措施，调控经济活动，优化资源配置。

（2）为企业的投资者和债权人进行决策提供重要信息。企业的投资者和债权人，包括潜在的投资者和债权人，为了进行正确的投资决策和信贷决策，需要利用财务报告提供的信息，了解企业的财务状况和经营成果，以防止作出错误的决策。

（3）为企业加强和改善经营管理提供重要信息。企业管理者为了分析和考核本企业的生产经营活动状况和财务成本计划的完成情况，总结生产经营活动的成绩，找出存在的问题，评价经济效益，需要利用财务报告提供的有关财务状况、经营成果和现金流量等情况的信息。

二、财务报表的含义及分类

（一）财务报表的含义及构成

财务报表是会计要素确认、计量的结果和综合性描述，会计准则中对会计要素确认、计量过程中所采用的各项会计政策被企业实际应用后将有助于企业可持续发展，反映企业管理层受托责任的履行情况。

财务报表由报表本身及其附注两部分构成。一套完整的财务报表至少应当包括"四表一注"，即资产负债表、利润表、现金流量表、所有者权益（或股东权益，下同）变动表以及附注。

（1）资产负债表是反映企业在某一特定日期的财务状况的报表。企业编制资产负债表的目的是通过如实反映企业的资产、负债和所有者权益金额及其结构情况，从而有助于使用者评价企业资产的质量以及短期偿债能力、长期偿债能力、利润分配能力等。

（2）利润表是反映企业在一定会计期间的经营成果和综合收益的报表。企业编制利润表的目的是通过如实反映企业实现的收入、发生的费用以及应当计入当期利润的利得和损失，其他综合收益、综合收益等金额及其结构情况，从而有助于使用者分析评价企业的盈利能力及其构成与质量。

（3）现金流量表是反映企业在一定会计期间的现金和现金等价物流入和流出的报表。企业编制现金流量表的目的是通过如实反映企业各项活动的现金流入和现金流出，从而有助于使用者评价企业生产经营过程特别是经营活动中所形成的现金流量和资金周转情况。

（4）所有者权益变动表是反映构成企业所有者权益的各组成部分当期的增减变动情况的报表。所有者权益变动表应当全面反映一定时期所有者权益变动的情况，不仅包括所有者权益总量的增减变动，还包括所有者权益增减变动的重要结构性信息，特别是要反映直接计入所有者权益的利得和损失，让使用者准确理解所有者权益增减变动的根源。

（5）附注是对在财务报表中列示项目所作的进一步说明，以及对未能在这些报表中列示项目的说明等。附注由若干附表和对有关项目的文字性说明组成。企业编制附注的目的是通过对报表本身作补充说明，以更加全面、系统地反映企业财务状况、经营成果和现金流量的全貌，从而有助于向使用者提供更为有用的决策信息，帮助其作出更加科学合理的决策。

（二）财务报表的分类

财务报表可以按照不同的标准进行分类。

（1）按财务报表编报期间的不同，可以分为中期财务报表和年度财务报表。中期财务报表是以短于一个完整会计年度的报告期间为基础编制的财务报表，包括月报、季报和半年报等。中期财务报表至少应当包括资产负债表、利润表、现金流量表和附注，其中，中期资产负债表、利润表和现金流量表应当是完整报表，其格式和内容应当与年度财务报表相一致。与年度财务报表相比，中期财务报表中的附注披露可适当简略。

（2）按财务报表编报主体的不同，可以分为个别财务报表和合并财务报表。个别财务报表是由企业在自身会计核算基础上对账簿记录进行加工而编制的财务报表，它主要用来反映企业自身的财务状况、经营成果和现金流量情况。合并财务报表是以母公司和子公司组成的企业集团为会计主体，根据母公司和所属子公司的财务报表，由母公司编制的综合反映企业集团财务状况、经营成果及现金流量的财务报表。

三、财务报表列报的基本要求

（一）依据各项会计准则确认和计量的结果编制财务报表

企业应当根据实际发生的交易和事项，遵循基本准则、各项具体会计准则及解释的规定进行确认和计量，并在此基础上编制财务报表。企业不应以在附注中披露代替对交易和事项的确认和计量，即企业采用的不恰当的会计政策，不得通过在附注中披露等其他形式予以更正，企业应当对交易和事项进行正确的确认和计量。

（二）列报基础

持续经营是会计的基本前提，是会计确认、计量及编制财务报表的基础。比如，持续经营假设对资产和负债的分类与计量十分重要，固定资产、无形资产等长期性资产通常使用寿命较长，会计处理上按照成本减去累计折旧或摊销和累计减值来计量，倘若不假设企业持续经营，则长期性资产将不具有长期使用的意义，而应该采用清算价值计量。在编制财务报表的过程中，企业管理层应当全面评估企业的持续经营能力。企业管理层在对企业持续经营能力进行评估时，应当利用其所有可获得的信息，评估涵盖的期间应包括企业自报告期末起至少 12 个月，评估需要考虑的因素包括宏观政策风险、市场经营风险、企业目前或长期的盈利能力、偿债能力、财务弹性以及企业管理层改变经营政策的意向等。评价结果表明对持续经营能力产生重大怀疑的，企业应当在附注中披露导致对持续经营能力产生重大怀疑的影响因素。

（三）权责发生制

除现金流量表按照收付实现制编制外，企业应当按照权责发生制编制其他财务报表。在采用权责发生制会计的情况下，当项目符合《企业会计准则——基本准则》中财务报表要素的定义和确认标准时，企业应当确认相应的资产、负债、所有者权益、收入和费用。

（四）列报的一致性

可比性是会计信息质量的一项重要质量要求，目的是使同一企业不同期间和同一期间不同企业的财务报表相互可比。为此，财务报表项目的列报应当在各个会计期间保持一致，不得随意变更，这一要求不仅只针对财务报表中的项目名称，还包括财务报表项目的分类、排列顺序等方面。

当会计准则要求改变，或者企业经营业务的性质发生重大变化或重大的购买或处置事项等对企业经营影响较大的交易或事项发生后、变更财务报表项目的列报能够提供更可靠、更相关的会计信息时，财务报表项目的列报是可以改变的，此时企业应当按照准则的规定提供编制的比较信息。

（五）依据重要性原则单独或汇总列报项目

财务报表是通过对大量的交易或其他事项进行处理而生成的，这些交易或其他事项按其性质或功能汇总归类而形成财务报表中的项目。项目在财务报表中是单独列报还是合并列报，应当依据重要性原则来判断。总的原则是，如果某项目单个看不具有重要性，则可将其与其他项目合并列报；如具有重要性，则应当单独列报。具体而言，应当遵循以下几点：

（1）性质或功能不同的项目，一般应当在财务报表中单独列报，但是不具有重要性的项目可以合并列报。比如存货和固定资产在性质上和功能上都有本质差别，必须分别在资产负债表上单独列报。

（2）性质或功能类似的项目，一般可以合并列报，但是对其具有重要性的类别应该单独列报。比如原材料、低值易耗品等项目在性质上类似，均通过生产过程形成企业的产品存货，因此可以合并列报，合并之后的类别统称为“存货”在资产负债表上单独列报。

（3）项目单独列报的原则不仅适用于报表，还适用于附注。某些项目的重要性程度不足以在资产负债表、利润表、现金流量表或所有者权益变动表中单独列示，但是可能对附注却具有重要性，在这种情况下应当在附注中单独披露。仍以上述存货为例，对某制造业企业而言，原材料、包装物及低值易耗品、在产品、库存商品等项目的重要性程度不足以在资产负债表上单独列示，因此在资产负债表上合并列示，但是鉴于其对该制造业企业的重要性，应当在附注中单独披露。

（4）无论是财务报表列报准则规定的单独列报项目，还是其他具体会计准则规定单独列报的项目，企业都应当予以单独列报。

重要性是判断项目是否单独列报的重要标准。企业在进行重要性判断时，应当根据所处环境，从项目的性质和金额大小两方面予以判断：一方面，应当考虑该项目的性质是否属于企业日常活动、是否显著影响企业的财务状况、经营成果和现金流量等因素；另一方面，判断项目金额大小的重要性，应当通过单项金额占资产总额、负债总额、所有者权益总额、营业收入总额、营业成本总额、净利润、综合收益总额等直接相关或所属报表单列项目金额的比重加以确定。此外，对于同一项目而言，其重要性的判断标准一经确定，不得随意变更。

（六）财务报表项目金额间的相互抵销

财务报表项目应当以总额列报，资产和负债、收入和费用、直接计入当期利润的利得项目和损失项目的金额不能相互抵销，即不得以净额列报，但企业会计准则另有规定的除外。这是因为，如果相互抵销，所提供的信息就不完整，信息的可比性大为降低，难以在同一企业不同期间以及同一期间不同企业的财务报表之间实现相互可比，报表使用者难以据以作出判断。比如，企业欠客户的应付款不得与其他客户欠本企业的应收款相抵销，如果相互抵销就掩盖了交易的实质。再如，收入和费用反映了企业投入和产出之间的关系，是企业经营成果的两个方面，为了更好地反映经济交易的实质、考核企业经营管理水平以及预测企业未来现金流量，收入和费用不得相互抵销。

以下三种情况不属于抵销：①一组类似交易形成的利得和损失以净额列示的，不属于抵销。比如汇兑损益，应当以净额列报；又如，为交易目的而持有的金融工具形成的利得和损失，应按净额列报。但是如果这些利得和损失是重要的，则应当单独列报。②资产扣除备抵项目，比如，资产计提的减值准备，实质上意味着资产的价值确实发生了减损，资产项目应当按扣除减值准备后的净额列示，这样才反映了资产当时的真实价值，并不属于上面所述的抵销；又如，固定资产扣除累计折旧后的净额列示，也不属于上述的抵销。③非日常活动并非企业主要的业务，且具有偶然性，从重要性来讲，非日常活动产生的损益以收入和费用抵销后的净额列示，对公允反映企业财务状况和经营成果影响不大，抵销后反而更能有利于报表使用者的理解。因此，非日常活动产生的损益应当以同一交易或一组类似交易形成的收入扣减费用后的净额列示，其不属于抵销。例如，非流动资产处置形成的利得和损失，应按处置收入扣除该资产的账面金额和相关销售费用后的余额列示。

（七）比较信息的列报

企业在列报当期财务报表时，至少应当提供所有列报项目上一可比会计期间的比较数据，以及与理解当期财务报表相关的说明，目的是向报表使用者提供对比数据，提高信息在会计期间的可比性，以反映企业财务状况、经营成果和现金流量的发展趋势，提高报表使用者的判断与决策能力。列报比较信息的这一要求既适用于四张报表，又适用于附注。

企业列报所有列报项目上一可比会计期间的比较数据，至少包括两套报表及其相关附注；当企业追溯应用会计政策或追溯重述，或者重新分类财务报表项目时，按照《企业会计准则第 28 号——会计政策、会计估计变更和差错更正》等的规定，企业应当在一套完整的财务报表中列报最早可比期间期初的财务报表，即应当至少列报三份资产负债表、两份其他各报表及其相关附注。其中，列报的三份资产负债表分别指当期期末的资产负债表、上一期末（即当期期初）的资产负债表，以及最早可比期间的期初资产负债表。

此外，在某些情况下，以前期间财务报表提供的叙述性信息在当期仍是相关的。例如，某法律争端的结果在上一报告期末尚不确定，至今仍未解决，则企业应在当期披露该法律争端的详细情况。使用者可以从上一报告期末存在的不确定事项信息以及关于当期为解决不确定事项而采取的措施的信息中获益。

在财务报表项目的列报确需发生变更的情况下，企业应当对上期比较数据按照当期的列报要求进行调整，并在附注中披露调整的原因和性质，以及调整的各项目金额，通常应当列报两期各报表和相关附注。但是，在某些情况下，对上期比较数据进行调整是不切实可行的，例如，企业在以前期间可能没有按照可以进行重新分类的方式收集数据，并且重新生成这些信息是不切实可行的，则企业应当在附注中披露不能调整的原因，以及假设金额重新分类可能进行的调整的性质。

（八）财务报表表首的列报要求

财务报表通常与其他信息（如企业年度报告等）一起公布，按照企业会计准则编制的财务报告应当与一起公布的同一文件中的其他信息相区分。财务报表一般分为表首、正表两部分，其中，在表首部分企业应当概括地说明下列基本信息：①编报企业的名称，如企业名称在所属当期发生变更的，还应明确标明；②对资产负债表而言，须披露资产负债表日，对利润表、现金流量表、所有者权益变动表而言，须披露报表涵盖的会计期间；③货币名称和单位，按照我国《企业会计准则》的规定，企业应当以人民币作为记账本位币列报，并标明金额单位，如人民币元、人民币万元等；④财务报表是合并财务报表的，应当予以标明。

(九) 报告期间

企业至少应当编制年度财务报表。根据《会计法》的规定，会计年度自公历 1 月 1 日起至 12 月 31 日止。因此，在编制年度财务报表时，可能存在年度财务报表涵盖的期间短于一年的情况，比如企业在年度中间(如 3 月 1 日)开始设立等，在这种情况下，企业应当披露年度财务报表的实际涵盖期间及其短于一年的原因，并应当说明由此引起的财务报表项目与比较数据不具可比性这一事实。

四、资产负债表的定义及作用

资产负债表是反映企业在某一特定日期财务状况的财务报表。它反映企业在某一特定日期所拥有或控制的经济资源、所承担的现时义务和所有者对净资产的要求权。通过资产负债表，可以提供某一日期资产的总额及其结构，表明企业拥有或控制的资源及其分布情况，使用者可以一目了然地从资产负债表上了解企业在某一特定日期所拥有的资产总量及其结构；可以提供某一日期的负债总额及其结构，表明企业未来需要用多少资产或劳务清偿债务及其清偿时间；可以反映所有者权益所拥有的权益，据以判断资产保值、增值的情况以及对负债的保障程度。此外，资产负债表还可以提供进行财务分析的基本资料，如将流动资产与流动负债进行比较，计算出流动比率；将速动资产与流动负债进行比较，计算出速动比率等，可以表明企业的变现能力、偿债能力和资金周转能力，从而有助于报表使用者作出经济决策。

五、资产负债表的结构

资产负债表一般由表头、表体两部分组成。表头部分应列明报表名称、编制单位名称、资产负债表日、报表编号和计量单位；表体部分是资产负债表的主体，列示了用以说明企业财务状况的各个项目。资产负债表的表体格式一般有两种：报告式资产负债表和账户式资产负债表。报告式资产负债表是上下结构，上半部分列示资产各项目，下半部分列示负债和所有者权益各项目。账户式资产负债表是左右结构，左边列示资产各项目，反映全部资产的分布及存在状态；右边列示负债和所有者权益各项目，反映全部负债和所有者权益的内容及构成情况。不管采取什么格式，资产各项目的合计一定等于负债和所有者权益各项目的合计。

我国企业的资产负债表采用账户式结构，分为左右两方，左方为资产项目，大体按资产的流动性大小排列，流动性大的资产如"货币资金""交易性金融资产"等排在前面，流动性小的资产如"长期股权投资""固定资产"等排在后面。右方为负债及所有者权益项目，一般按要求清偿时间的先后顺序排列，"短期借款""应付票据"及"应付账款"等需要在一年以内或者长于一年的一个正常营业周期内偿还的流动负债排在前面，"长期借款"等在一年以上才需偿还的非流动负债排在中间，在企业清算之前不需要偿还的所有者权益项目排在后面。

账户式资产负债表中的资产各项目的合计等于负债和所有者权益各项目的合计，即资产负债表左方和右方平衡。通过账户式资产负债表，可以反映资产、负债、所有者权益之间的内在关系，即"资产＝负债＋所有者权益"。我国一般企业资产负债表格式如图表 12-1 所示。

图表 12-1　　**资产负债表**　　会企 01 表

编制单位：　　____年__月__日　　单位：元

资产	期末余额	上年年末余额	负债和所有者权益（或股东权益）	期末余额	上年年末余额
流动资产：			流动负债：		
货币资金			短期借款		
交易性金融资产			交易性金融负债		
衍生金融资产			衍生金融负债		
应收票据			应付票据		
应收账款			应付账款		
应收款项融资			预收款项		
预付款项			合同负债		
其他应收款			应付职工薪酬		
存货			应交税费		
合同资产			其他应付款		
持有待售资产			持有待售负债		
一年内到期的非流动资产			一年内到期的非流动负债		
其他流动资产			其他流动负债		
流动资产合计			流动负债合计		
非流动资产：			非流动负债：		
债权投资			长期借款		
其他债权投资			应付债券		
长期应收款			其中：优先股		
长期股权投资			永续债		
其他权益工具投资			租赁负债		
其他非流动金融资产			长期应付款		
投资性房地产			预计负债		
固定资产			递延收益		
在建工程			递延所得税负债		
生产性生物资产			其他非流动负债		
油气资产			非流动负债合计		
使用权资产			负债合计		
无形资产			所有者权益（或股东权益）：		
开发支出			实收资本（或股本）		
商誉			其他权益工具		
长期待摊费用			其中：优先股		
递延所得税资产			永续债		

（续表）

资产	期末余额	上年年末余额	负债和所有者权益（或股东权益）	期末余额	上年年末余额
其他非流动资产			资本公积		
非流动资产合计			减：库存股		
			其他综合收益		
			专项储备		
			盈余公积		
			未分配利润		
			所有者权益（或股东权益）合计		
资产总计			负债和所有者权益（或股东权益）总计		

六、资产负债表的填列方法

资产负债表各项目均需填列“期末余额”和“上年年末余额”两栏。

资产负债表的“上年年末余额”栏内各项数字，应根据上年年末资产负债表的“期末余额”栏内所列数字填列。如果上年度资产负债表规定的各个项目的名称和内容与本年度不相一致，应按照本年度的规定对上年年末资产负债表各项目的名称和数字进行调整，填入本表“上年年末余额”栏内。

资产负债表的“期末余额”栏主要有以下几种填列方法：

（1）根据总账科目余额填列。如“短期借款”“资本公积”等项目，根据“短期借款”“资本公积”各总账科目的余额直接填列；有些项目则需根据几个总账科目的期末余额计算填列，如“货币资金”项目，需根据“库存现金”“银行存款”“其他货币资金”三个总账科目的期末余额的合计数填列。

（2）根据明细账科目余额计算填列。如“应付账款”项目，需要根据“应付账款”和“预付账款”两个科目所属的相关明细科目的期末贷方余额计算填列；“预付款项”项目，需要根据“应付账款”科目和“预付账款”科目所属的相关明细科目的期末借方余额减去与“预付账款”有关的坏账准备贷方余额计算填列；“预收款项”项目，需要根据“应收账款”科目和“预收账款”科目所属相关明细科目的期末贷方金额合计填列；“开发支出”项目，需要根据“研发支出”科目中所属的“资本化支出”明细科目期末余额计算填列；“应付职工薪酬”项目，需要根据“应付职工薪酬”科目的明细科目期末余额计算填列；“一年内到期的非流动资产”“一年内到期的非流动负债”项目，需要根据相关非流动资产和非流动负债项目的明细科目余额计算填列；“未分配利润”项目，需要根据“利润分配”科目中所属的“未分配利润”明细科目期末余额填列。

（3）根据总账科目和明细账科目余额分析计算填列。如“长期借款”项目，需要根据“长期借款”总账科目余额扣除“长期借款”科目所属的明细科目中将在一年内到期且企业不能自主地将清偿义务展期的长期借款后的金额计算填列；“其他非流动资产”项目，应根据有关科目的期末余额减去将于一年内（含一年）收回数后的金额计算填列；“其他非流动负债”项目，应根据有关科目的期末余额减去将于一年内（含一年）到期偿还数后的金额计算填列。

(4) 根据有关科目余额减去其备抵科目余额后的净额填列。如资产负债表中"应收票据""应收账款""长期股权投资""在建工程"等项目，应当根据"应收票据""应收账款""长期股权投资""在建工程"等科目的期末余额减去"坏账准备""长期股权投资减值准备""在建工程减值准备"等备抵科目余额后的净额填列。"投资性房地产"（采用成本模式计量）、"固定资产"项目，应当根据"投资性房地产""固定资产"科目的期末余额，减去"投资性房地产累计折旧""投资性房地产减值准备""累计折旧""固定资产减值准备"等备抵科目的期末余额，以及"固定资产清理"科目期末余额后的净额填列；"无形资产"项目，应当根据"无形资产"科目的期末余额，减去"累计摊销""无形资产减值准备"等备抵科目余额后的净额填列。

(5) 综合运用上述填列方法分析填列。如资产负债表中的"存货"项目，需要根据"原材料""库存商品""委托加工物资""周转材料""材料采购""在途物资""发出商品""材料成本差异"等总账科目期末余额的分析汇总数，再减去"存货跌价准备"科目余额后的净额填列。

七、资产负债表各项目的具体填列方法

(一) 资产项目的填列说明

(1)"货币资金"项目，反映企业库存现金、银行结算户存款、外埠存款、银行汇票存款、银行本票存款、信用卡存款、信用证保证金存款等的合计数。本项目应根据"库存现金""银行存款""其他货币资金"科目期末余额的合计数填列。

【例 12-1】 2020 年 12 月 31 日，无锡市弘毅股份有限公司"库存现金"科目余额为 0.1 万元，"银行存款"科目余额为 100.9 万元，"其他货币资金"科目余额为 99 万元，则 2020 年 12 月31 日，无锡市弘毅股份有限公司资产负债表中"货币资金"项目"期末余额"栏的列报金额＝0.1＋100.9＋99 ＝200（万元）。

(2)"交易性金融资产"项目，反映资产负债表日企业分类为以公允价值计量且其变动计入当期损益的金融资产，以及企业持有的指定为以公允价值计量且其变动计入当期损益的金融资产的期末账面价值。该项目应根据"交易性金融资产"科目的相关明细科目期末余额分析填列。自资产负债表日起超过一年到期且预期持有超过一年的以公允价值计量且其变动计入当期损益的非流动金融资产的期末账面价值，在"其他非流动金融资产"项目反映。

(3)"应收票据"项目，反映资产负债表日以摊余成本计量的、企业因销售商品、提供服务等收到的商业汇票，包括银行承兑汇票和商业承兑汇票。该项目应根据"应收票据"科目的期末余额，减去"坏账准备"科目中相关坏账准备期末余额后的金额分析填列。

【例 12-2】 2020 年 12 月 31 日，无锡市弘毅股份有限公司"应收票据"科目的余额为 1 300 万元；"坏账准备"科目中有关应收票据计提的坏账准备余额为 45 万元，则 2020 年 12 月 31 日，无锡市弘毅股份有限公司资产负债表中"应收票据"项目"期末余额"栏的列报金额＝1 300－45 ＝1 255（万元）。

(4)"应收账款"项目，反映资产负债表日以摊余成本计量的、企业因销售商品、提供服务等经营活动应收取的款项。该项目应根据"应收账款"科目的期末余额，减去"坏账准备"科目中相关坏账准备期末余额后的金额分析填列。

(5)“应收款项融资”项目,反映资产负债表日以公允价值计量且其变动计入其他综合收益的应收票据和应收账款等。

(6)“预付款项”项目,反映企业按照购货合同规定预付给供应单位的款项等。本项目应根据“预付账款”和“应付账款”科目所属各明细科目的期末借方余额合计数,减去“坏账准备”科目中有关预付账款计提的坏账准备期末余额后的净额填列。如“预付账款”科目所属明细科目期末为贷方余额的,应在资产负债表“应付账款”项目内填列。

(7)“其他应收款”项目,反映企业除应收票据、应收账款、预付账款等经营活动以外的其他各种应收、暂付的款项。本项目应根据“应收利息”“应收股利”和“其他应收款”科目的期末余额合计数,减去“坏账准备”科目中相关坏账准备期末余额后的金额填列。其中的“应收利息”仅反映相关金融工具已到期可收取但于资产负债表日尚未收到的利息。基于实际利率法计提的金融工具的利息应包含在相应金融工具的账面余额中。

(8)“存货”项目,反映企业期末在库、在途和在加工中的各种存货的可变现净值或成本(成本与可变现净值孰低)。存货包括各种材料、商品、在产品、半成品、包装物、低值易耗品、发出商品等。本项目应根据“材料采购”“原材料”“库存商品”“周转材料”“委托加工物资”“发出商品”“生产成本”“受托代销商品”等科目的期末余额合计数,减去“受托代销商品款”“存货跌价准备”科目期末余额后的净额填列。材料采用计划成本核算,以及库存商品采用计划成本核算或售价核算的企业,还应按加或减材料成本差异、商品进销差价后的金额填列。

【例 12-3】 2020 年 12 月 31 日,无锡市弘毅股份有限公司有关科目余额如下:“发出商品”科目借方余额为 800 万元,“生产成本”科目借方余额为 300 万元,“原材料”科目借方余额为100 万元,“委托加工物资”科目借方余额为 200 万元,“材料成本差异”科目贷方余额为 25 万元,“存货跌价准备”科目贷方余额为 100 万元,“受托代销商品”科目借方余额 400 万元,“受托代销商品款”科目贷方余额为 400 万元,则 2020 年 12 月 31 日,无锡市弘毅股份有限公司资产负债表中“存货”项目“期末余额”栏的列报金额＝800＋300＋100＋200－25－100＋400－40 ＝1 275(万元)。

(9)“合同资产”项目,反映企业按照《企业会计准则第 14 号——收入》(2018)的相关规定,根据本企业履行履约义务与客户付款之间的关系在资产负债表中列示的合同资产。“合同资产”项目应根据“合同资产”科目的相关明细科目期末余额分析填列,同一合同下的合同资产和合同负债应当以净额列示,其中净额为借方余额的,应当根据其流动性在“合同资产”或“其他非流动资产”项目中填列,已计提减值准备的,还应以减去“合同资产减值准备”科目中相关的期末余额后的金额填列;其中净额为贷方余额的,应当根据其流动性在“合同负债”或“其他非流动负债”项目中填列。

(10)“持有待售资产”项目,反映资产负债表日划分为持有待售类别的非流动资产及划分为持有待售类别的处置组中的流动资产和非流动资产的期末账面价值。该项目应根据“持有待售资产”科目的期末余额,减去“持有待售资产减值准备”科目的期末余额后的金额填列。

【例 12-4】 无锡市弘毅股份有限公司计划出售一项固定资产,该固定资产于 2020 年 12 月 31 日被划分为持有待售固定资产,其账面价值为 315 万元,从划归为持有待售的下个月起停止计提折旧，不考虑其他因素，则2020年12月31日，无锡市弘毅股份有限公司资产负债表中“持有待售资产”项目“期末余额”栏的列报金额为315万元。

（11）“一年内到期的非流动资产”项目，反映企业预计自资产负债表日起一年内变现的非流动资产。本项目应根据有关科目的期末余额分析填列。

（12）“债权投资”项目，反映资产负债表日企业以摊余成本计量的长期债权投资的期末账面价值。该项目应根据“债权投资”科目的相关明细科目期末余额，减去“债权投资减值准备”科目中相关减值准备的期末余额后的金额分析填列。自资产负债表日起一年内到期的长期债权投资的期末账面价值，在“一年内到期的非流动资产”项目反映。企业购入的以摊余成本计量的一年内到期的债权投资的期末账面价值，在“其他流动资产”项目反映。

（13）“其他债权投资”项目，反映资产负债表日企业分类为以公允价值计量且其变动计入其他综合收益的长期债权投资的期末账面价值。该项目应根据“其他债权投资”科目的相关明细科目期末余额分析填列。自资产负债表日起一年内到期的长期债权投资的期末账面价值，在“一年内到期的非流动资产”项目反映。企业购入的以公允价值计量且其变动计入其他综合收益的一年内到期的债权投资的期末账面价值，在“其他流动资产”项目反映。

（14）“长期应收款”项目，反映企业租赁产生的应收款项和采用递延方式分期收款、实质上具有融资性质的销售商品和提供劳务等经营活动产生的应收款项。本项目应根据“长期应收款”科目的期末余额，减去相应的“未实现融资收益”科目和“坏账准备”科目所属相关明细科目期末余额后的金额填列。

（15）“长期股权投资”项目，反映投资方对被投资单位实施控制、重大影响的权益性投资，以及对其合营企业的权益性投资。本项目应根据“长期股权投资”科目的期末余额，减去“长期股权投资减值准备”科目的期末余额后的净额填列。

（16）“其他权益工具投资”项目，反映资产负债表日企业指定为以公允价值计量且其变动计入其他综合收益的非交易性权益工具投资的期末账面价值。该项目应根据“其他权益工具投资”科目的期末余额填列。

（17）“固定资产”项目，反映资产负债表日企业固定资产的期末账面价值和企业尚未清理完毕的固定资产清理净损益。该项目应根据“固定资产”科目的期末余额，减去“累计折旧”和“固定资产减值准备”科目的期末余额后的金额，以及“固定资产清理”科目的期末余额填列。

【例12-5】 2020年12月31日，无锡市弘毅股份有限公司“固定资产”科目借方余额为4 000万元，“累计折旧”科目贷方余额为2 000万元，“固定资产减值准备”科目贷方余额为500万元，“固定资产清理”科目借方余额为500万元，则2020年12月31日，无锡市弘毅股份有限公司资产负债表中“固定资产”项目“期末余额”栏的列报金额＝4 000－2 000－500＋500＝2 000（万元）。

（18）“在建工程”项目，反映资产负债表日企业尚未达到预定可使用状态的在建工程的期末账面价值和企业为在建工程准备的各种物资的期末账面价值。该项目应根据“在建工程”科目的期末余额，减去“在建工程减值准备”科目的期末余额后的金额，以及“工程物资”科目的期末余额，减去“工程物资减值准备”科目的期末余额后的金额填列。

（19）“使用权资产”项目，反映资产负债表日承租人企业持有的使用权资产的期末账面价值。该项目应根据“使用权资产”科目的期末余额，减去“使用权资产累计折旧”和“使用权资产减值准备”科目的期末余额后的金额填列。

(20)“无形资产”项目，反映企业持有的专利权、非专利技术、商标权、著作权、土地使用权等无形资产的成本减去累计摊销和减值准备后的净值。本项目应根据“无形资产”科目的期末余额，减去“累计摊销”和“无形资产减值准备”科目期末余额后的净额填列。

【例 12-6】 2020 年 12 月 31 日，无锡市弘毅股份有限公司“无形资产”科目借方余额为 800 万元，“累计摊销”科目贷方余额为 200 万元，“无形资产减值准备”科目贷方余额为 100 万元，则 2020 年 12 月 31 日，无锡市弘毅股份有限公司资产负债表中“无形资产”项目“期末余额”栏的列报金额＝800－200－100＝500(万元)。

(21)“开发支出”项目，反映企业开发无形资产过程中能够资本化形成无形资产成本的支出部分。本项目应当根据“研发支出”科目中所属的“资本化支出”明细科目期末余额填列。

(22)“长期待摊费用”项目，反映企业已经发生但应由本期和以后各期负担的分摊期限在一年以上的各项费用。长期待摊费用中在一年内(含一年)摊销的部分，在资产负债表“一年内到期的非流动资产”项目填列。本项目应根据“长期待摊费用”科目的期末余额，减去将于一年内(含一年)摊销的数额后的金额分析填列。

(23)“递延所得税资产”项目，反映企业根据所得税准则确认的可抵扣暂时性差异产生的所得税资产。本项目应根据“递延所得税资产”科目的期末余额填列。

(24)“其他非流动资产”项目，反映企业除上述非流动资产以外的其他非流动资产。本项目应根据有关科目的期末余额填列。

(二) 负债项目的填列说明

(1)“短期借款”项目，反映企业向银行或其他金融机构等借入的期限在一年以下(含一年)的各种借款。本项目应根据“短期借款”科目的期末余额填列。

【例 12-7】 2020 年 12 月 31 日，无锡市弘毅股份有限公司“短期借款”科目的余额如下所示：银行质押借款 10 万元，信用借款 40 万元，则 2020 年 12 月 31 日，无锡市弘毅股份有限公司资产负债表中“短期借款”项目“期末余额”栏的列报金额＝10＋40＝50(万元)。

(2)“交易性金融负债”项目，反映企业资产负债表日承担的交易性金融负债，以及企业持有的直接指定为以公允价值计量且其变动计入当期损益的金融负债的期末账面价值。该项目应根据“交易性金融负债”科目的相关明细科目期末余额填列。

(3)“应付票据”项目，反映资产负债表日以摊余成本计量的、企业因购买材料、商品和接受服务等开出、承兑的商业汇票，包括银行承兑汇票和商业承兑汇票。该项目应根据“应付票据”科目的期末余额填列。

【例 12-8】 2020 年 12 月 31 日，无锡市弘毅股份有限公司“应付票据”科目的余额如下所示：25 万元的银行承兑汇票，10 万元的商业承兑汇票，则 2020 年 12 月 31 日，无锡市弘毅股份有限公司资产负债表中“应付票据”项目“期末余额”栏的列报金额＝25＋10＝35(万元)。

(4)“应付账款”项目，反映资产负债表日以摊余成本计量的、企业因购买材料、商品和接受服务等经营活动应支付的款项。该项目应根据“应付账款”和“预付账款”科目所属的相关明细科目的期末贷方余额合计数填列。

(5)“预收款项”项目,反映企业按照购货合同规定预收供应单位的款项。本项目应根据“预收账款”和“应收账款”科目所属各明细科目的期末贷方余额合计数填列。如“预收账款”科目所属明细科目期末为借方余额的,应在资产负债表“应收账款”项目内填列。

(6)“合同负债”项目,反映企业按照《企业会计准则第 14 号——收入》(2018)的相关规定,根据本企业履行履约义务与客户付款之间的关系在资产负债表中列示的合同负债。“合同负债”项目应根据“合同负债”的相关明细科目期末余额分析填列。

(7)“应付职工薪酬”项目,反映企业为获得职工提供的服务或解除劳动关系而给予的各种形式的报酬或补偿。企业提供给职工配偶、子女、受赡养人、已故员工遗属及其他受益人等的福利,也属于职工薪酬。职工薪酬主要包括短期薪酬、离职后福利、辞退福利和其他长期职工福利。本项目应根据“应付职工薪酬”科目所属各明细科目的期末贷方余额分析填列。外商投资企业按规定从净利润中提取的职工奖励及福利基金,也在本项目列示。

【例 12-9】 2020 年 12 月 31 日,无锡市弘毅股份有限公司“应付职工薪酬”科目明细项目为:工资、奖金、津贴和补贴 70 万元,社会保险费(含医疗保险、工伤保险)5 万元,设定提存计划(含基本养老保险费)2.5 万元,住房公积金 2 万元,工会经费和职工教育经费 0.5 万元,则 2020 年 12 月 31 日,无锡市弘毅股份有限公司资产负债表中“应付职工薪酬”项目“期末余额”栏的列报金额=70+5+2.5+2+0.5=80(万元)。

(8)“应交税费”项目,反映企业按照税法规定计算应交纳的各种税费,包括增值税、消费税、城市维护建设税、教育费附加、企业所得税、资源税、土地增值税、房产税、城镇土地使用税、车船税、矿产资源补偿费等。企业代扣代缴的个人所得税,也通过本项目列示。企业所交纳的税金不需要预计应交数的,如印花税、耕地占用税等,不在本项目列示。本项目应根据“应交税费”科目的期末贷方余额填列,如“应交税费”科目期末为借方余额,应以“-”号填列。需要说明的是,“应交税费”科目下的“应交增值税”“未交增值税”“待抵扣进项税额”“待认证进项税额”“增值税留抵税额”等明细科目期末借方余额应根据情况,在资产负债表中的“其他流动资产”或“其他非流动资产”项目列示;“应交税费——待转销项税额”等科目期末贷方余额应根据情况,在资产负债表中的“其他流动负债”或“其他非流动负债”项目列示;“应交税费”科目下的“未交增值税”“简易计税”“转让金融商品应交增值税”“代扣代交增值税”等科目期末贷方余额应在资产负债表中的“应交税费”项目列示。

(9)“其他应付款”项目,反映企业除应付票据、应付账款、预收账款、应付职工薪酬、应交税费等经营活动以外的其他各项应付、暂收的款项。本项目应根据“应付利息”“应付股利”“其他应付款”科目的期末余额合计数填列。其中,“应付利息”科目仅反映相关金融工具已到期应支付但于资产负债表日尚未支付的利息。基于实际利率法计提的金融工具的利息应包含在相应金融工具的账面余额中。

(10)“持有待售负债”项目,反映资产负债表日处置组中与划分为持有待售类别的资产直接相关的负债的期末账面价值。本项目应根据“持有待售负债”科目的期末余额填列。

(11)“一年内到期的非流动负债”项目,反映企业非流动负债中将于资产负债表日后一年内到期部分的金额,如将于一年内偿还的长期借款。本项目应根据有关科目的期末余额分析填列。

（12）“长期借款”项目，反映企业向银行或其他金融机构借入的期限在一年以上（不含一年）的各项借款。本项目应根据“长期借款”科目的期末余额，扣除“长期借款”科目所属的明细科目中将在资产负债表日起一年内到期且企业不能自主地将清偿义务展期的长期借款后的金额计算填列。

【例 12-10】 2020 年 12 月 31 日，无锡市弘毅股份有限公司“长期借款”科目余额为 155 万元，其中自乙银行借入的 5 万元借款将于一年内到期，无锡市弘毅股份有限公司不具有自主展期清偿的权利，则无锡市弘毅股份有限公司 2020 年 12 月 31 日资产负债表中“长期借款”项目“期末余额”栏的列报金额＝155－5＝150（万元），“一年内到期的非流动负债”项目“期末余额”栏的列报金额为 5 万元。

（13）“应付债券”项目，反映企业为筹集长期资金而发行的债券本金及应付的利息。本项目应根据“应付债券”科目的期末余额分析填列。对于资产负债表日企业发行的金融工具，分类为金融负债的，应在本项目填列，对于优先股和永续债还应在本项目下的“优先股”项目和“永续债”项目分别填列。

（14）“租赁负债”项目，反映资产负债表日承租人企业尚未支付的租赁付款额的期末账面价值。该项目应根据“租赁负债”科目的期末余额填列。自资产负债表日起一年内到期应予以清偿的租赁负债的期末账面价值，在“一年内到期的非流动负债”项目反映。

（15）“长期应付款”项目，应根据“长期应付款”科目的期末余额，减去相关的“未确认融资费用”科目的期末余额后的金额，以及“专项应付款”科目的期末余额填列。

（16）“预计负债”项目，反映企业根据或有事项等相关准则确认的各项预计负债，包括对外提供担保、未决诉讼、产品质量保证、重组义务以及固定资产和矿区权益弃置义务等产生的预计负债。本项目应根据“预计负债”科目的期末余额填列。企业按照《企业会计准则第 22 号——金融工具确认和计量》(2018)的相关规定，对贷款承诺等项目计提的损失准备，应当在本项目中填列。

（17）“递延收益”项目，反映尚待确认的收入或收益。本项目核算包括企业根据政府补助准则确认的应在以后期间计入当期损益的政府补助金额、售后租回形成融资租赁的售价与资产账面价值差额等其他递延性收入。本项目应根据“递延收益”科目的期末余额填列。本项目中摊销期限只剩一年或不足一年的，或预计在一年内（含一年）进行摊销的部分，不得归类为流动负债，仍在本项目中填列，不转入“一年内到期的非流动负债”项目。

（18）“递延所得税负债”项目，反映企业根据所得税准则确认的应纳税暂时性差异产生的所得税负债。本项目应根据“递延所得税负债”科目的期末余额填列。

（19）“其他非流动负债”项目，反映企业除以上非流动负债以外的其他非流动负债。本项目应根据有关科目期末余额，减去将于一年内（含一年）到期偿还数后的余额分析填列。非流动负债各项目中将于一年内（含一年）到期的非流动负债，应在“一年内到期的非流动负债”项目内反映。

（三）所有者权益项目的填列说明

（1）“实收资本（或股本）”项目，反映企业各投资者实际投入的资本（或股本）总额。本项目应根据“实收资本（或股本）”科目的期末余额填列。

【例 12-11】 无锡市弘毅股份有限公司是由 A 公司于 2001 年 3 月 1 日注册成立的有

限责任公司，注册资本为人民币5 000万元，A公司以货币资金人民币5 000万元出资，占注册资本的100%，持有无锡市弘毅股份有限公司100%的权益。上述实收资本已于2001年3月1日经相关会计师事务所出具的验资报告验证。该资本投入自2001年至2020年末未发生变动，则2020年12月31日，无锡市弘毅股份有限公司资产负债表中"实收资本(或股本)"项目"期末余额"栏的列报金额为5 000万元。

(2)"其他权益工具"项目，反映资产负债表日企业发行在外的除普通股以外分类为权益工具的金融工具的期末账面价值，并下设"优先股"和"永续债"两个项目，分别反映企业发行的分类为权益工具的优先股和永续债的账面价值。

(3)"资本公积"项目，反映企业收到投资者出资超出其在注册资本或股本中所占的份额以及直接计入所有者权益的利得和损失等。本项目应根据"资本公积"科目的期末余额填列。

(4)"其他综合收益"项目，反映企业其他综合收益的期末余额。本项目应根据"其他综合收益"科目的期末余额填列。

(5)"专项储备"项目，反映高危行业企业按国家规定提取的安全生产费的期末账面价值。本项目应根据"专项储备"科目的期末余额填列。

(6)"盈余公积"项目，反映企业盈余公积的期末余额。本项目应根据"盈余公积"科目的期末余额填列。

(7)"未分配利润"项目，反映企业尚未分配的利润。本项目应根据"本年利润"科目和"利润分配"科目的余额计算填列。未弥补的亏损在本项目内以"－"号填列。

【例12-12】 承[例12-1]至[例12-11]，无锡市弘毅股份有限公司编制的2020年12月31日的资产负债表如图表12-2所示。

图表12-2 **资产负债表** 会企01表

编制单位：无锡市弘毅股份有限公司 2020年12月31日 单位：元

资产	期末余额	上年年末余额(略)	负债和所有者权益(或股东权益)	期末余额	上年年末余额(略)
流动资产：			流动负债：		
货币资金	2 000 000		短期借款	500 000	
交易性金融资产			交易性金融负债		
衍生金融资产			衍生金融负债		
应收票据	12 550 000		应付票据	350 000	
应收账款			应付账款		
应收款项融资			预收款项		
预付款项			合同负债		
其他应收款			应付职工薪酬	800 000	
存货	12 750 000		应交税费		
合同资产			其他应付款		
持有待售资产	3 150 000		持有待售负债		

（续表）

资产	期末余额	上年年末余额（略）	负债和所有者权益（或股东权益）	期末余额	上年年末余额（略）
一年内到期的非流动资产			一年内到期的非流动负债	50 000	
其他流动资产			其他流动负债		
流动资产合计	30 450 000		流动负债合计	1 700 000	
非流动资产：			非流动负债：		
债权投资			长期借款	1 500 000	
其他债券投资			应付债券		
长期应收款			其中：优先股		
长期股权投资			永续债		
其他权益工具投资			租赁负债		
其他非金融资产			长期应付款		
投资性房地产			预计负债		
固定资产	20 000 000		递延收益		
在建工程			递延所得税负债		
生产性生物资产			其他非流动负债		
油气资产			非流动负债合计	1 500 000	
使用权资产			负债合计	3 200 000	
无形资产	5 000 000		所有者权益（或股东权益）：		
开发支出			实收资本（或股本）	50 000 000	
商誉			其他权益工具		
长期待摊费用			其中：优先股		
递延所得税资产			永续债		
其他非流动资产			资本公积		
非流动资产合计	25 000 000		减：库存股		
			其他综合收益		
			专项储备		
			盈余公积		
			未分配利润	2 250 000	
			所有者权益（或股东权益）合计	52 250 000	
资产总计	55 450 000		负债和所有者权益（或股东权益）总计	55 450 000	

任务二 利润表的编制

任务导入

学完了资产负债表后，师傅开始指导会计王丽学习利润表。就这样，在师傅的耐心引导下，王丽开始对利润表的编制进行认真的学习。

任务要求

1. 了解利润表的含义
2. 了解利润表的结构
3. 掌握利润表项目的填列方法
4. 掌握利润表各主要项目的具体填列方法

知识点介绍

一、利润表的含义

利润表是反映企业在一定会计期间的经营成果的财务报表。利润表的列报必须充分反映企业经营业绩的主要来源和构成，有助于使用者判断净利润的质量及其风险，有助于使用者预测净利润的持续性，从而作出正确的决策。利润表可以反映企业一定会计期间的收入实现情况，如实现的营业收入有多少、实现的投资收益有多少、实现的营业外收入有多少等等；可以反映一定会计期间的费用耗费情况，如耗费的营业成本有多少，营业税费有多少，销售费用、管理费用、财务费用各有多少，营业外支出有多少等等；可以反映企业生产经营活动的成果，即净利润的实现情况，据以判断资产保值、增值情况。

二、利润表的结构

利润表的结构有单步式和多步式两种。单步式利润表是将当期所有的收入列在一起，所有的费用列在一起，然后将两者相减得出当期净损益。我国企业的利润表采用多步式格式，即通过对当期的收入、费用、支出项目按性质加以归类，按利润形成的主要环节列示一些中间性利润指标，分步计算当期净损益，以便财务报表使用者理解企业经营成果的不同来源。

利润表一般由表头、表体两部分组成。表头部分应列明报表名称、编制单位名称、编制日期、报表编号和计量单位。表体部分为利润表的主体，列示了形成经营成果的各个项目和计算过程。

为了使财务报表使用者通过比较不同期间利润的实现情况，判断企业经营成果的未来发展趋势，企业需要提供比较利润表。为此，利润表金额栏分为“本期金额”和“上期金额”两栏分别填列。我国一般企业利润表的格式如图表 12-3 所示。

图表 12-3 **利润表** 会企 02 表

编制单位：____年____月 单位：元

项目	本期金额	上期金额
一、营业收入		
减：营业成本		
税金及附加		
销售费用		
管理费用		
研发费用		
财务费用		
其中：利息费用		
利息收入		
加：其他收益		
投资收益（损失以“－”号填列）		
其中：对联营企业和合营企业的投资收益		
以摊余成本计量的金融资产终止确认收益（损失以“－”号填列）		
净敞口套期收益（损失以“－”号填列）		
公允价值变动收益（损失以“－”号填列）		
信用减值损失（损失以“－”号填列）		
资产减值损失（损失以“－”号填列）		
资产处置收益（损失以“－”号填列）		
二、营业利润（亏损以“－”号填列）		
加：营业外收入		
减：营业外支出		
三、利润总额（亏损总额以“－”号填列）		
减：所得税费用		
四、净利润（净亏损以“－”号填列）		
（一）持续经营净利润（净亏损以“－”号填列）		
（二）终止经营净利润（净亏损以“－”号填列）		
五、其他综合收益的税后净额		
（一）不能重分类进损益的其他综合收益		
1. 重新计量设定受益计划变动额		
2. 权益法下不能转损益的其他综合收益		

（续表）

项目	本期金额	上期金额
3. 其他权益工具投资公允价值变动		
4. 企业自身信用风险公允价值变动		
……		
（二）将重分类进损益的其他综合收益		
1. 权益法下可转损益的其他综合收益		
2. 其他债权投资公允价值变动		
3. 金融资产重分类计入其他综合收益的金额		
4. 其他债权投资信用减值准备		
5. 现金流量套期		
6. 外币财务报表折算差额		
……		
六、综合收益总额		
七、每股收益		
（一）基本每股收益		
（二）稀释每股收益		

三、利润表项目的填列方法

利润表编制的原理是"收入－费用＝利润"的会计平衡公式和收入与费用的配比原则。企业在生产经营中不断地取得各项收入，同时发生各种费用，收入减去费用剩余部分为企业的盈利。如果企业经营不善，发生的生产经营费用超过取得的收入，超过部分为企业的亏损。将取得的收入和发生的相关费用进行对比，对比结果表现为企业的经营成果。企业将经营成果的核算过程和结果编成报表，即利润表。

我国一般企业利润表的主要编制步骤和内容如下：

第一步，以营业收入为基础，减去营业成本、税金及附加、销售费用、管理费用、研发费用、财务费用，加上其他收益、投资收益（或减去投资损失）、净敞口套期收益（或减去净敞口套期损失）、公允价值变动收益（或减去公允价值变动损失）、资产减值损失、信用减值损失、资产处置收益（或减去资产处置损失），计算出营业利润。

第二步，以营业利润为基础，加上营业外收入，减去营业外支出，计算出利润总额。

第三步，以利润总额为基础，减去所得税费用，计算出净利润（或净亏损）。

第四步，以净利润（或净亏损）为基础，计算出每股收益。

第五步，以净利润（或净亏损）和其他综合收益为基础，计算出综合收益总额。

利润表各项目均需填列"本期金额"和"上期金额"两栏。其中"上期金额"栏内各项数字，应根据上年该期利润表的"本期金额"栏内所列数字填列。"本期金额"栏内各期数字，除"基本每股收益"和"稀释每股收益"项目外，应当按照相关科目的发生额分析填列。如"营业收入”项目，根据“主营业务收入”“其他业务收入”科目的发生额分析计算填列；“营业成本”项目，根据“主营业务成本”“其他业务成本”科目的发生额分析计算填列。

四、利润表各主要项目的具体填列方法

（1）“营业收入”项目，反映企业经营主要业务和其他业务所确认的收入总额。本项目应根据“主营业务收入”和“其他业务收入”科目的发生额分析填列。

【例 12-13】 无锡市弘毅股份有限公司为热电企业，其经营范围包括电、热的生产和销售；发电、输变电工程的技术咨询；电力设备及相关产品的采购、开发、生产和销售等。该公司 2020 年度“主营业务收入”科目发生额明细如下所示：电力销售收入合计 8 000 万元，热力销售收入合计 1 400 万元；“其他业务收入”科目发生额合计 600 万元。则该公司 2020 年度利润表中“营业收入”项目“本期金额”栏的列报金额＝8 000＋1 400＋600＝10 000（万元）。

（2）“营业成本”项目反映企业经营主要业务和其他业务所发生的成本总额。本项目应根据“主营业务成本”和“其他业务成本”科目的发生额分析填列。

【例 12-14】 无锡市弘毅股份有限公司 2020 年度“主营业务成本”科目发生额合计 7 500万元、“其他业务成本”科目发生额合计 500 万元，则该公司 2020 年度利润表中“营业成本”项目“本期金额”栏的列报金额＝7 500＋500＝8 000（万元）。

（3）“税金及附加”项目，反映企业经营业务应负担的消费税、城市维护建设税、教育费附加、资源税、土地增值税、房产税、车船税、城镇土地使用税、印花税等相关税费。本项目应根据“税金及附加”科目的发生额分析填列。

【例 12-15】 无锡市弘毅股份有限公司 2020 年度“税金及附加”科目的发生额如下：城市维护建设税合计 50 万元，教育费附加合计 30 万元，房产税合计 400 万元，城镇土地使用税合计 20 万元，则该公司 2020 年度利润表中“税金及附加”项目“本期金额”栏的列报金额＝50＋30＋400＋2＝500（万元）。

（4）“销售费用”项目，反映企业在销售商品过程中发生的包装费、广告费等费用和为销售本企业商品而专设的销售机构的职工薪酬、业务费等经营费用。本项目应根据“销售费用”科目的发生额分析填列。

（5）“管理费用”项目，反映企业为组织和管理生产经营发生的管理费用。本项目应根据“管理费用”科目的发生额分析填列。

【例 12-16】 无锡市弘毅股份有限公司 2020 年度“管理费用”科目发生额合计数为 600 万元。则该公司 2020 年度利润表中“管理费用”项目“本期金额”栏的列报金额为 600 万元。

（6）“研发费用”项目，反映企业进行研究与开发过程中发生的费用化支出以及计入管理费用的自行开发无形资产的摊销。本项目应根据“管理费用”科目下的“研发费用”明细科目的发生额以及“管理费用”科目下“无形资产摊销”明细科目的发生额分析填列。

（7）“财务费用”项目，反映企业为筹集生产经营所需资金等而发生的应予费用化的利息支出。本项目应根据“财务费用”科目的相关明细科目发生额分析填列。其中：“利息费用”项目，反映企业为筹集生产经营所需资金等而发生的应予费用化的利息支出，本项目应

根据“财务费用”科目的相关明细科目的发生额分析填列。“利息收入”项目，反映企业应冲减财务费用的利息收入，本项目应根据“财务费用”科目的木目关明细科目的发生额分析填列。

【例 12-17】 无锡市弘毅股份有限公司 2020 年度“财务费用”科目的发生额如下所示：银行长期借款利息费用合计 400 万元，银行短期借款利息费用 90 万元，银行存款利息收入合计 8 万元，银行手续费支出合计 18 万元，则该公司 2020 年度利润表中“财务费用”项目“本期金额”栏的列报金额＝400＋90－8＋18＝500（万元）。

（8）“其他收益”项目，反映计入其他收益的政府补助，以及其他与日常活动相关且计入其他收益的项目。本项目应根据“其他收益”科目的发生额分析填列。企业作为个人所得税的扣缴义务人，根据《中华人民共和国个人所得税法》收到的扣缴税款手续费，应作为其他与日常活动相关的收益在本项目中填列。

（9）“投资收益”项目，反映企业以各种方式对外投资所取得的收益。本项目应根据“投资收益”科目的发生额分析填列。如为投资损失，本项目以“－”号填列。

【例 12-18】 无锡市弘毅股份有限公司 2020 年度“投资收益”科目的发生额如下所示：按权益法核算的长期股权投资收益合计 290 万元，按成本法核算的长期股权投资收益合计 200 万元，处置长期股权投资发生的投资损失合计 500 万元，则该公司 2020 年度利润表中“投资收益”项目“本期金额”栏的列报金额＝290＋200－500＝－10（万元）。

（10）“净敞口套期收益”项目，反映净敞口套期下被套期项目累计公允价值变动转入当期损益的金额或现金流量套期储备转入当期损益的金额。本项目应根据“净敞口套期损益”科目的发生额分析填列；如为套期损失，本项目以“－”号填列。

（11）“公允价值变动收益”项目，反映企业应当计入当期损益的资产或负债公允价值变动收益。本项目应根据“公允价值变动损益”科目的发生额分析填列，如为净损失，本项目以“－”号填列。

（12）“信用减值损失”项目，反映企业按照《企业会计准则第 22 号——金融工具确认和计量》(2018)的要求计提的各项金融工具信用减值准备所确认的信用损失。本项目应根据“信用减值损失”科目的发生额分析填列。

（13）“资产减值损失”项目，反映企业有关资产发生的减值损失。本项目应根据“资产减值损失”科目的发生额分析填列。

【例 12-19】 无锡市弘毅股份有限公司 2020 年度“资产减值损失”科目的发生额如下所示：存货减值损失合计 85 万元，固定资产减值损失合计 189 万元，无形资产减值损失合计 26 万元，则无锡市弘毅股份有限公司 2020 年度利润表中“资产减值损失”项目“本期金额”栏的列报金额＝85＋189＋26＝300（万元）。

（14）“资产处置收益”项目，反映企业出售划分为持有待售的非流动资产（金融工具、长期股权投资和投资性房地产除外）或处置组（子公司和业务除外）时确认的处置利得或损失，以及处置未划分为持有待售的固定资产、在建工程、生产性生物资产及无形资产而产生的处置利得或损失。债务重组中因处置非流动资产（金融工具、长期股权投资和投资性房地产除外）产生的利得或损失和非货币性资产交换中换出非流动资产（金融工具、长期股权投资和投资性房地产除外）产生的利得或损失也包括在本项目内。本项目应根据“资产处置损益”

科目的发生额分析填列；如为处置损失，本科目以“－”号填列。

（15）“营业利润”项目，反映企业实现的营业利润。如为亏损，本科目以“－”号填列。

（16）“营业外收入”项目，反映企业发生的除营业利润以外的收益，主要包括与企业日常活动无关的政府补助、盘盈利得、捐赠利得（企业接受股东或股东的子公司直接或间接的捐赠，经济实质属于股东对企业的资本性投入的除外）等。本项目应根据“营业外收入”科目的发生额分析填列。

【例 12-20】 无锡市弘毅股份有限公司 2020 年度“营业外收入”科目的发生额如下所示：接受无偿捐赠利得 68 万元，现金盘盈利得合计 2 万元，则该公司 2020 年度利润表中“营业外收入”项目“本期金额”栏的列报金额＝68＋2＝70（万元）。

（17）“营业外支出”项目，反映企业发生的除营业利润以外的支出，主要包括公益性捐赠支出、非常损失、盘亏损失、非流动资产毁损报废损失等。本项目应根据“营业外支出”科目的发生额分析填列。

【例 12-21】 无锡市弘毅股份有限公司 2020 年度“营业外支出”科目的发生额如下所示：固定资产盘亏损失 14 万元，罚没支出合计 10 万元，捐赠支出合计 4 万元，其他支出 2 万元，则该公司 2020 年度利润表中“营业外支出”项目“本期金额”栏的列报金额＝14＋10＋4＋2＝30（万元）。

（18）“利润总额”项目，反映企业实现的利润。如为亏损，本项目以“－”号填列。

（19）“所得税费用”项目，反映企业应从当期利润总额中扣除的所得税费用。本项目应根据“所得税费用”科目的发生额分析填列。

【例 12-22】 无锡市弘毅股份有限公司 2020 年度“所得税费用”科目的发生额合计 36 万元，则该公司 2020 年度利润表中“所得税费用”项目“本期金额”栏的列报金额为 36 万元。

（20）“净利润”项目，反映企业实现的净利润。如为亏损，本项目以“－”号填列。

（21）“其他综合收益的税后净额”项目，反映企业根据企业会计准则规定未在损益中确认的各项利得和损失扣除所得税影响后的净额。

（22）“综合收益总额”项目，反映企业净利润与其他综合收益（税后净额）的合计金额。

（23）“每股收益”项目，包括基本每股收益和稀释每股收益两项指标，反映普通股或潜在普通股已公开交易的企业，以及正处在公开发行普通股或潜在普通股过程中的企业的每股收益信息。

【例 12-23】 承［例 12-13］至［例 12-22］，无锡市弘毅股份有限公司编制的 2020 年度利润表如图表 12-4 所示。

图表 12-4 **利润表** 会企 02 表

编制单位：无锡市弘毅股份有限公司 2020 年 单位：元

项目	本期金额	上期金额
一、营业收入	100 000 000	
减：营业成本	80 000 000	

（续表）

项目	本期金额	上期金额
税金及附加	5 000 000	
销售费用		
管理费用	6 000 000	
研发费用		
财务费用	5 000 000	
其中：利息费用	5 080 000	
利息收入	80 000	
加：其他收益		
投资收益（损失以“－”号填列）	－100 000	
其中：对联营企业和合营企业的投资收益	2 900 000	
以摊余成本计量的金融资产终止确认收益（损失以“－”号填列）		
净敞口套期收益（损失以“－”号填列）		
公允价值变动收益（损失以“－”号填列）		
信用减值损失（损失以“－”号填列）		
资产减值损失（损失以“－”号填列）	－3 000 000	
资产处置收益（损失以“－”号填列）		
二、营业利润（亏损以“－”号填列）	900 000	
加：营业外收入	700 000	
减：营业外支出	300 000	
三、利润总额（亏损总额以“－”号填列）	1 300 000	
减：所得税费用	360 000	
四、净利润（净亏损以“－”号填列）	940 000	
（一）持续经营净利润（净亏损以“－”号填列）	940 000	
（二）终止经营净利润（净亏损以“－”号填列）		
五、其他综合收益的税后净额		
（一）不能重分类进损益的其他综合收益		
1. 重新计量设定受益计划变动额		
2. 权益法下不能转损益的其他综合收益		
3. 其他权益工具投资公允价值变动		
4. 企业自身信用风险公允价值变动		
……		

（续表）

项目	本期金额	上期金额
（二）将重分类进损益的其他综合收益		
1. 权益法下可转损益的其他综合收益		
2. 其他债权投资公允价值变动		
3. 金融资产重分类计入其他综合收益的金额		
4. 其他债权投资信用减值准备		
5. 现金流量套期		
6. 外币财务报表折算差额		
……		
六、综合收益总额	940 000	
七、每股收益		
（一）基本每股收益		
（二）稀释每股收益		

任务三　现金流量表的编制

任务导入

学完了利润表后，师傅开始指导会计王丽学习现金流量表。就这样，在师傅的耐心引导下王丽开始对现金流量表的编制进行认真的学习。

任务要求

1. 了解现金流量表内容和结构
2. 了解现金流量表的填列方法
3. 掌握现金流量表的编制方法和程序

知识点介绍

一、现金流量表的内容和结构

（一）现金流量表的内容

现金流量表，是指反映企业在一定会计期间现金和现金等价物流入和流出的报表。从编制原则上看，现金流量表按照收付实现制原则编制，将权责发生制下的盈利信息调整为收付实现制下的现金流量信息，便于信息使用者了解企业净利润的质量。从内容上看，现金流量表被划分为经营活动、投资活动和筹资活动三个部分。每类活动又分为各具体项目，这些项目从不同角度反映企业业务活动的现金流入与流出，弥补了资产负债表和利润表提供信息的不足。通过现金流量表，报表使用者能够了解现金流量的影响因素，评价企业的支付能力、偿债能力和周转能力，预测企业未来现金流量，为其决策提供有力依据。

（二）现金流量表的结构

在现金流量表（见图表 12-5）中，现金及现金等价物被视为一个整体，企业现金形式的转换不会产生现金的流入和流出。例如，企业从银行提取现金，是企业现金存放形式的转换，并未流出企业，不构成现金流量。同样，现金与现金等价物之间的转换也不属于现金流量。例如，企业用现金购买三个月到期的国库券。根据企业业务活动的性质和现金流量的来源，现金流量表在结构上将企业一定期间产生的现金流量分为三类：经营活动产生的现金流量、投资活动产生的现金流量和筹资活动产生的现金流量。

图表 12-5　　　　**现金流量表**　　　　会企 03 表

编制单位：　　　　____年____月　　　　单位：元

项目	本期金额	上期金额
一、经营活动产生的现金流量：		
销售商品、提供劳务收到的现金		
收到的税费返还		
收到其他与经营活动有关的现金		
经营活动现金流入小计		
购买商品、接受劳务支付的现金		
支付给职工以及为职工支付的现金		
支付的各项税费		
支付其他与经营活动有关的现金		
经营活动现金流出小计		
经营活动产生的现金流量净额		
二、投资活动产生的现金流量：		
收回投资收到的现金		
取得投资收益收到的现金		
处置固定资产、无形资产和其他长期资产收回的现金净额		
处置子公司及其他营业单位收到的现金净额		
收到其他与投资活动有关的现金		
投资活动现金流入小计		
购建固定资产、无形资产和其他长期资产支付的现金		
投资支付的现金		

（续表）

项目	本期金额	上期金额
取得子公司及其他营业单位支付的现金净额		
支付其他与投资活动有关的现金		
投资活动现金流出小计		
投资活动产生的现金流量净额		
三、筹资活动产生的现金流量：		
吸收投资收到的现金		
取得借款收到的现金		
收到其他与筹资活动有关的现金		
筹资活动现金流入小计		
偿还债务支付的现金		
分配股利、利润或偿付利息支付的现金		
支付其他与筹资活动有关的现金		
筹资活动现金流出小计		
筹资活动产生的现金流量净额		
四、汇率变动对现金及现金等价物的影响		
五、现金及现金等价物净增加额		
加：期初现金及现金等价物余额		
六、期末现金及现金等价物余额		

二、现金流量表的填列方法

（一）经营活动产生的现金流量

经营活动是指企业投资活动和筹资活动以外的所有交易和事项。各类企业由于行业特点不同，对经营活动的认定存在一定差异。对于工商企业而言，经营活动主要包括销售商品、提供劳务、购买商品、接受劳务、支付职工薪酬、支付税费等。对于商业银行而言，经营活动主要包括吸收存款、发放贷款、同业存放、同业拆借等。对于保险公司而言，经营活动主要包括原保险业务和再保险业务等。对于证券公司而言，经营活动主要包括自营证券、代理承销证券、代理兑付证券、代理买卖证券等。

在我国，企业经营活动产生的现金流量应当采用直接法填列。直接法，是指通过现金收入和现金支出的主要类别列示经营活动的现金流量。

（二）投资活动产生的现金流量

投资活动是指企业长期资产的购建和不包括在现金等价物范围内的投资及其处置活动。长期资产是指固定资产、无形资产、在建工程、其他资产等持有期限在一年或一个正常营业周期以上的资产。这里所讲的投资活动，既包括实物资产投资，也包括金融资产投资。

这里之所以将“包括在现金等价物范围内的投资”排除在外，是因为已经将包括在现金等价物范围内的投资视同现金。不同企业由于行业特点不同对投资活动的认定也存在差异。例如，以公允价值计量且其变动计入当期损益的金融资产所产生的现金流量，对于工商业企业而言，属于投资活动现金流量，而对于证券公司而言，属于经营活动现金流量。

（三）筹资活动产生的现金流量

筹资活动是指导致企业资本及债务规模和构成发生变化的活动。这里所说的资本，既包括实收资本（股本），也包括资本溢价（股本溢价）；这里所说的债务，指对外举债，包括向银行借款、发行债券以及偿还债务等。通常情况下，应付账款、应付票据等商业应付款等属于经营活动，不属于筹资活动。

此外，对于企业日常活动之外特殊的、不经常发生的特殊项目，如自然灾害损失、保险赔款、捐赠等，应当归并到相关类别中，并单独反映。如对于自然灾害损失和保险赔款如果能够确指属于流动资产损失，应当列入经营活动产生的现金流量；属于固定资产损失，应当列入投资活动产生的现金流量。

（四）汇率变动对现金及现金等价物的影响

编制现金流量表时，应当将企业外币现金流量以及境外子公司的现金流量折算成记账本位币。外币现金流量以及境外子公司的现金流量，应当采用现金流量发生日的即期汇率或按照系统合理的方法确定的、与现金流量发生日即期汇率近似的汇率折算。汇率变动对现金的影响额应当作为调节项目，在现金流量表中单独列报。

汇率变动对现金的影响，指企业外币现金流量及境外子公司的现金流量折算成记账本位币时，所采用的是现金流量发生日的汇率或按照系统合理的方法确定的、与现金流量发生日即期汇率近似的汇率，而现金流量表“现金及现金等价物净增加额”项目中外币现金净增加额是按资产负债表日的即期汇率折算的。这两者的差额即为汇率变动对现金的影响。

在编制现金流量表时，对当期发生的外币业务，也可不必逐笔计算汇率变动对现金的影响，可以通过现金流量表补充资料中“现金及现金等价物净增加额”数额与现金流量表中“经营活动产生的现金流量净额”“投资活动产生的现金流量净额”“筹资活动产生的现金流量净额”三项之和比较，其差额即为“汇率变动对现金的影响额”。

（五）现金流量表补充资料

除现金流量表反映的信息外，企业还应在附注中披露将净利润调节为经营活动现金流量、不涉及现金收支的重大投资和筹资活动、现金及现金等价物净变动情况等信息。

三、现金流量表的编制方法和程序

（一）直接法和间接法

编制现金流量表时，列报经营活动现金流量的方法有两种：一是直接法；二是间接法。在直接法下，一般是以利润表中的营业收入为起算点，调节与经营活动有关的项目的增减变动，然后计算出经营活动产生的现金流量。在间接法下，将净利润调节为经营活动现金流量，实际上就是将按权责发生制原则确定的净利润调整为现金净流入，并剔除投资活动和筹资活动对现金流量的影响。

采用直接法编报的现金流量表，便于分析企业经营活动产生的现金流量的来源和用途，预测企业现金流量的未来前景；采用间接法编报现金流董表，便于将净利润与经营活动产生的现金流量净额进行比较，了解净利润与经营活动产生的现金流量差异的原因，从现金流量的角度分析净利润的质量。所以，我国企业会计准则规定企业应当采用直接法编报现金流量表，同时要求在附注中提供以净利润为基础调节到经营活动现金流量的信息。

（二）工作底稿法、T 型账户法和分析填列法

企业在具体编制现金流量表时，可以采用工作底稿法或 T 型账户法，也可以根据有关科目记录分析填列。

1. 工作底稿法

采用工作底稿法编制现金流量表，是以工作底稿为手段，以资产负债表和利润表数据为基础，对每一项目进行分析并编制调整分录，从而编制现金流量表。工作底稿法的程序是：

第一步，将资产负债表的期初数和期末数过入工作底稿的期初数栏和期末数栏。

第二步，对当期业务进行分析并编制调整分录。编制调整分录时，要以利润表项目为基础，从“营业收入”开始，结合资产负债表项目逐一进行分析。在调整分录中，有关现金和现金等价物的事项，并不直接借记或贷记现金，而是分别记入“经营活动产生的现金流量”“投资活动产生的现金流量”“筹资活动产生的现金流量”有关项目，借记表示现金流入，贷记表示现金流出。

第三步，将调整分录过入工作底稿中的相应部分。

第四步，核对调整分录，借方、贷方合计数均已经相等，资产负债表项目期初数加减调整分录中的借贷金额以后，也等于期末数。

第五步，根据工作底稿中的现金流量表项目部分编制正式的现金流量表。

2. T 型账户法

采用 T 型账户法编制现金流量表是以 T 型账户为手段，以资产负债表和利润表数据为基础，对每一项目进行分析并编制调整分录，从而编制现金流量表。T 型账户法的程序是：
第一步，为所有的非现金项目（包括资产负债表项目和利润表项目）分别开设 T 型账户，并将各自的期末期初变动数过入各该账户。如果项目的期末数大于期初数，则将差额过入和项目余额相同的方向；反之，过入相反的方向。

第二步，开设一个大的“现金及现金等价物”T 型账户，每边分为经营活动、投资活动和筹资活动三个部分。左边记现金流入，右边记现金流出。与其他账户一样，过入期末期初变动数。

第三步，以利润表项目为基础。结合资产负债表分析每一个非现金项目的增减变动，并据此编制调整分录。

第四步，将调整分录过入各 T 型账户并进行核对，该账户借贷相抵后的余额与原先过入的期末期初变动数应当一致。

第五步，根据大的“现金及现金等价物”T 型账户编制正式的现金流量表。

3. 分析填列法

分析填列法是直接根据资产负债表、利润表和有关会计科目明细账的记录，分析计算出

现金流量表各项目的金额，并据以编制现金流量表的一种方法。

任务四　所有者权益变动表的编制

任务导入

学完了现金流量表后，师傅开始指导会计王丽学习所有者权益变动表。就这样，在师傅的耐心引导下，王丽开始对所有者权益变动表的编制进行认真的学习。

任务要求

1. 了解所有者权益变动表的内容
2. 了解所有者权益变动表的结构
3. 掌握所有者权益变动表项目的填列方法
4. 掌握所有者权益变动表的主要项目的具体填列方法

知识点介绍

一、所有者权益变动表的内容

所有者权益变动表是指反映构成所有者权益各组成部分当期增减变动情况的报表。通过所有者权益变动表，既可以为财务报表使用者提供所有者权益总量增减变动的信息，也能为其提供所有者权益增减变动的结构性信息，特别是能够让财务报表使用者理解所有者权益增减变动的根源。

二、所有者权益变动表的结构

在所有者权益变动表上，企业至少应当单独列示反映下列信息的项目：①综合收益总额；②会计政策变更和差错更正的累积影响金额；③所有者投入资本和向所有者分配利润等；④提取的盈余公积；⑤实收资本、其他权益工具、资本公积、其他综合收益、专项储备、盈余公积、未分配利润的期初和期末余额及其调节情况。

所有者权益变动表以矩阵的形式列示：一方面，列示导致所有者权益变动的交易或事项，即所有者权益变动的来源，对一定时期所有者权益的变动情况进行全面反映；另一方面，按照所有者权益各组成部分(即实收资本、其他权益工具、资本公积、库存股、其他综合收益、盈余公积、未分配利润)列示交易或事项对所有者权益各部分的影响。

三、所有者权益变动表项目的填列方法

所有者权益变动表各项目均需填列“本年金额”和“上年金额”两栏。

所有者权益变动表“上年金额”栏内各项数字，应根据上年度所有者权益变动表“本年金

额”栏内所列数字填列。上年度所有者权益变动表规定的各个项目的名称和内容同本年度不一致的，应对上年度所有者权益变动表各项目的名称和数字按照本年度的规定进行调整，填入所有者权益变动表的“上年金额”栏内。

所有者权益变动表“本年金额”栏内各项数字一般应根据“实收资本（或股本）”“其他权益工具”“资本公积”“库存股”“其他综合收益”“专项储备”“盈余公积”“利润分配”“以前年度损益调整”科目的发生额分析填列。

企业的净利润及其分配情况作为所有者权益变动的组成部分，不需要单独编制利润分配表列示。

四、所有者权益变动表的主要项目的具体填列方法

(1)“上年年末余额”项目，反映企业上年资产负债表中实收资本（或股本）、其他权益工具、资本公积、库存股、其他综合收益、专项储备、盈余公积、未分配利润的年末余额。

(2)“会计政策变更”“前期差错更正”项目，分别反映企业采用追溯调整法处理的会计政策变更的累积影响金额和采用追溯重述法处理的会计差错更正的累积影响金额。

(3)“本年增减变动金额”项目：

①“综合收益总额”项目，反映净利润和其他综合收益扣除所得税影响后的净额相加后的合计金额。

②“所有者投入和减少资本”项目，反映企业当年所有者投入的资本和减少的资本。“所有者投入的普通股”项目，反映企业接受投资者投入形成的实收资本（或股本）和资本溢价或股本溢价。“其他权益工具持有者投入资本”项目，反映企业发行的除普通股以外分类为权益工具的金融工具的持有者投入资本的金额。“股份支付计入所有者权益的金额”项目，反映企业处于等待期中的权益结算的股份支付当年计入资本公积的金额。

③“利润分配”项目，反映企业当年的利润分配金额。

④“所有者权益内部结转”项目，反映企业构成所有者权益的组成部分之间当年的增减变动情况。“资本公积转增资本（或股本）”项目，反映企业当年以资本公积转增资本或股本的金额。“盈余公积转增资本（或股本）”项目，反映企业当年以盈余公积转增资本或股本的金额。“盈余公积弥补亏损”项目，反映企业当年以盈余公积弥补亏损的金额。“设定受益计划变动额结转留存收益”项目，反映企业因重新计量设定受益计划净负债或净资产所产生的变动计入其他综合收益，结转至留存收益的金额。“其他综合收益结转留存收益”项目，主要反映：第一，企业指定为以公允价值计量且其变动计入其他综合收益的非交易性权益工具投资终止确认时，之前计入其他综合收益的累计利得或损失从其他综合收益中转入留存收益的金额；第二，企业指定为以公允价值计量且其变动计入当期损益的金融负债终止确认时，之前由企业自身信用风险变动引起而计入其他综合收益的累计利得或损失从其他综合收益中转入留存收益的金额等。

【例 12-24】 无锡市弘毅股份有限公司 2020 年 12 月 31 日所有者权益各项目余额如下：股本5 000 000 元，盈余公积 100 000 元，未分配利润 50 000 元。2020 年，无锡市弘毅股份有限公司获得综合收益总额为 280 000 元（其中，净利润 200 000 元），提取盈余公积20 000 元，分配现金股利 100 000 元，无锡市弘毅股份有限公司 2020 年度所有者权益变动表如图表 12-6 所示。

图表 12-6

所有者权益变动表

2020 年度

会企 04 表

编制单位：无锡市弘毅股份有限公司

单位：万元

项目	本年金额											上年金额										
	实收资本（或股本）	其他权益工具			资本公积	减：库存股	其他综合收益	专项储备	盈余公积	未分配利润	所有者权益合计	实收资本（或股本）	其他权益工具			资本公积	减：库存股	其他综合收益	专项储备	盈余公积	未分配利润	所有者权益合计
		优先股	永续债	其他									优先股	永续债	其他							
一、上年年末余额	500								10	5	515											
加：会计政策变更																						
前期差错更正																						
其他																						
二、本年年初余额	500								10	5	515											
二、本年增减变动金额 三、（减少以“—”号填列）																						
（一）综合收益总额							8			20	28											
（二）所有者投入和减少资本																						
1. 所有者投入的普通股																						
2. 其他权益工具持有者投入资本																						
3. 股份支付计入所有者权益的金额																						
4. 其他																						
（三）利润分配																						
1. 提取盈余公积									2	—2	0											
2. 对所有者（或股东）的分配										—10	—10											
3. 其他																						
（四）所有者权益内部结转																						
1. 资本公积转增资本（或股本）																						
2. 盈余公积转增资本（或股本）																						
3. 盈余公积弥补亏损																						
4. 设定受益计划变动额结转留存收益																						
5. 其他综合收益结转留存收益																						
6. 其他																						
四、本年年末余额	500						8		12	13	533	500								10	5	515

任务五　附　　注

任务导入

学完了财务报表的编制后，师傅开始让会计王丽了解附注。就这样，在师傅的引导下，王丽开始对附注进行认真的学习。

任务要求

1. 了解附注概述
2. 了解附注的主要内容

知识点介绍

一、附注概述

附注是对资产负债表、利润表、现金流量表和所有者权益变动表等报表中列示项目的文字描述或明细资料，以及对未能在这些报表中列示项目的说明等。附注主要起到两方面的作用：第一，附注的披露，是对资产负债表、利润表、现金流量表和所有者权益变动表列示项目含义的补充说明，以帮助财务报表使用者更准确地把握其含义。例如，通过阅读附注中披露的固定资产折旧政策的说明，使用者可以掌握报告企业与其他企业在固定资产折旧政策上的异同，以便进行更准确的比较。第二，附注提供了对资产负债表、利润表、现金流量表和所有者权益变动表中未列示项目的详细或明细说明。例如，通过阅读附注中披露的存货增减变动情况，财务报表使用者可以了解资产负债表中未单列的存货分类信息。

通过附注与资产负债表、利润表、现金流量表和所有者权益变动表列示项目的相互参照关系，以及对未能在财务报表中列示项目的说明，可以使财务报表使用者全面了解企业的财务状况、经营成果和现金流量以及所有者权益的情况。

二、附注的主要内容

附注是财务报表的重要组成部分。根据企业会计准则的规定，企业应当按照如下顺序披露附注的内容。

(一) 企业的基本情况

(1) 企业注册地、组织形式和总部地址。

(2) 企业的业务性质和主要经营活动。

(3) 母公司以及集团最终母公司的名称。

(4) 财务报告的批准报出者和财务报告的批准报出日。

(5) 营业期限有限的企业，还应当披露有关营业期限的信息。

（二）财务报表的编制基础

财务报表的编制基础是指财务报表是在持续经营基础上还是非持续经营基础上编制的。企业一般是在持续经营基础上编制财务报表，清算、破产属于非持续经营基础。

（三）遵循企业会计准则的声明

企业应当声明编制的财务报表符合企业会计准则的要求，真实、完整地反映了企业的财务状况、经营成果和现金流量等有关信息，以此明确企业编制财务报表所依据的制度基础。

（四）重要会计政策和会计估计

企业应当披露采用的重要会计政策和会计估计，不重要的会计政策和会计估计可以不披露。在披露重要会计政策和会计估计时，企业应当披露重要会计政策的确定依据和财务报表项目的计量基础，以及会计估计中所采用的关键假设和不确定因素。

会计政策的确定依据，主要是指企业在运用会计政策过程中所作的对报表中确认的项目金额最具影响的判断，有助于财务报表使用者理解企业选择和运用会计政策的背景，增加财务报表的可理解性。财务报表项目的计量基础，是指企业计量该项目采用的是历史成本、重置成本、可变现净值、现值还是公允价值，这直接影响财务报表使用者对财务报表的理解和分析。

在确定财务报表中确认的资产和负债的账面价值过程中，企业需要对不确定的未来事项在资产负债表日对这些资产和负债的影响加以估计，如企业预计固定资产未来现金流量采用的折现率和假设。这类假设的变动对这些资产和负债项目金额的确定影响很大，有可能会在下一个会计年度内作出重大调整，因此，强调这一披露要求，有助于提高财务报表的可理解性。

（五）会计政策和会计估计变更以及差错更正的说明

企业应当按照会计政策、会计估计变更和差错更正会计准则的规定，披露会计政策和会计估计变更以及差错更正的有关情况。

（六）报表重要项目的说明

企业对报表重要项目的说明，应当按照资产负债表、利润表、现金流量表、所有者权益变动表及其项目列示的顺序，采用文字和数字描述相结合的方式进行披露。报表重要项目的明细金额合计应当与报表项目金额相衔接，主要包括以下重要项目：

应收款项、存货、长期股权投资、投资性房地产、固定资产、无形资产、职工薪酬、应交税费、短期借款和长期借款、应付债券、长期应付款、营业收入、公允价值变动收益、投资收益、资产减值损失、营业外收入、营业外支出、所得税费用、其他综合收益、政府补助、借款费用。

（七）或有和承诺事项、资产负债表日后非调整事项、关联方关系及其交易等需要说明的事项

（八）有助于财务报表使用者评价企业管理资本的目标、政策及程序的信息

课后练习